La fuerza de las mujeres

DR. DENIS MUKWEGE

La fuerza de las mujeres

El camino de esperanza y curación de un médico

Traducción de Alejandro Pradera

Galaxia Gutenberg

Edición al cuidado de María Cifuentes

Título de la edición original: *The Power of Women. A Doctor's Journey of Hope and Healing*
Traducción del inglés: Alejandro Pradera Sánchez

Publicado por
Galaxia Gutenberg, S.L.
Av. Diagonal, 361, 2.º 1.ª
08037-Barcelona
info@galaxiagutenberg.com
www.galaxiagutenberg.com

Primera edición: marzo de 2022

Preimpresión: Gama, SL
Impresión y encuadernación: Romanyà-Valls
Pl. Verdaguer, 1 Capellades-Barcelona
Depósito legal: B 132-2022
ISBN: 978-84-19075-31-4

Para mi madre, mi esposa, mis hijas y mis hermanas.
Para todas las víctimas de la violencia sexual

Índice

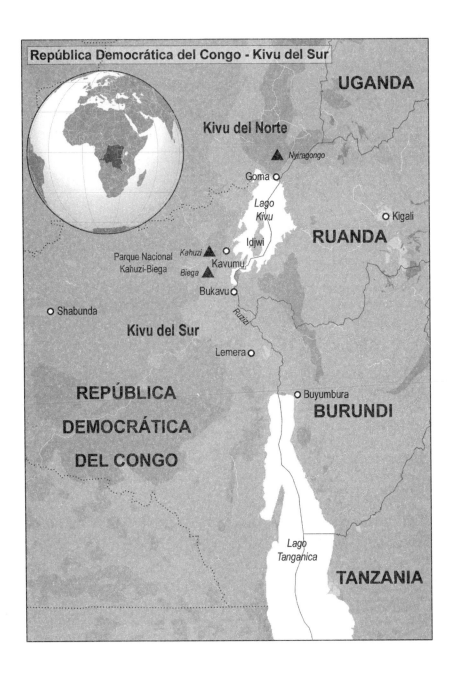

República Democrática del Congo - Kivu del Sur

Introducción

No es habitual que un hombre haga campaña a favor de los derechos de las mujeres. Yo lo sé muy bien. Lo he percibido al conversar con mis amigos, en los encuentros sociales, y ocasionalmente en mis reuniones profesionales. He advertido las miradas de perplejidad y las expresiones socarronas. Y de vez en cuanto me topo con cierta hostilidad, declarada o implícita. A algunos mis decisiones les resultan sospechosas o incluso amenazadoras.

Recuerdo las cenas en los comienzos de mi carrera profesional, en el Congo y en Europa, cuando me llegaba el turno de hablar de mi trabajo. Yo contaba que era ginecólogo y que dirigía un hospital especializado en tratar las lesiones provocadas por las violaciones. Y que era un activista a favor de los derechos de las mujeres. A continuación, se hacía un silencio en la mesa, o bien algún comensal formulaba alguna pregunta adicional por pura cortesía, y después cambiaba de tema.

En aquellos momentos de silencio incómodo, también percibía las miradas de empatía de otros comensales: yo me imaginaba que estarían pensando: «Qué trabajo más terrible, y qué lucha con mi propia identidad». Adopté la estrategia de hacer hincapié en que también estaba felizmente casado y en que tenía hijos, como si eso me hiciera parecer más «normal» o facilitara relacionarse conmigo.

Después, al volver a casa, o a la habitación de mi hotel, me tumbaba en la cama, molesto por haber sentido la necesidad de justificarme. Es una sensación que le resultará familiar a cualquiera que haya sentido la punzada de no «encajar» del todo debido a su origen, a su identidad o a su experiencia.

Otras veces, las personas que me rodeaban se mostraban más directas. Recuerdo una conversación con un viejo amigo mío, un político de mi provincia que había sido compañero de clase del colegio. Sus palabras se me han quedado grabadas en la mente durante todos los años transcurridos desde entonces. «Tengo la sensación de que desde que trabajas en violencia sexual has empezado a pensar como una mujer», me dijo en una ocasión. Aunque pueda parecer un cumplido, la intención de aquellas palabras era muy distinta.

Recuerdo la sensación de reafirmación y de afinidad que me invadió cuando descubrí los escritos y el trabajo de Stephen Lewis, un diplomático y activista canadiense, y un incansable defensor de las víctimas del SIDA/VIH en África, y de los derechos de las mujeres en general. Gracias a Stephen me di cuenta de que había otros hombres que pensaban como yo. Ahora le considero un amigo muy querido.

Alguien podría pensar que hoy en día, después de veinte años cuidando y tratando a las supervivientes de la violencia sexual, ya no tengo que explicar mis decisiones, pero estaría en un error. Y entenderlo no solo le resulta difícil a los hombres.

Hace unos años asistí a una reunión con una mujer que ocupaba un alto cargo de Naciones Unidas en Nueva York. Ella accedió a recibirme junto con otros activistas que trabajaban a favor de los derechos de las mujeres y de la resolución del conflicto que azota mi país, la República Democrática del Congo. Subimos a una de las plantas más altas del edificio y una vez allí nos condujeron hasta el despacho de la funcionaria, donde había una gran mesa de reuniones y espectaculares vistas sobre el East River y los barrios de Queens y Brooklyn al otro lado.

Una agresiva pregunta me pilló desprevenido: «¿Por qué está usted aquí hablando de los derechos de las mujeres en el Congo, y no una mujer congoleña?», me espetó nuestra anfitriona desde el lugar que ocupaba en la mesa. «¿Es que las mujeres congoleñas no son capaces de hablar por sí mismas?»

El motivo por el que yo estaba allí era justamente para pedir que Naciones Unidas apoyara las iniciativas para promover las voces de las mujeres en el Congo. Mi hospital y mi fundación han ayudado a las supervivientes a encontrar fuerza en la unidad, y han contribuido a que las mujeres desarrollen sus habilidades para hablar en público y defender sus derechos. En las páginas de este libro usted conocerá a muchas de esas mujeres, que son una fuente de inspiración.

Cabría argumentar que la alta funcionaria de Naciones Unidas tenía razón al desconfiar de un hombre que pretendía reivindicar para sí una plataforma que les correspondía a las mujeres. Se trata de una cuestión legítima que yo siempre afronto con mucho gusto.

Por mi parte, siempre que me he sentido cuestionado, durante una cena o en los despachos de Naciones Unidas, vuelvo sobre mis convicciones más básicas. Yo defiendo a las mujeres porque son mis iguales –porque los derechos de las mujeres son derechos humanos, y me indigna la violencia que se inflige a mis congéneres. Tenemos que luchar por las mujeres todos juntos.

Mi papel siempre ha consistido en amplificar las voces de unas mujeres cuya marginación les niega la oportunidad de contar sus historias. Estoy a su lado, nunca delante.

Como usted tendrá ocasión de comprobar, en muchos sentidos soy feminista y activista por accidente. No había nada inevitable en mi trayectoria vital. Me propuse ser médico, lo que ya era de por sí una elevada ambición para un niño que nació en una chabola en una época en que el Congo era una colonia belga. Pero mi vida se ha visto condicionada por unos acontecimientos que no podía controlar, sobre todo por las guerras que llevan causando estragos en el Congo desde 1996, y en particular entre las mujeres, bajo la mirada mayoritariamente indiferente del resto del mundo.

Las circunstancias me obligaron a especializarme en el tratamiento de las lesiones por violación. Las historias de las pacientes que fui conociendo y tratando me empujaron a integrarme en una lucha mucho más amplia contra las injusticias y las crueldades que sufren las mujeres. El reconocimiento a mi activismo de base me ha llevado a dirigirme a usted a través de estas páginas.

Mi vida está entrelazada con mi país, asolado por las guerras. Su tumultuosa historia de explotación y de conflictos pide a gritos una comprensión mucho más amplia. Desde 1996 se ha consentido una metástasis irremediable de los terribles acontecimientos de los últimos veinticinco años, el conflicto más mortífero desde la Segunda Guerra Mundial, con más de cinco millones de muertos o desaparecidos. He escrito este libro sobre la tragedia del Congo con la esperanza de animar a los políticos de Occidente y de otras partes del mundo a afrontarla, a trabajar por la paz y la justicia que tan desesperadamente desea el pueblo congoleño. Sin embargo, no he pretendido escribir una autobiografía, y menos aún un libro que pretenda explicar a fondo las guerras del Congo.

Este libro es un homenaje a la fuerza de todas las mujeres, y en particular de las mujeres que me criaron, me educaron y me inspiraron. Como usted verá en el Capítulo 1, empiezo por el principio del todo, con la mujer que hizo frente al peligro y la incertidumbre para parirme –y que tan solo unos días después tuvo que salvarme de morir por culpa de una infección–. La resistencia y la valentía de que hizo gala mi madre cuando nací solo puede compararse con su compromiso existencial conmigo y con todos sus hijos. Ella modeló las actitudes del joven en que me convertí, y también me empujó, sirviéndose ocasionalmente de las benevolentes artes de la manipulación materna, a perseguir mis sueños de ser médico. Mi madre fue mi primera heroína.

Junto con mi madre, en estas páginas hay muchas otras personas que me han emocionado por su valentía y su amabilidad, por su resiliencia y su energía. Entre ellas hay activistas, abogados o académicos, pero también pacientes mías, o supervivientes de la violencia sexual que he conocido durante mis años de trabajo en el Congo y en mis viajes a Corea, Kosovo, Irak, Colombia o Estados Unidos, entre otros lugares.

Puede que el telón de fondo parezca deprimente, ya que las vidas de muchas mujeres que aparecen en este libro se han visto ensombrecidas, al igual que mi propia vida, por la violencia. Pero cada una de esas mujeres es una luz y una fuente de inspiración, lo que viene a demostrar que los mejores instintos de la humanidad –amar, compartir, proteger a los demás– pueden triunfar en las peores circunstancias posibles. Ellas son la razón de que yo haya perseverado durante tanto tiempo. Son la razón de que nunca haya perdido mi fe y mi cordura, ni siquiera cuando lidiar con las consecuencias de la maldad amenazaba con arrollarme.

Antes de proseguir, quisiera explicar el lenguaje que he decidido utilizar. Se trata de un campo complicado, porque los términos y las etiquetas que utilizamos para hablar de las personas que han sufrido violencia sexual son relevantes, pero siempre imperfectos. Usted advertirá que utilizo los términos «paciente», «víctima» y «superviviente» para designar a muchas de las mujeres de este libro.

«Paciente» es el más neutro, y requiere pocas explicaciones. Todas las personas a las que he tratado son pacientes. La palabra «víctima» resulta más problemática, porque se asocia con la debilidad y tiende a inspirar piedad. Puede hacer que la persona aludida parezca pasiva, y además «víctima» es lo contrario de la palabra «vencedor», con la que comparte la misma raíz latina.

«Superviviente» se ha popularizado para designar a todas las mujeres que han sufrido violencia sexual. Es una palabra más activa, enérgica y dinámica. Sin embargo, a muchas escritoras feministas también les parece problemática, pues consideran que equipara la violación con un suceso traumático que cambia la vida, como un intento de asesinato o un accidente aéreo. También puede reforzar las expectativas de que una mujer haya superado la experiencia y sus heridas, cuando es perfectamente posible que ella no lo sienta así.

He procurado utilizar esas distintas etiquetas en sentidos muy específicos y siempre que me han parecido las más apropiadas. Muchas de mis pacientes llegan siendo víctimas, que es como se ven a sí mismas. Han sido objeto de la modalidad más grave de agresión sexual, y a menudo de un intento de asesinato. En esos primeros momentos, ninguna otra palabra parece adecuada para hablar de unas mujeres que han sido apaleadas, violadas por un grupo de hombres, heridas por arma de fuego, mutiladas o privadas de alimento.

Sin embargo, utilizando su propia fuerza interior, nosotros aspiramos a convertirlas en supervivientes, en el sentido más exacto de la palabra. Queremos que sientan que han superado su terrible experiencia. Puede que sus agresores intentaran quitarles la vida o destruir su dignidad, pero nosotros hacemos todo lo que está en nuestra mano para su restablecimiento físico y mental. Si una mujer ingresa sintiéndose una víctima, queremos que salga con la confianza de una superviviente. Ese proceso es la esencia misma de nuestro trabajo en el Hospital de Panzi, que fundé en 1999. Llevo muchos años hablando con las supervivientes. Ellas han demostrado una gran confianza en mí al revelarme los más íntimos detalles de sus experiencias, sus sentimientos, sus miedos y sus esperanzas. A menudo ha sido una tarea angustiosa, pero lo que me empuja a ser activista es la convicción de que de todas esas penalidades puede sacarse algo positivo: haber podido contribuir, en nombre de las supervivientes, a hacer que el mundo sea un lugar más seguro para las mujeres.

Los últimos capítulos del libro plantean formas de combatir la violencia contra las mujeres, sacadas de mi punto de vista como médico que ha trabajado en una zona de conflicto y como activista que ha viajado mucho para escuchar a las mujeres del mundo entero. A lo largo de todo el libro animo a los lectores a contemplar el Congo, el país que a veces todavía se califica de «capital mundial de las violaciones», como una ventana sobre el ejemplo más extremo de la plaga mundial de la violencia sexual. Se trata de un problema universal que tiene lugar en los hogares y en las empresas, en los campos de batalla y en los espacios públicos a lo largo y ancho del mundo entero.

Mi experiencia me ha enseñado que las causas fundamentales de la violencia sexual, y sus consecuencias, son las mismas en todas partes. Como siempre, las diferencias entre nosotros, en términos de raza, nacionalidad, idioma y cultura, son mucho menos relevantes que todo lo que tenemos en común.

La lucha contra la violencia sexual empieza con su denuncia, tanto por las mujeres como por los hombres. En el mundo, una de cada tres mujeres ha sufrido violencia física o sexual en algún momento de su vida, según la organización ONU Mujeres. En Estados Unidos, casi una de cada cinco mujeres ha sufrido un intento de violación o una violación consumada a lo largo de su vida, según los Centros para el Control y la Prevención de Enfermedades. No podemos combatir la violencia sexual sin reconocer públicamente la cruda omnipresencia del problema.

Afortunadamente, cada vez más mujeres están rasgando el velo de silencio que envuelve esa cuestión, gracias a muchas décadas de trabajo de las organizaciones feministas y, más recientemente, al pionero movimiento #MeToo. Sin embargo, el sistema de justicia penal les está dando la espalda a muchas de esas mujeres. A juzgar por el número extraordinariamente escaso de procesamientos por violación que llegan a buen fin, incluso en países con sistemas judiciales bien consolidados y libres de corrupción, a todos los efectos la violación sigue estando despenalizada en todo el mundo. En las zonas de conflicto, los soldados utilizan la violación como arma de guerra, y tienen aún menos motivos para temer acabar en la cárcel.

Hemos avanzado, sí, pero casi siempre solo sobre el papel, a través de unas leyes más severas en el ámbito nacional o en la legislación internacional destinada a proteger a las mujeres durante los conflictos. En todas partes las mujeres siguen teniendo miedo a acudir a la policía a presentar una denuncia por violación, o lo consideran una pérdida de tiempo. Más adelante examinaré las distintas formas en que los cuerpos y fuerzas de seguridad y los responsables de las políticas pueden ofrecer seguridad a las mujeres y, ante todo, disuadir a los violadores.

Aunque este es básicamente un libro sobre las mujeres, no es exclusivamente para mujeres. Tengo la ferviente esperanza de que lo lean personas de ambos sexos y aprendan de él. Necesitamos más participantes activos en la lucha por la igualdad de género. Los hombres no deben tener miedo a no ser comprendidos, ni sentir la necesidad de justificarse, como antiguamente me ocurría a mí, cuando den un paso al frente para defender a sus hermanas, sus hijas, sus esposas, madres, amigas y congéneres humanos.

Las mujeres no pueden resolver el problema de la violencia sexual por sí solas; los hombres deben ser parte de la solución.

Los hombres siguen dominando por abrumadora mayoría el poder político en todos los países, no solo a través de las presidencias, las jefaturas de gobierno y los parlamentos del mundo que promulgan nuestras leyes. Su influencia se extiende hasta la cúspide de los organismos religiosos y de las organizaciones a nivel comunitario que a menudo tienen más influencia en las conductas y las actitudes personales que los distantes dirigentes de un país.

Para reducir la violencia sexual, necesitamos acción y compromiso a todos los niveles de la pirámide del poder en nuestras sociedades, desde lo más alto hasta la misma base. Además de considerar el papel de los dirigentes, dedico uno de los últimos capítulos a la importancia de lo que yo llamo «masculinidad y crianza positivas». Ahí explico que debemos educar a los niños de una forma diferente a fin de no perpetuar el destructivo ciclo de las relaciones entre ambos géneros que relega a las mujeres a la categoría de ciudadanas de segunda clase.

Mi trabajo es a largo plazo, y a veces frustrantemente lento. Como médico, puedo examinar a una paciente, diagnosticar el origen del problema, y a partir de ahí trabajar para resolverlo mediante un tratamiento o con cirugía. Como activista, me enfrento a una lucha para cambiar las mentalidades, las actitudes y las conductas. No es una batalla contra las enfermedades ni contra los fallos anatómicos, sino contra unos adversarios mucho más pertinaces: la discriminación, la ignorancia y la indiferencia.

Las satisfacciones llegan en escasísimos pero esperanzadores momentos de avance. A lo largo de mis quince años de activismo, la suma de esos momentos equivale a una mejora significativa de nuestra comprensión colectiva de la violencia sexual.

Mi esperanza es que este libro contribuya al avance de una de las causas más importantes de la era moderna: la campaña a favor de los derechos de las mujeres. Juntos, podemos hacer que el siglo XXI sea un siglo más igualitario, más justo y más seguro para toda la humanidad.

Coraje materno

Mi madre ya había resistido y salido airosa dos veces: fue cuando dio a luz a mis dos hermanas mayores. Cuando las contracciones se apoderaron de su cuerpo aquella tercera vez, antes de mi nacimiento, ella ya estaba familiarizada con la sensación, pero no estaba menos inquieta. Mientras andaba de acá para allá por nuestro hogar familiar, el dolor y las fases del parto parecían seguir su pauta habitual, pero el resultado era todo menos seguro. ¿Podía el destino, con su indiferente crueldad, infligirle el sufrimiento de una distocia fetal, o de cualquiera de las distintas complicaciones del parto que más tarde yo iba a aprenderme de memoria?

En ese caso, había pocas esperanzas. Mi madre estaba sola, salvo por una vecina que acudió a acompañarla cuando rompió aguas. Había enviado a mis hermanas a casa de unos amigos. Mi padre estaba muy lejos, estudiando en el sur de la provincia.

La vecina le daba palabras de apoyo y de aliento. Caminaba al lado de mi madre cuando se levantaba, y le secaba la frente cuando se acostaba. Preparó una hoja de afeitar para el acto final del parto, pero sin aportar ningún tipo de conocimiento médico.

Corría el año 1955. Nuestra casa era una vivienda típica de las familias negras pobres de la época: unos endebles muros de ladrillo y madera con una forma más o menos rectangular, con un tejado hecho de chapa metálica para protegernos de las lluvias tropicales que caen durante todo el año en el Congo. Era la construcción humana más básica, que todavía puede verse hoy en día allí donde las familias no tienen más remedio que construirse un alojamiento con escasos medios.

La chabola, de una única estancia, se había improvisado rápidamente junto a otras que alojaban a las familias congoleñas que habían acudido a Bukavu en busca de una nueva vida. Bukavu, que antiguamente fue un pequeño pueblo de pescadores a orillas del lago Kivu, se había convertido en un puesto avanzado colonial en lo que entonces se denominaba el Congo Belga. Bukavu se encuentra en el extremo oriental de ese inmenso territorio, un área del tamaño de Europa occidental o de la parte de Estados Unidos que está al este del Misisipí. El Congo está un poco más al sur del Ecuador, cerca de la mitad del mundo, y del corazón de África, aunque nunca da esa sensación. Pocos lugares han sido tan fascinantes, ni se han convertido en el argumento de unas fantasías tan oscuras, y al mismo tiempo han sido tan mal entendidos e ignorados como el Congo.

Al tiempo que afrontaba la lotería del parto, ¿qué pasaba por la mente de mi madre mientras se retorcía de dolor o descansaba entre las contracciones encima de uno de los delgados colchones rellenos de algodón en rama sobre los que dormíamos en aquella época? ¿Se atrevía a pensar en su propia madre, que había fallecido después de parirla a ella hacía veintitrés años? Aquella pérdida, más que ninguna otra cosa, había condicionado su esforzada infancia y su perseverante personalidad.

También su matrimonio se había visto condicionado por aquella pérdida. La madre de mi padre también había fallecido durante el parto, lo que significaba que ambos tuvieron que hacer frente a las privaciones económicas y emocionales durante su infancia y adolescencia en la aldea de Kaziba, a un duro día de camino a través de plantaciones y bosques al suroeste de Bukavu. Ambos tenían motivos para celebrar el regalo de tener sus propios hijos, pero también para temer las dificultades de traerlos al mundo.

No existen cifras fiables de la mortalidad materna en aquella época en el Congo, ya que era una zona donde las autoridades coloniales belgas no recopilaban datos. Una estimación a partir del primer censo nacional, que se llevó a cabo entre 1955 y 1957, concluía que la mayoría de las mujeres no llegaba a cumplir los cuarenta años. La esperanza de vida era tan solo de treinta y ocho años, y el parto era una importante causa de muerte.

Dar a luz sin atención médica era, y sigue siendo para millones de mujeres, una partida de ruleta rusa. Mi madre sobrevivió a aquel lance por mí –y a otros siete por el nacimiento de mis hermanas y hermanos menores–. Pero yo estuve a punto de no conseguirlo.

Unos días después de mi nacimiento, mis lloros se volvieron penetrantemente fuertes, y después débiles. Mi piel se puso pálida y mi cuerpo entró en un estado febril. Cuando me negué a mamar, quedó claro que estaba gravemente enfermo. Mi madre, que todavía estaba recuperándose del parto, sabía que debía actuar con rapidez y que no tenía más remedio que hacerlo sola. Con papá solo podía comunicarse por correo.

Me envolvió en uno de sus *pagnes*, los coloridos chales estampados que se usan como vestido en el Congo, y me amarró a su espalda, con mi torso desmayado y ardiente firmemente presionado contra su cuerpo. Volvió a dejar a mis dos hermanas, que entonces tenían tres y siete años, con los vecinos, y se puso en camino bajando por la ladera que había delante de nuestro hogar. Su destino era uno de los dos únicos dispensarios médicos accesibles para la población negra en Bukavu en aquella época, a sabiendas de que iba a ser difícil que me ingresaran.

Ambos dispensarios eran gestionados por organizaciones católicas, y las relaciones entre los católicos y las familias protestantes como la nuestra seguían siendo tensas. La Iglesia católica era uno de los pilares del sistema colonial belga, junto con la administración estatal y las empresas privadas concesionarias a las que se les daba carta blanca para organizar, supervisar y explotar amplias zonas del país.

La competencia entre católicos y protestantes se remontaba a la primera oleada de asentamientos europeos a finales de la década de 1870 y durante la década de 1880, al principio de la «Carrera por África», la competición entre las potencias coloniales para hacerse con el territorio y los recursos del continente. Los comerciantes y los militares jóvenes partían a la aventura, con el aliciente de los relatos sobre la abundancia de marfil y de piedras preciosas, al tiempo que en Londres, París, Berlín, Lisboa y Bruselas los políticos intrigaban, conspiraban y declaraban guerras para cortarles el paso a sus rivales.

También comenzó una carrera distinta e igual de trascendental: una carrera por las almas de los africanos. Tras las huellas de los comerciantes, los agentes de seguridad privada y los traficantes de esclavos coloniales, llegaron los primeros sacerdotes y pastores: evangelistas dedicados no a la búsqueda de riquezas materiales, sino a la conquista espiritual –aunque algunos de ellos también acabaron distrayéndose con las riquezas del Congo–. Los protestantes británicos llegaron en 1878 y fundaron la Livingstone Inland Mission, y durante los años posteriores también hicieron su aparición los misioneros baptistas y metodistas desde Suecia y Estados Unidos. Dos misiones católicas francesas desarrollaron sus actividades a partir de 1880, entre ellas la de los Padres Blancos.[1]

El territorio era inmenso, la población congoleña era mayoritariamente hostil, y los peligros eran evidentes para cualquier evangelizador que se atreviera a intentarlo en aquel enorme continente sin cartografiar. En un primer momento la competencia entre las distintas órdenes religiosas no tenía sentido, ya que todas ellas sentían que estaban dedicándose a la misma misión «evangelizadora». Pero eso cambió a mediados de la década de 1880.

Las potencias mundiales reconocieron el dominio del rey Leopoldo II de Bélgica sobre el territorio, que inicialmente se denominó el Estado Libre del Congo. En 1886 Leopoldo, desesperado por demostrar su control sobre la nueva colonia –ya que en realidad simplemente había establecido un puñado de delegaciones comerciales a lo largo del río Congo– consiguió la ayuda del papa León XIII.

El papa anunció que a partir de aquel momento el Congo iba a ser evangelizado por los católicos belgas. La religión católica se convirtió en un instrumento del proceso de evangelización, y los protestantes se vieron arrinconados en los márgenes. Aquel cisma dividió a los primeros colonizadores blancos y a la sociedad congoleña a medida que más y más gente iba convirtiéndose a la nueva fe.

Presa de la angustia, llevando a la espalda un bebé enfermo, y desesperadamente necesitada de ayuda, mi madre entró en aquel torbellino sectario cuando se dirigió al dispensario, un sencillo edificio de dos plantas que ofrecía servicios sanitarios básicos como vacunas, vendajes y antibióticos, y esto último era lo que hacía falta para salvarme la vida.

El dispensario estaba a cargo de una organización de monjas belgas, y mi madre les pidió ayuda. Me desvistió, sollozando. Para entonces yo tenía dificultades para respirar. Ella instó a las monjas a que tocaran mi piel sudorosa e inspeccionaran mis ojos cada vez más amarillentos.

Pero las monjas, impertérritas, la rechazaron. Le informaron de que el dispensario era exclusivamente para católicos. En aquel momento el cristianismo ya tenía una historia de aproximadamente setenta y cinco años en el Congo, pero el cisma se había solidificado hasta convertirse en un muro tan grueso e insalvable que podía decidir entre la vida y la muerte. Mi madre suplicó a las monjas que me atendieran, pero fue en vano.

¿Desempeñó algún papel la fama de mi padre? Aunque en aquel momento no estaba en la ciudad, gozaba de un prestigio cada vez mayor en Bukavu por ser el primer pastor protestante congoleño. Mi madre nunca supo si ese fue el motivo de la hostilidad de las monjas.

En cualquier caso, por el camino de vuelta, mientras subía con dificultad por la colina, ataviada con su *pagne* y sus sandalias, convencida que a la mañana siguiente yo ya estaría muerto, mi madre iba derramando ardientes lágrimas de tristeza y amargura, maldiciendo la estupidez del fanatismo religioso y su propia incapacidad de superarlo.

Mi madre contaba que aquella noche, en casa, mientras mecía mi cuerpo exánime entre sus brazos, sentía que yo me escurría entre sus dedos, que me estaba perdiendo delante de sus ojos. Pensó en la vecina que me había cortado el cordón umbilical. Mi madre estaba segura de que ella era la responsable de la infección que había agotado mis fuerzas.

«Yo me daba cuenta de que la vecina estaba cometiendo un error –me dijo mi madre años más tarde–. Pero yo estaba acostada, acababa de alumbrarte. No podía hacer nada.»

Por todo lo que me ha contado sobre los síntomas y el tratamiento, estoy casi seguro de que yo sufría una septicemia, una infección de la sangre que es mortífera en los bebés si no se trata. La causa más frecuente de la infección es el corte del cordón umbilical, o bien porque no se hace de la forma adecuada o porque se emplea una cuchilla sucia. Cuando nace un bebé, el procedimiento correcto es pinzar el cordón en dos puntos a fin de interrumpir la circulación de la sangre en ambas direcciones, y a continuación cortarlo por el medio, dejando un muñón de varios centímetros por el lado del bebé.

La vecina había cortado por un punto demasiado próximo a mi cuerpo, sin dejar tejido suficiente para anudar adecuadamente el cordón, lo que me había dejado expuesto a todo tipo de bacterias. Mi ombligo había empezado a exudar y a supurar unos días después de mi nacimiento.

Aquello pudo ser mi final. Pude haberme convertido en un recuerdo breve y doloroso para nuestra familia. Pero no me había llegado la hora. Una segunda mujer valiente iba a entrar en mi vida durante los primeros días de mi existencia, como anticipación de las muchas otras con las que me he encontrado desde entonces. A ella le debo haber sobrevivido.

En el Congo, a menudo la vida depende de un encuentro fortuito. En un momento de necesidad, uno puede encontrarse con un desconocido compasivo; o, cuando menos te lo esperas, te topas con un hombre con un arma de fuego. En ese mundo crónicamente impredecible, da la sensación de que la mano divina de la Providencia está obrando constantemente, lo que tal vez explica por qué los congoleños somos tan supersticiosos y unos creyentes tan fieles. Todos nos las arreglamos como podemos, intentando protegernos a nosotros mismos y a nuestras familias, y parece que nuestras vidas dependen de unas fuerzas que no están al alcance de nuestra vista. Eso era igual de cierto en 1955 como lo es hoy en día.

Mientras mi madre aguardaba con temor la llamada de la muerte a la puerta de nuestro hogar, en el pueblo alguien había puesto en marcha unos acontecimientos que iban a salvarme. Aquella persona –nunca averiguamos quién fue– se presentó en la vivienda de una misionera y maestra que vivía en una pequeña casa de ladrillo al pie de la colina. A eso de las tres de la madrugada, esa persona entregó una nota manuscrita explicando la dramática situación de mi madre.

La misionera, una mujer llamada Majken Bergman, provenía de Suecia y a la sazón debía de tener entre veinticinco y treinta y cinco años. Había elegido vivir en nuestro sector de Bukavu, una de las escasas europeas que optó por un vecindario negro en vez de por la comodidad y la familiaridad del centro de la ciudad, donde vivían los blancos. En la sociedad estrictamente segregada de aquella época, ella era la única persona a nivel local que tal vez sería capaz de abrirse paso a través de los prejuicios que imperaban en el dispensario.

Majken leyó en la nota que el hijo recién nacido del pastor Mukwege estaba gravemente enfermo y que le habían negado un tratamiento. Se levantó de inmediato, se vistió, y vino a nuestra casa alumbrándose con una linterna. Mi madre dormitaba conmigo entre los brazos. Al principio se sobresaltó, pero después se puso a hablar con Majken y le contó su desesperación por los sucesos de la víspera, cuando intentó en vano ver a una enfermera.

Majken prometió ayudarla.

Al alba se dirigió al otro dispensario de la ciudad, donde comunicó a las monjas que mi estado era crítico, y argumentó que mi muerte, en caso de que se negaran a ingresarme, sería en parte responsabilidad de ellas. Las monjas le entregaron un volante rojo de ingreso en Urgencias, y Majken se lo llevó a mi madre, diciéndole que debía utilizarlo de inmediato. Aquel volante le autorizaba a saltarse la larga cola que había delante del dispensario y acudir directamente conmigo a la sala de pediatría.

Me administraron de inmediato una primera dosis de penicilina, y las monjas le dijeron a mi madre que volviera al cabo de seis horas. Durante aquella espera, mi madre estuvo cuidándome en casa, pendiente de cualquier indicio de mejora, mientras mi pequeño pecho se hinchaba y se deshinchaba en una sucesión de respiraciones poco profundas. Desde entonces yo he visto miles de veces esos mismos síntomas, y también la mirada angustiada de unas madres deseosas de atisbar el amanecer de la recuperación.

En el momento de la segunda dosis de antibiótico, mi estado seguía sin mejorar. Las monjas intentaban tranquilizar a mi madre. «Va a cambiar, empezará a reaccionar», le decían.

No empecé a respirar más profundamente hasta el final de aquel día, cuando me pusieron la tercera inyección y la mueca de dolor empezó a desaparecer de mi rostro. A la mañana siguiente, la fiebre había bajado.

Mi madre nunca olvidó a Majken Bergman. «Estás vivo gracias a ella», me decía siempre. En 2009, cuando me invitaron a Estocolmo para entregarme un premio de una organización sueca por los derechos humanos, mi madre propuso que invitáramos a Majken a la ceremonia y a la cena de gala.

Para entonces era una frágil anciana de más de ochenta años, pero sus recuerdos del Congo seguían siendo muy vívidos. Cuando nos encontramos, fue como una reunión con una abuela perdida hacía mucho tiempo. Nos abrazamos y nos reímos. Después de mi nacimiento llegó a ser una muy buena amiga de la familia, y le emocionó que la invitáramos a la ceremonia. Estuvo recordándome los juegos a los que jugábamos cuando yo era niño.

Durante la cena, mi madre pronunció un discurso y le dijo a todo el mundo que la verdadera estrella de aquella reunión era Majken, una mujer que había dedicado su vida a ayudar a los demás, y sin la cual ninguno de los presentes estaría allí. Majken parecía ligeramente turbada, y después, cuando la sala aplaudió estruendosamente, los ojos se le llenaron de lágrimas.

Mi madre, que fue una mujer devota hasta el final de su vida en 2019, a la edad de ochenta y siete años, también estaba convencida de que mi atribulado nacimiento me marcó el rumbo para el resto de mi existencia. «Cuando entramos en el dispensario, Dios puso un mensaje en tu corazón –decía–. Tienes que ayudar a los demás igual que los demás te han ayudado a ti.»

Siempre me ha incomodado la idea del destino, porque creo firmemente en el concepto de la acción humana. Tengo la convicción de que Dios nos creó, pero luego nos dejó la libertad de tomar nuestras propias decisiones. La idea del destino implica que de alguna manera somos criaturas pasivas, que caminamos por un rumbo ya elegido. Yo creo que tenemos que afrontar decisiones constantemente, elegir entre ser activos o pasivos, entre seguir los dictados de nuestra conciencia o ignorarlos, y usamos esa libertad para bien o para mal. Pero mi madre estaba convencida de que mi camino estaba predeterminado.

Puede que tuviera razón al afirmar que el revuelo de mi nacimiento y el historial de mi familia repercutieron en mi vida posterior. Mi primer interés profesional se centró en luchar contra la lotería mortal del parto, por la que cada año cientos de miles de mujeres de todo el mundo perecen al dar a luz nuevas vidas en condiciones inseguras. Los bebés siguen muriendo por culpa de la ignorancia y de la incuria. En Occidente, la mortalidad materna, neonatal e infantil han quedado reducidas a niveles insignificantes, pero continúan afectando a grandes zonas del planeta, entre ellas el Congo.

Sigo maravillándome ante el coraje que demostró mi madre al parirme a mí y a mis demás hermanas y hermanos en casa, sabiendo que una infección, un parto de nalgas o una hemorragia posparto podían condenarla a muerte, como les ocurrió a mis dos abuelas.

Y sigo admirando el altruismo de Majken, que habría podido desentenderse de la llamada a su puerta a altas horas de la noche, o pensar que era imposible salvarle la vida a un niño negro pobre al que ya le habían negado el tratamiento en un dispensario. Pero ella desoyó el canto de sirena de la apatía y el derrotismo. Era consciente de que su identidad le confería poder y responsabilidad.

Bukavu, la ciudad donde he vivido siempre, se construyó originalmente sobre cinco pequeñas penínsulas de tierra que se adentran en nuestro lago, el lago Kivu, como unos dedos extendidos. Cuando el sol brilla con fuerza, sus aguas se vuelven de un color azul turquesa parecido al que se ve en el Caribe o en el Mediterráneo. Al final del día, cuando sus aguas se quedan absolutamente inmóviles, son como un espejo que va cambiando suavemente, ofreciendo un reflejo de las colinas y montañas de los alrededores. Durante el crepúsculo, en un espectáculo del que nunca podría cansarme, parecen resplandecer con un color anaranjado, y después rosado, cuando cae el sol. Y después azul tinta, gris y finalmente negro, con todos los matices intermedios.

Posee una belleza magnética y misteriosa. Se cree que en sus profundidades hay enormes reservas de gas metano absorbido, lo que provoca que allí la vida sea prácticamente inexistente.

En Bukavu el clima es templado, la temperatura media es de 20 °C durante todo el año, debido a que la ciudad se encuentra a casi 1.500 metros de altitud. No sufrimos ni el calor asfixiante ni la densa humedad que hay en nuestra capital, Kinsasa, situada a 2.000 kilómetros al oeste, en el otro extremo del país.

Vivimos en una permanente primavera, y casi nunca hace demasiado calor, ni tampoco frío de verdad. Las plantas florecen durante todos los meses del año. La única variable importante es la lluvia, que empieza abruptamente en la estación húmeda, a veces anunciada por un trueno. Entonces llueve a cántaros, y después la lluvia desaparece igual de espectacularmente que llegó. En el plazo de unas horas, cuando las nubes se van y sale de nuevo el fuerte sol ecuatorial, la hierba lacia vuelve a erizarse y a secarse; las carreteras totalmente embarradas vuelven a endurecerse y a cubrirse de un fino polvo rojo que se acumula en el pelo y en las pestañas.

El marrón rojizo del barro, parecido al de la sangre seca o el óxido oscuro, es uno de los colores elementales de la limitada paleta del Congo oriental. Está dondequiera que el género humano o la naturaleza han dejado la tierra al descubierto. Y contrasta con el verde luminoso de la densa y pujante vegetación que cubre nuestras laderas y nuestros valles.

Digo «limitada paleta» porque el verde y el marrón, los colores de la vegetación y la naturaleza, predominan abrumadoramente en el Congo. Compartimos nuestra morada con la segunda selva húmeda tropical más grande del mundo después de la del Amazonas, una cubierta a menudo impenetrable que se extiende desde la frontera oriental de la República Democrática del Congo hasta el lejano oeste del país.

La selva está salpicada de flores: las inflorescencias amarillas del mango, la corona púrpura de la mata de maracuyá, la ristra de triángulos rojos y amarillos de la heliconia. Pero en el ojo predominan esos colores básicos saturados, el verde intenso y el marrón rojizo.

Por debajo de la cubierta forestal se abren como un abanico los turbios arroyos y los canales navegables que se arremolinan en dirección al río Congo, la poderosa y encorvada espina dorsal de nuestra nación. Nace en el sureste, discurre primero hacia el norte y después se curva hacia el oeste en un arco gigantesco, girando más de noventa grados hacia el océano Atlántico, donde descarga su espumoso caudal rico en sedimentos con tal fuerza que en el fondo marino se ha formado un enorme cañón. En las inmediaciones de Bukavu el paisaje se eleva abruptamente ya desde la recortada orilla del lago. Incluso las cinco penínsulas de la ciudad tienen laderas escarpadas, como una masa de ondulaciones y barrancos. Detrás, hacia el interior, el suelo rocoso se eleva en forma de grandes pliegues y cerros. Y al fondo, a lo lejos, están las montañas –Biega y Kahuzi tienen una altura aproximada de 3.000 metros– que aparecen y desaparecen de la vista cuando las nubes se arremolinan alrededor de sus cumbres.

También hay volcanes activos, como por ejemplo el monte Nyiragongo, a cien kilómetros de Bukavu, un caldero rugiente que entra periódicamente en erupción, escupiendo lava y ceniza hacia el lago. Se cree que la actividad volcánica de hace aproximadamente veinte mil años invirtió la dirección en que desagua el lago Kivu, y encauzó sus aguas hacia el sur, en dirección al lago Tanganica, en vez de hacia el norte.

El paisaje de mi patria y las riquezas que se ocultan debajo de él fueron el resultado de una actividad tectónica que ha aportado a la región tanto su singular belleza como sus abundantes materias primas. Los desgarros y la renovación que se han producido en la superficie de la Tierra a lo largo de cientos de millones de años explican por qué el Congo está dotado de tantas riquezas minerales y tan tentadoramente cerca de la superficie. Un topógrafo colonial calificaba al Congo de «escándalo geológico».

Cuando yo nací, Bukavu era un lugar estrictamente segregado por un sistema parecido al *apartheid*. El centro de la ciudad, ocupado por los europeos, era un lugar de palacetes a la orilla del lago, de hombres blancos con traje y el cabello engominado hacia atrás, y de mujeres con vestidos de algodón. Había un campo de fútbol, una biblioteca, y edificios de estilo *art déco*.

El centro se construyó a imitación de las ciudades de Bélgica –apacible, ordenado, limpio– solo que con casas más grandes y con jardines tropicales. Había espléndidos colegios ubicados en grandes parcelas con una vegetación frondosa, a los que iban los hijos de los colonos europeos. Nuestra catedral, con sus grandes arcos blancos curvos y un tejado rematado por una cúpula, se inauguró a finales de la década de 1940. Alrededor de esa zona central estaba el denominado barrio asiático, donde vivían los comerciantes indios y paquistaníes, que ejercían su actividad desde sus hogares. A cierta distancia del lago, en lo alto de las colinas, había dos suburbios de población negra y alejados entre sí: Kadutu, donde vivíamos nosotros, y Bagira.

Todas las mañanas, con las primeras luces, desde esos barrios miles de hombres acudían en tropel a sus trabajos en el centro de la ciudad como porteadores, guardias, limpiadores y jardineros, o en la fábrica de cerveza, en el laboratorio farmacéutico, o en la fábrica textil de Bukavu. A más distancia de la ciudad se extendían las enormes plantaciones comerciales que cultivaban cítricos, plátanos, café y té para la exportación.

Los colonizadores –*les colons*, como se denominan en francés– habían cambiado una vida bajo los cielos plomizos del norte de Europa por el calor de los trópicos. A pesar de la amenaza de las enfermedades –la malaria seguía siendo una importante causa de muerte, igual que la fiebre amarilla– muchos europeos pensaban que habían encontrado el paraíso.

A partir de los años cincuenta, los turistas extranjeros más intrépidos empezaron a ir de vacaciones a Bukavu, para sentarse bajo las buganvillas y degustar vino importado en un escenario que se parecía a una Costa Azul tropical. En aquella época, y hasta 1954, la ciudad se llamaba Costermansville, por el nombre de un oficial y vicegobernador belga.

Los veraneantes iban de un sitio a otro en coches estadounidenses y europeos de importación, con sus resplandecientes superficies cromadas, que circulaban a toda velocidad por unas carreteras lisas y bordeadas de parterres de flores, palmeras y árboles del coral (*Erythrina*). Sus anfitriones belgas los llevaban de excursión al lago a bordo de sus lanchas motoras o de sus yates. Hacer esquí acuático en el lago Kivu era una actividad popular.

Era un lugar barato, seguro, soleado y exótico. Cuando los turistas se cansaban de las vistas del lago en Bukavu y del refrescante baño por la mañana, podían tomar un barco de vapor de ruedas de paletas con destino a Goma, en el extremo septentrional del lago, para contemplar el monte Nyiragongo, que se alza hermosa y amenazadoramente sobre la población. También había safaris para ver gorilas, leones y elefantes salvajes en el Parque Nacional Virunga, donde es posible admirar algunos de los paisajes más magníficos de toda África.

Tras mis enfermizos comienzos en 1955, pasé mis primeros años con mi madre, una mujer de muchos recursos que adoraba a sus hijos, y con mi padre, un hombre muy trabajador, y con nuestra familia, cada vez más grande. A medida que la iglesia de mi padre iba creciendo, también mejoró nuestra posición social, lo que trajo consigo una mejora en nuestras condiciones de vida.

Nos mudamos de casa varias veces, y al final de mi infancia nos instalamos en una casa más grande, chapada en madera, con electricidad y agua corriente, que había sido construida en el marco de un importante plan de obras públicas de las autoridades belgas a fin de mejorar las condiciones de vida de la población negra.

Recuerdo la mesa y las sillas del comedor, de madera, con sus cojines de algodón, nuestro sofá, y las estanterías con las Biblias y los libros sobre temas religiosos de mi padre. Mis padres tenían un gramófono y una radio, por la que podíamos escuchar la emisora nacional o la local de Bukavu con la ayuda de un gran dial central. Había tres dormitorios, el de mis padres, el de los niños, y el de mis hermanas. Era una casa rudimentaria, austera, a todas luces carente de las comodidades de los hogares de hoy en día. Pero para aquella época, y sobre todo para una familia de nuestra extracción social, era el súmmum del lujo.

En comparación con la ciudad de mi infancia, hoy en día Bukavu es irreconocible. Todavía me acuerdo de que caminaba por las aceras bien conservadas que bordeaban las calles asfaltadas, y que eran tan lisas que mi hermana y yo podíamos patinar sobre ellas –con gran riesgo para nuestras vidas–. Todas las casas tenían un árbol frutal en el jardín.

La independencia puso patas arriba aquella vida y el estricto orden racial de la época. Entonces yo tenía cinco años, y solo recuerdo fragmentos. Tengo un vago recuerdo de una vez, en 1960, en que mis padres me llevaron a un mitin político en Bukavu, el primero al que asistía en mi vida. Aunque las palabras no significaban nada para mí, la experiencia de encontrarme en medio de una enorme multitud de congoleños me dejó huella. El orador era el héroe del momento, que hoy se ha convertido en un icono en muchas partes de África: Patrice Lumumba, un hombre nervudo, con perilla y gafas de media luna negras.

Poco después, antes de lo que todo el mundo esperaba, Lumumba se convirtió en el primer presidente del Gobierno y líder democráticamente elegido de la República del Congo independiente. Los setenta y cinco años de dominio belga se habían terminado.

Durante los primeros veinticinco años de dicho dominio, el Congo se consideraba una propiedad privada del rey Leopoldo II, lo que le proporcionaba enormes riquezas y, durante un tiempo, prestigio como un gran filántropo. Cuando salió a la luz la tiranía y la rapacidad de su régimen, su hacienda africana le convirtió en un paria internacional.

El 30 de junio, día de la independencia, recuerdo los bailes y la música. El país estuvo cuatro días celebrándolo. La nueva bandera –azul con estrellas amarillas– fue izada en todas partes. Hubo fuegos artificiales y carreras ciclistas, música y cerveza. A mí, que tenía cinco años, se me escapaba la relevancia de todo aquello, pero estaba feliz de poder participar en las festividades.

En realidad, después de la independencia, Lumumba y los demás dirigentes heredaron un Estado cuyas arcas habían sido vaciadas y un país de quince millones de habitantes entre los que solo había unas pocas docenas de licenciados universitarios. Bélgica dejó al Congo deplorablemente mal preparado para la independencia. Y a la antigua colonia se le concedía la libertad exclusivamente a condición de que sus recursos y su territorio siguieran siendo accesibles y se mantuviera firmemente en la esfera occidental.

Cuando Lumumba intentó un acercamiento a la Unión Soviética, a la que pidió ayuda para afrontar una sedición de las Fuerzas Armadas, unos problemas económicos inmensos, y un movimiento secesionista en el sur del país, su suerte estaba echada. Solo estuvo tres meses en el cargo. Al cabo de seis meses estaba muerto: fue secuestrado y asesinado con la connivencia de Bélgica y Estados Unidos.

En el momento de la independencia, al tiempo que los barrios negros de Bukavu lo celebraban, el centro de la ciudad lloraba y se mudaba. Se vaciaron las casas, llegaron los camiones de mudanzas, y hubo un inusitado trajín de aviones, mientras las familias competían por las plazas para volar con destino a la seguridad de Europa.

Fue el inicio de un gran éxodo de europeos que reaccionaron a la creciente hostilidad contra ellos, así como a las noticias y los rumores –algunos verdaderos, otros exagerados– de ataques contra la comunidad blanca. De vuelta a Europa, muchos recordarían con nostalgia el tiempo que pasaron en aquel idilio africano.

A raíz de la marcha de los europeos, el país perdió unas habilidades, unos conocimientos administrativos y un *know-how* vitales e imprescindibles para gestionar un Estado-nación nuevo e inmaduro.

Mis abuelos y bisabuelos habían sido testigos del movimiento en dirección contraria: la llegada de los primeros europeos a nuestro pueblo natal de Kaziba. El valle de Kaziba, habitado por nuestra comunidad, llamada bazibaziba, está rodeado de altas cordilleras cubiertas de bosques y es más rica que otros valles de la zona gracias a la industria metalúrgica local.

Los bazibaziba eran tradicionalmente artesanos cualificados que trabajaban con el mineral de cobre y de hierro y fabricaban utensilios para la agricultura y joyas, que se vendían por toda la región de los Grandes Lagos, y que hoy en día abarca el Congo oriental, Ruanda, Burundi y Uganda. Nuestra otra especialidad era la fabricación de instrumentos para la guerra, como puntas de flecha y lanzas.

Esta última habilidad, unida al espíritu ferozmente independiente del valle, posibilitó que los bazibaziba repelieran las incursiones de los traficantes árabes de marfil y de esclavos que se adentraron en el Congo oriental a partir de principios del siglo xix desde la costa oriental de África. Pero los bazibaziba no pudieron competir con las armas de fuego de los invasores europeos.

Mis antepasados fueron testigos de un profundo *shock* económico, político y social. Un decreto ordenaba que todas las riquezas minerales del subsuelo pertenecían a la nueva administración colonial. A partir de ese momento, las minas locales pasaron a ser propiedad del Estado Libre del Congo de Leopoldo II, y se prohibió que la «población indígena» fuera su propietaria.

La industria metalúrgica local se liquidó de un plumazo. Muchos artesanos se pasaron al comercio de metales preciosos, sobre todo de oro, que se encuentra en abundancia en la zona. Aún hoy puede verse a personas en los arroyos y los ríos con el agua por las rodillas cribando la arena en busca de oro.

Todo jefe tradicional que se resistiera al nuevo régimen colonial, ya fuera al Gobierno o a una empresa privada concesionaria, podía estar seguro de que habría represalias. Nuestro jefe fue desterrado a la aldea de Kaleke, a 160 kilómetros, donde murió en la cárcel. Otros fueron asesinados sin contemplaciones. En todos los casos, las consecuencias fueron profundamente desestabilizadoras para unas sociedades basadas en el respeto y la veneración por los jefes tribales, denominados *mwamis*.

Recuerdo que de niño oí a mis padres hablar de cuando desterraron a nuestro jefe. Puede apreciarse la medida del impacto que tuvo en una expresión que sigue utilizándose en Kaziba cien años después: cuando alguien quiere jurar que algo es verdad dice *Mboje-Kalehe* –«so pena de que me destierren a Kalehe».

A raíz de la asfixia de la industria manufacturera local, los aldeanos se vieron obligados a comprar machetes, herramientas de metal y ruedas de importación, a pesar de que tan solo unos años atrás se producían localmente.

El sistema colonial también modificó las relaciones entre los sexos en Kaziba. Los europeos trajeron consigo un nuevo sistema monetario que poco a poco fue sustituyendo a la economía de trueque, en la que los productos agrícolas y el ganado servían como principal medio de intercambio. Según el sistema anterior, las mujeres eran responsables de almacenar y gestionar la producción agrícola anual de la familia, en virtud de las tradiciones fuertemente matriarcales de la comunidad.

Con la introducción del franco congoleño a partir de 1887, el poder económico pasó rápidamente a manos de los hombres. Gestionar el dinero acabó considerándose competencia de los varones. Y cuando los hombres iban a trabajar como porteadores o trabajadores en las minas o en las plantaciones, ganaban un salario que ellos mismos repartían y controlaban. Las mujeres perdieron la potestad de gestionar los recursos de la familia que poseían antiguamente.

La otra gran importación vino de la mano de un grupo de protestantes evangelistas noruegos que llegaron en 1921 y pidieron permiso para construir una misión. Su decisión de instalarse en Kaziba iba a tener una gran importancia para la vida de la aldea, y en particular para mis progenitores y, a su vez, para mí. Con el apoyo de la administración belga, la delegación noruega fue a presentarse a casa de nuestro *mwami*, que escuchó su oferta de ayuda a la aldea. Tal vez porque sentía que no tenía otra elección, o motivado por su sentido de la hospitalidad, el *mwami* accedió a conceder a los misioneros una parcela de terreno en un extremo del valle, una zona pantanosa y sin cultivar a la orilla del río. Conociendo las dificultades a las que tendrían que enfrentarse, tal vez nuestro jefe supuso que a aquellos curiosos visitantes blancos las privaciones les resultarían excesivas y que se irían a otro lugar, o regresarían a su patria.

Con una determinación con la que no había contado el jefe, los misioneros, financiados por sus congregaciones desde Noruega, establecieron poco a poco una presencia permanente. Aunque al principio la población los veía con hostilidad, fueron capaces de integrarse, sobre todo gracias a la medicina y la educación.

Muy pronto se corrió la voz de que el *muzungu* (literalmente, «hombre blanco») podía curar las heridas y tratar las fiebres con mucha más eficacia que el curandero local con sus ungüentos y sus invocaciones. Los misioneros tenían antisépticos, antipiréticos para tratar la fiebre, medicinas contra la tiña y los parásitos intestinales, y grandes reservas de vendas limpias.

Con cada visita a la clínica improvisada, los misioneros evangelizaban. Se interesaban especialmente por los niños locales, incluidos los huérfanos y los que estaban atrapados en la pobreza, como mis padres. También construyeron una pequeña capilla de madera, y después pusieron en marcha una escuela, que brindó por primera vez a los alumnos la oportunidad de aprender a leer y

escribir a fin de estudiar la Biblia. Aunque muchos padres descon-
fiaban –mandar a sus hijos al colegio implicaba que no estaban
disponibles para trabajar en los campos ni cuidar del ganado– algunos eran conscientes de los beneficios de la alfabetización.
    Al principio el número de bautizos era escaso, pero la congre-
gación fue creciendo hasta que casi todo el mundo se convirtió.
Los misioneros, al igual que el rey Leopoldo II y el Estado belga,
se veían a sí mismos como parte de una gran fuerza civilizadora
por la que el pensamiento y las tradiciones europeas acabarían
sustituyendo a las atrasadas prácticas de los africanos.
    Antes de ser bautizados, se exigía que los convertidos se des-
pojaran de las pulseras y los collares de cobre y de oro que pasaban de una generación a otra como reliquias familiares. Aquellos
objetos habían formado parte de la tradición local desde hacía
siglos. Los convertidos prometían que iban a deshacerse de sus
creencias en los espíritus de sus antepasados y en el dios que habían adorado hasta entonces: Namuzinda, «el que está al final de
todo». Fumar en pipa el tabaco cultivado localmente, un popular
pasatiempo de los hombres, se consideraba pecaminoso, lo mismo que beber vino de plátano.
    Además, la vida de la aldea giraba en torno al Aha-Ngombe,
un lugar público donde se reunían los hombres para hablar de los
asuntos del pueblo, zanjar las disputas, y transmitir la historia de
la región a las generaciones más jóvenes a través de nuestra tradición de narraciones orales. También era un lugar para la música,
donde se podía escuchar la guitarra local, la *lulanga*, la flauta
karhero, o el *likembe*, una especie de piano metálico de mano.
Los misioneros condenaron esa música y a nuestros músicos por
considerarlos satánicos.
    La llegada del cristianismo tuvo como consecuencia una rup-
tura con ese pasado, aunque la nueva fe fue adoptada voluntaria-
mente por la comunidad, incluidos mis padres. Pero esa primera
forma de cristianismo no aspiraba a enriquecer las tradiciones espirituales y sociales locales, ni a fusionarse con ellas, sino a susti-
tuirlas y suplantarlas del todo. En muchos sentidos fue una catástrofe cultural, por la que gran parte de lo que era valioso y antiguo
se condenaba por primitivo y degenerado.

Me habría gustado que se intentara buscar un acomodo, un intercambio, el reconocimiento de que ambas partes, la europea y la africana, podían aprender una de la otra. Pero eso no formaba parte del espíritu de aquella época. De lo contrario, hoy en día aún podría oírse el sonido de la *lulanga* o del *karhero* en las iglesias, en vez del órgano.

Papá fue uno de los primeros en convertirse. Nació en 1922 en una familia pobre de antiguos trabajadores del metal, sin ganado ni tierra, y se quedó huérfano de madre y padre a la edad de cuatro años. Su madre murió en el parto, y su padre solo vivió unos años más, hasta que murió a causa de una enfermedad.

Fue acogido por su tía, que hizo todo lo posible para mantenerle y cuidarle al tiempo que cuidaba de sus propios hijos. Papá se crio con la sensación de ser un extraño en el único hogar que era capaz de recordar. Y cuando, ya de adulto, salió de allí, su futuro parecía desolador: sin tierras, en el mejor de los casos a duras penas podría ganarse la vida trabajando en una granja. Como no era capaz de pagar una dote adecuada, sus perspectivas de matrimonio eran igual de sombrías.

La iglesia le brindó una salida. Estudió en la escuela de la misión y, después de bautizarse, se quedó con los misioneros. Se convirtió en uno de los primeros evangelistas congoleños que salieron de aquel minúsculo centro en el extremo pantanoso del valle. A principios de los años cuarenta, a la edad de diez años, mi madre llegó al colegio como alumna.

Sus hermanos la habían enviado para que se educara, por ser la más pequeña y la más débil de los cuatro hermanos. Todos ellos habían tenido que arreglárselas solos después de que su madre —mi abuela— falleciera al dar a luz a mi madre. Su padre se había vuelto a casar, y su segunda esposa le planteó un ultimátum: o ella o sus hijos anteriores. No quiso saber nada de ellos.

Por consiguiente, a mi madre la criaron sus hermanos mayores. Hacían todo lo posible para conseguir algo de comer, como por ejemplo un pescado o una rana de vez en cuando. De niña, mi madre sufría constantes problemas de salud, y siguió padeciéndolos durante el resto de su vida.

Cuando terminó su escolarización siendo adolescente, accedió a casarse con mi padre, que para entonces había decidido hacerse pastor. Mi padre siguió evangelizando en el pueblo, pero al cabo de varios años empezó a viajar más, como por ejemplo al otro lado de la frontera, hasta lo que hoy es Ruanda. Durante los primeros años de su matrimonio, mi padre se ausentaba durante largos periodos, y estuvo trabajando un tiempo en una misión sueca de la frontera entre Ruanda y el Congo. Pero en 1949 se estableció definitivamente en Bukavu, y mi madre se reunió con él ese mismo año.

Mi padre fue el primer pastor congoleño de Bukavu, y al principio desempeñaba su labor desde las viviendas de sus correligionarios protestantes, ya que por ejemplo durante un tiempo utilizó la parcela de un juez local para celebrar los servicios religiosos. A medida que más y más gente se iba convirtiendo, los fieles empezaron a congregarse en público y al aire libre, a la sombra de un árbol en uno de los suburbios negros. A principios de los años cincuenta, mi padre y un misionero sueco consiguieron el visto bueno de la administración colonial para construir una iglesia.

Eran tiempos muy difíciles, tanto en lo material como en lo espiritual. A mi padre le pagaban un salario modesto, y a lo largo de toda mi infancia tuvo serios problemas para pagar el colegio de toda su prole. También se vio atrapado en el caos en que se sumió el Congo a partir de 1960, durante los primeros años de la independencia.

En 1961, cuando yo tenía seis años, estaba en la iglesia de mi padre con mi madre y mis hermanas cuando unos soldados fuertemente armados interrumpieron el oficio y sacaron a rastras a un colega sueco de mi padre por orden del gobernador local, que quería acelerar la marcha de los colonos europeos.

Todavía recuerdo el sonido de las botas militares contra el suelo de cemento, la mueca de susto del pastor sueco, y me acuerdo de que yo tenía demasiado miedo como para darme la vuelta a mirar a los soldados cuando se marchaban. Fue mi primera experiencia de la violencia. Papá fue detenido unos días después, y en la comisaría le pusieron una pistola en la sien.

Tres años después, en 1964, los rebeldes antigubernamentales invadieron Bukavu y fusilaron a varias personas en el patio de la iglesia. Tres años más tarde, los encargados de ocupar la ciudad fueron unos mercenarios blancos, lo que nos obligó una vez más a buscar refugio a pie en el campo.

Abandonar nuestro hogar fue una experiencia desgarradora en ambas ocasiones, para mis padres, pero sobre todo para nosotros, sus hijos. Recuerdo la angustia, primero hasta que logramos ponernos a salvo, y después por lo que podría ocurrir en nuestra ausencia, y por si conseguiríamos regresar alguna vez. En 1967, un avión de la Fuerza Aérea congoleña bombardeó nuestra casa por error, matando a dos jóvenes amigos de nuestra familia, Leah y Job, de trece y veinte años, que dormían en mi habitación.

Aquellos sucesos me prepararon para nuevas evacuaciones y otros periodos de exilio, ya que desde aquel momento hubo muchos más. Muy pronto me desengañé y me di cuenta de que ni nuestros padres, ni nuestra comunidad, y menos aún el Estado congoleño, podían protegerme del peligro. Lo único positivo que puedo decir de todo aquello es que centró mi atención en lo más importante: la salud y la seguridad de mis seres queridos. Puede que ese sea el motivo de que nunca me haya interesado acumular posesiones, pues sé que podría perderlas en cualquier momento.

En tiempos de paz, papá se encontraba entre los dos frentes de una contienda espiritual que estuvo a punto de costarme la vida cuando era un recién nacido. Algunos católicos le consideraban una amenaza, y todavía recuerdo el terror que sentí de niño cuando desde fuera tiraban piedras contra el tejado de zinc de la iglesia durante el oficio, provocando un gran estruendo. A veces, las puertas de la iglesia se abrían de par en par y empezaban a llover piedras sobre la congregación, lo que nos obligaba a meternos debajo de los bancos para protegernos. Otro problema constante eran los robos.

Mi educación primaria en Bukavu empezó en una institución gestionada por misioneros suecos, lo que exigía llevar un uniforme azul y amarillo, los colores de la bandera sueca. Eso nos hacía inmediatamente reconocibles como protestantes –y nos convertía en un blanco para los niños católicos de la zona–. Volver a casa era un auténtico calvario –recibíamos insultos, amenazas, y a veces cosas peores– y salir a hacer algún recado era un acto de valentía. Ahora ese tipo de hostilidad cotidiana es cosa del pasado, aunque los prejuicios todavía pueden volver a aparecer. Yo mismo tuve que luchar contra las profundas reservas de los miembros de mi comunidad cuando una de mis hijas decidió casarse con un católico.

Mi padre no era un predicador apocalíptico, ni hablaba de los tormentos del infierno, como ocurre en algunas iglesias y emisoras de televisión de hoy en día. Era un hombre de voz suave, serio y profundamente espiritual. Su autoridad provenía de su conocimiento de las Escrituras y del ejemplo que daba con su compasión por los demás. Se sentía a sus anchas hablando en público y aconsejando a la gente en privado, pero también escuchaba con gran atención.

Cuando yo era niño, siempre que podía le acompañaba en sus visitas parroquiales, sobre todo los domingos. Además de oficiar en su incipiente iglesia, tenía permiso para prestar servicio a un puñado de soldados protestantes en la capilla de la principal base militar de Bukavu. Empezaba a las cuatro y media de la madrugada, y tenía órdenes estrictas de terminar como muy tarde a las seis, cuando empezaba la misa católica.

Nos levantábamos a eso de las tres de la madrugada, a oscuras, y emprendíamos el camino de ocho kilómetros hasta el otro extremo de la ciudad. Después de ir al cuartel, acudíamos a unos barracones de la policía para celebrar otra misa. Yo estaba constantemente a la sombra de mi padre, presenciaba y escuchaba sus sermones desde la primera fila, o llevaba su bolsa de cuero marrón en los desplazamientos.

Él siempre iba impecablemente vestido, con traje oscuro y corbata, mientras que yo siempre iba con una camisa de manga corta, pantalones cortos, y zapatos de piel abrillantados. Cuando caminábamos, me llevaba de la mano. A veces me pedía que le llevara su Biblia, y yo la sujetaba firmemente debajo del brazo.

Uno de aquellos atareados domingos cambió el rumbo de mi existencia.

Después de los oficios matinales, papá hacía visitas a domicilio, y a menudo pasaba a ver a los enfermos o convalecientes. Yo siempre le escuchaba atentamente. Había encontrado la forma de alentar a los enfermos a que tuvieran fe, no solo en Dios sino también en ellos mismos y en su capacidad de recuperarse.

Se sentaba junto a la cama y dirigía las oraciones. Les cogía de la mano o les ponía la mano sobre la cabeza, hablando suavemente, pero con firmeza. Les imploraba que encontraran su valor interior y que pidieran ayuda a Dios. Estaba completamente entregado. A menudo volvía a casa muy tarde y exhausto. Siempre atendía a los que acudían a nuestro hogar, y nunca negó su ayuda a quienes la pedían. Siempre estaba disponible, y si era necesario se vestía y salía de casa a las tres o las cuatro de la madrugada para apoyar a una familia enferma o para dar los últimos sacramentos.

Y, sin embargo, en algún momento yo me di cuenta, como le ocurre a todos los niños con sus padres, de que tenía sus limitaciones como ser humano. Contra el tifus, la malaria, la fiebre amarilla, la polio o el cólera, contra toda una gama de patologías que, entonces como ahora, afectaban a la gente, el poder de la oración tenía sus límites.

Un domingo a última hora, cuando yo tenía ocho años, nos pidieron que acudiéramos a una pequeña casa familiar en una zona pobre próxima a nuestro hogar. Nos llevaron a un edificio de ladrillo y madera con una única estancia. El interior estaba oscuro y resultaba difícil ver. En la penumbra encontramos a una madre meciendo a un bebé. Su hijo estaba gravemente enfermo, saltaba a la vista incluso para mis jóvenes ojos.

Recuerdo los gemidos, la tensa atmósfera de preocupación y pena. Recuerdo que sentí una intensa piedad por aquel bebé indefenso, y que los sonidos angustiosos me conmovieron. Aquella escena recordaba a mis enfermizos primeros días de vida. Yo quería desesperadamente que mi padre interviniera; deseaba con todas mis fuerzas que hiciera algo por evitar aquel sufrimiento.

Mi padre escuchó a los miembros de la familia y examinó al niño. Les dio sus habituales consejos: dijo que el dispensario médico estaba cerrado, pero les sugirió que fueran allí por la mañana y pidieran ver a una enfermera. Rezó con la familia y les ofreció palabras tranquilizadoras. Y después nos marchamos.

Volvimos a casa por el mismo camino. Yo estaba sumido en mis pensamientos, lleno de compasión por el bebé: no entendía y me decepcionaba lo que acababa de presenciar.

«Papá, ¿por qué no le has dado alguna medicina a ese niño, como me la das a mí cuando estoy enfermo?», le pregunté al cabo de unos minutos. Mis palabras rompieron el silencio que se había abatido sobre nosotros desde que dejamos a la familia.

Mi padre se detuvo y se volvió hacia mí. Yo lo miré, podía ver su expresión a la luz de una farola próxima. Nuestras sombras se extendían a lo largo de la calle silenciosa.

«Yo hago lo que sé hacer: rezar –me contestó–. Las personas que administran medicinas, los *mugangas*, se han formado para hacerlo. Ese es su oficio.»

Yo no tenía ni idea de cómo trabajaban los médicos ni las enfermeras, ni de lo que era una receta. Solo tenía una vaga noción de los «oficios». Pero en los dispensarios había visto a las monjas, con sus blusas blancas, dando medicinas a mis padres cuando yo o mis hermanos teníamos fiebre. Durante los años posteriores a mi nacimiento, las monjas empezaron a atender a personas de todas las creencias. Llamábamos *mugangas* a las monjas, un término que en suajili, la lengua más hablada en el Congo oriental, significa «personas que cuidan de los enfermos».

«En ese caso, yo quiero ser *muganga*», le dije a mi padre con cierta indignación.

«Perfecto –me respondió sonriendo–. Podemos trabajar en equipo. Tu administrarás las medicinas y yo rezaré por los pacientes.»

Me dio la sensación de que habíamos establecido un pacto en aquel punto del camino. Cuando llegamos a casa, entré corriendo y se lo dije a mi madre. No recuerdo su reacción. Tal vez sonrió para sus adentros, al darse cuenta de que yo estaba dando el primer paso para cumplir mi destino. Mucho tiempo después mi madre me dijo que solía rezar para que yo llegara a ser médico. A partir de aquel momento, yo ya tenía un objetivo en la vida; siempre que desfallecía, mi madre me lo recordaba.

2

Una crisis sanitaria entre las mujeres

Me llevó casi veinte años cumplir mi pacto con papá. De mayor, nunca le acompañé en las visitas a los enfermos y convalecientes de su parroquia, como una vez imaginé. Pero al final de su carrera, después de contribuir a construir la mayor iglesia protestante de Bukavu, con capacidad para siete mil personas, yo ya estaba trabajando como médico. Cada uno a su manera, ambos estábamos dedicados al bienestar de nuestras comunidades, tal y como habíamos acordado, aunque nunca como el equipo de mis fantasías infantiles.

Mis primeras experiencias llegaron como estudiante de Medicina en un hospital gestionado por la Misión Pentecostal Sueca en el Congo, a aproximadamente setenta kilómetros al sur de Bukavu. El hospital estaba en un recóndito pueblo llamado Lemera, en un apartado lugar entre las colinas que se alzan más allá del valle de laderas escarpadas que forma el río Ruzizi. Para llegar hasta allí, tomaba el autobús a lo largo de una tortuosa y lenta carretera que discurre más o menos paralela al río, que hace frontera con nuestros vecinos Ruanda y Burundi. Me apeaba al cabo de una hora y media, y recorría a pie el último tramo del trayecto, una agotadora caminata de subida por senderos resbaladizos.

El hospital estaba formado por una serie de edificios de una planta, los antiguos dormitorios de un colegio de la era colonial, construidos entre palmeras y una vegetación frondosa sobre una parcela en suave pendiente. El personal pululaba entre los distintos anexos, prestando atención sanitaria materna, servicios de pediatría, medicina general y cirugía. Tenía doscientas camas, y era la única instalación que había para atender a aquella zona pobre e inhóspita de 120.000 habitantes.

Mis primeras semanas allí, en 1983, fueron una revelación, por buenos y malos motivos. El hospital sufría un déficit crónico de personal. Solo había un médico a tiempo completo, Svein Haugstvedt, de Suecia, cirujano pediátrico, que estaba desbordado, y al que asistía un reducido equipo de enfermeras. En un lugar con tan pocos recursos no cabía esperar un comienzo cómodo.

En seguida me vi arrastrado a la acción. Al cabo de unos días ya estaba ayudando a Svein y al equipo quirúrgico a operar a los pacientes que sufrían hernias, quemaduras o fracturas. Adultos y niños, hombres y mujeres. La actividad era frenética.

Mi itinerario hasta la Medicina había sido largo y difícil. Aunque estaba preparado para el trabajo duro, ser médico requería más paciencia de la que yo había imaginado. Una parte del problema era la necesidad de lidiar con las disfunciones del Estado congoleño bajo la dictadura de Joseph Mobutu, un experiodista que había tomado el poder cuando yo era niño.

A pesar de la escasez crónica de médicos, no conseguí encontrar plaza en una facultad de Medicina, y mis numerosas solicitudes de becas para estudiar en el extranjero fueron rechazadas, para gran decepción mía. La única facultad que me admitió fue la de Ingeniería en la principal universidad de la capital, pero abandoné los estudios en segundo curso.

Me pasé varios años a la deriva durante los últimos años de mi adolescencia y los primeros años de mi veintena. Empecé a temer que mis ambiciones de ser médico fueran una fantasía imposible. De no haber intervenido mi madre, muy bien podría haberme convertido en un empresario. Cuando estaba en Kinsasa estudiando Ingeniería descubrí que tenía dotes para ganar dinero, primero con un negocio de venta ambulante y después con la compraventa de papel, carteras para los colegiales y otros materiales escolares.

Sin embargo, mi madre me presionaba constantemente. Cada vez que hablábamos por teléfono me recordaba mis ambiciones infantiles. Me escribía cartas periódicamente diciéndome que temía por mi futuro.

Su salud siempre fue frágil, y en un momento dado me llamó para pedirme que regresara urgentemente a Bukavu porque estaba enferma y corría el riesgo de morirse sin verme por última vez. Acudí a casa a toda prisa desde Kinsasa, deseando estar a su lado y temiéndome lo peor.

No obstante, cuando llegué ya se había recuperado. Hacía vida normal y prácticamente no hablamos de su enfermedad. En cambio, se empeñó en hablarme de mi carrera. Se había enterado de que estaban construyendo una nueva facultad de Medicina en Buyumbura, la capital de Burundi, que estaba a medio día de viaje por carretera hacia el sur. Utilizó todos sus poderes de persuasión para conseguir que solicitara el ingreso. Me dijo que quería tenerme cerca.

Yo me oponía por distintas razones. Era una facultad totalmente nueva, de una calidad desconocida. Después de una primera salida en falso como estudiante de Ingeniería, yo era reacio a correr el riesgo de un nuevo chasco. Argumenté que debía esperar y seguir presentando solicitudes en otros lugares, como por ejemplo en Francia.

Pero, al ver su determinación, dejé de resistirme y seguí su consejo, diciéndome a mí mismo que iba a dedicarle un año simplemente para probar.

Fui admitido en la facultad, gracias a mi madre, y a partir de ahí todo marchó sobre ruedas. A pesar de mis recelos iniciales, la calidad de la enseñanza era excepcional.

Al cabo de seis años aterricé en Lemera. Llegué con la intención de que fuera una breve experiencia laboral, para después seguir estudiando y cursar una especialidad. Fiel al pacto con mi padre, pensaba hacerme pediatra para poder ayudar a los niños pequeños. Ya había terminado mi tesis doctoral sobre la transmisión de la hepatitis de madre a hijo durante el embarazo y la vacunación de los recién nacidos contra la hepatitis B.

Sin embargo, el tiempo que pasé en Lemera me dejó una marca indeleble. Vi por primera vez con mis propios ojos la magnitud de la crisis de la atención sanitaria materna en las zonas rurales del Congo.

La atención prenatal casi no existía, y la inmensa mayoría de las mujeres de la región daban a luz en casa, sin que hubiera ningún profesional sanitario a mano, igual que lo hizo mi madre conmigo en 1955. La magnitud de las tasas de mortalidad y el valor de las mujeres extraordinarias que conocía me llevaron a replantearme si quería ser pediatra.

También tenía la sensación de que la falta de atención materna era un síntoma de un problema mayor: que la vida de las mujeres era algo que se daba por descontado y parecía estar infravalorada. En la zona de Lemera, todo el mundo, igual que la mayoría de la población del Congo, estaba permanentemente luchando contra la pobreza extrema. Pero las penurias no estaban repartidas equitativamente.

En el Congo, las mujeres son tratadas desde su nacimiento y se crían como ciudadanas de segunda clase, igual que en la mayoría de las sociedades en mayor o menor grado. En las zonas rurales, además de dar a luz a los hijos y cuidar de ellos, a las mujeres se les exige que hagan la mayor parte de las labores del campo y cultiven los productos básicos, como la mandioca que utilizamos para hacer harina, o el carbón vegetal necesario para cocinar.

Debido a las tradiciones, acarrear pesos también se considera una tarea de mujeres. Yo me crie viendo a mujeres esqueléticas tambalearse bajo el peso de los enormes sacos de arpillera llenos de productos agrícolas o de leña que llevaban a la espalda. La carga, que a menudo es más grande y más ancha que sus cuerpos, se transporta con la ayuda de una correa que rodea el saco y va sujeta a la frente de quien lo acarrea. Las mujeres se inclinan hacia delante para soportar el peso, con lo que desarrollan una fenomenal musculatura en el cuello, pero también todo tipo de dolencias musculoesqueléticas, y por consiguiente a veces también problemas reproductivos.

Además de la carga del trabajo y del sacrificio cotidianos, la sociedad no se apiada de ellas. Si se divorcian o enviudan, tienen pocas perspectivas de volver a casarse. Prácticamente no tienen independencia económica, y a menudo sufren maltrato físico a manos de sus maridos, cuyas consecuencias veíamos en el Hospital de Lemera. Además, muchas viven temiendo que sus maridos tomen una segunda esposa y las obliguen a vivir en una relación polígama, de cuyos desastrosos efectos he oído hablar durante mis muchos años escuchando a las mujeres congoleñas.

En Lemera vi las consecuencias del abandono de las mujeres en el momento del parto, cuando son más vulnerables y más poderosas –cuando nuestro Creador, a través de los defectos de diseño de la anatomía humana, las obliga a poner en riesgo sus vidas para engendrar otras nuevas.

Al hospital llegaban los familiares portando mujeres embarazadas y semiinconscientes en parihuelas improvisadas a base de ramas de árbol y cuerda. Otras veces las pacientes eran simplemente depositadas a la puerta del hospital sobre unas mantas empapadas de sangre y repletas de coágulos. Habitualmente, su atroz trayecto había durado horas, a veces incluso días.

Muchas mujeres habían sufrido distocia, y el feto se encontraba atascado dentro de la pelvis o sobresalía parcialmente de la vulva; otras presentaban hemorragias, la mayor causa de muerte posparto en todo el mundo, y un peligro sobre todo para las madres muy jóvenes.

A menudo era demasiado tarde para hacer otra cosa que no fuera certificar la causa de la muerte. Muchas pacientes habían dado su último suspiro dando tumbos por los senderos de la jungla o cruzando un arroyo de camino al hospital. Algunas llegaban vivas, pero con el útero en estado de putrefacción varios días después de un parto fallido. En ocasiones, un enjambre de moscas me seguía hasta el quirófano.

Me impresionaba el nivel de los daños. La muerte acechaba nuestro trabajo en todo momento. Nos desvivíamos para mantenerla a raya. Muchos días practicaba tres, y a veces cuatro, cesáreas de emergencia. Muy pronto me convertí en un experto en tratar a mujeres en estado de *shock* por la pérdida de sangre. Nuestras existencias de oxitocina, un fármaco que se emplea para estimular las contracciones de la pared uterina a fin de que se cierren las arterias durante una hemorragia posparto, salvaban vidas a diario.

También descubrí por primera vez la devastación personal que provocaban las fístulas obstétricas. Normalmente se producen durante una distocia, cuando la presión de la cabeza del feto estrangula la circulación de la sangre por el tejido que separa la vagina y el recto, o la vagina y la vejiga, o a veces ambas cosas. La falta de oxígeno provoca necrosis en ese tejido, que acaba desintegrándose, abriendo un orificio entre dichas cavidades.

A consecuencia de la lesión, las mujeres se ven incapaces de retener la orina y las heces. El contenido de la vejiga o del recto se escapa hacia la vagina. Es humillante, e imposibilita que quienes la padecen se mantengan limpias. A menudo el olor provoca que sus maridos se divorcien de ellas y que sus comunidades las condenen al ostracismo.

El tejido no vuelve a crecer por sí solo, y únicamente puede repararse mediante una compleja operación quirúrgica. Aunque las fístulas obstétricas prácticamente han sido eliminadas en el mundo rico gracias a la atención prenatal y las cesáreas, la Organización Mundial de la Salud (OMS) estima que más de dos millones de mujeres jóvenes viven con esa dolencia en Asia y en el África subsahariana.

En Lemera yo me sentía como un principiante recién aterrizado en una organización vertiginosa y compleja que funcionaba a base de adrenalina. Mis actos podían suponer, y a menudo suponían, la diferencia entre la vida y la muerte. Se esperaba de mí que me pusiera rápidamente a la altura de los acontecimientos y asumiera responsabilidades. De hecho, la velocidad de mi ascenso fue demasiado rápida para mi gusto.

Al cabo de unos tres meses de trabajo, una noche estaba cenando con Svein y su esposa en su casa. Svein me dijo que necesitaba ausentarse el fin de semana siguiente para visitar a sus hijos, por un problema que no mencionó.

«Necesito que alguien asuma la responsabilidad mientras yo esté fuera. ¿Aceptarías ser director médico en funciones hasta que yo vuelva?», me preguntó.

«¿De todo el hospital?», le pregunté.

«Sí», contestó asintiendo con la cabeza.

«¿Cuántos días?»

«Me marcharé el viernes y volveré el lunes», me respondió.

Sentí que no tenía otra elección. Me sentía halagado, pero también sumamente nervioso.

El viernes por la noche, tras mi última ronda por los pabellones, me dirigí a mi alojamiento, una pequeña casa independiente, contigua al hospital. La cena, que me había preparado la cocinera del hospital, me estaba esperando en la mesa: arroz, plátano macho frito y verduras. A veces había un poco de carne de cabra. La cena estaba fría, como de costumbre para cuando conseguía volver a casa. Me puse a picotear.

Después cerré mi puerta con llave y me senté en la cama. Me sentía muy solo. En el hospital no había teléfono. Solo disponíamos de un transmisor de radio –lo llamábamos el «*phonie*»– que utilizábamos para recibir y enviar mensajes a determinadas horas del día. Me deslicé bajo las sábanas, con la cabeza zumbándome por las preocupaciones, hasta que el agotamiento físico pudo conmigo.

El descanso fue breve. Me desperté sobresaltado por unos enérgicos golpes en la puerta, busqué a tientas mi linterna en total oscuridad, y me puse una camisa arrugada. Era consciente de lo tarde que era: fuera reinaba el silencio. Incluso los insectos estaban descansando. Abrí la puerta y me encontré a uno de los celadores del hospital de pie en medio de la oscuridad, con una nota en la mano.

«Una urgencia, señor», me dijo entregándome el papel. La nota me deslumbraba a la luz de la linterna, y tuve que entrecerrar los ojos. La enfermera de noche me comunicaba el ingreso de una mujer con una grave hemorragia. «Sospecha de desgarro uterino.»

Me puse muy tenso. Nunca había tratado yo solo esa dolencia. No ocurre muy a menudo, pero es uno de los sucesos más catastróficos en el campo de la obstetricia. A diferencia de una cesárea, que es un procedimiento sencillo y bien codificado, un desgarro uterino exige experiencia. Cada caso debe tratarse de forma diferente. De confirmarse, requeriría una intervención complicada.

Me vestí a toda prisa y me puse ropa de quirófano nada más llegar al hospital. Di la orden de que volvieran a encender nuestro generador eléctrico –para ahorrar combustible solo funcionaba doce horas al día y se apagaba por la noche–. Para las urgencias nocturnas menos graves a menudo trabajábamos con luces alimentadas por baterías. El celador fue a despertar al anestesista y al ayudante de laboratorio, que llegaron al cabo de unos minutos.

Llevaron a la paciente a la mesa de operaciones. Estaba en estado de *shock*. Nos enviaron varias bolsas de sangre desde el laboratorio. Empezamos a transfundirle sangre de inmediato y administramos anestesia general a la paciente. Necesitábamos aumentar su tensión arterial urgentemente y encontrar el origen de la hemorragia.

Practiqué una laparotomía media, una gran incisión central para abrir el abdomen, y empezamos a aspirar la sangre. Se confirmaron mis peores temores. ¡Cuánto deseaba que Svein estuviera allí! Una cosa es operar con la red de seguridad de un mentor más experimentado, y otra muy distinta es hacerlo solo.

Los desgarros uterinos se producen durante el parto cuando es imposible expulsar el feto. El bebé había muerto, pero la madre todavía tenía una posibilidad de sobrevivir.

Tuve que elegir: o bien intentar reparar el útero por el procedimiento de suturar el desgarro, lo que le brindaba a la mujer la posibilidad de tener más hijos en el futuro, o practicar una histerectomía, es decir extirpar completamente el útero, que es una operación más sencilla y con mayores probabilidades de éxito.

Era una mujer visiblemente joven, y probablemente aquel era su primer parto. Yo sentía el enorme peso de la responsabilidad, como si tuviera su destino en mis manos. Conocía las consecuencias de privar a una mujer congoleña de su capacidad reproductora: por desgracia, ser madre a menudo es la única forma de encontrar un lugar y un estatus en la sociedad.

Opté por reparar el desgarro y pedí que me trajeran de mi habitación mis libros de cirugía. Dediqué las tres horas siguientes a estudiar minuciosamente un capítulo que explicaba esa técnica.

Aquí tengo que hacer una mención especial al que fue mi ayudante aquella noche, Epike. Mientras mi mirada saltaba constantemente de la paciente a las páginas de mi manual, él controlaba su tensión arterial, me sujetaba el instrumental, y dirigía la luz. Seguimos trabajando juntos casi cuarenta años después. Ahora tiene más de setenta años, pero sigue viajando con equipos móviles de atención sanitaria hasta las zonas más recónditas del país.

La operación fue laboriosa y muy estresante. Cuando terminé, me volví a la cama para dormir unas horas, con miedo a lo que me podía encontrar por la mañana. ¿Había tomado la decisión correcta? ¿Habría tenido que practicar una histerectomía sin más? Por la mañana, cuando me desperté, fue la primera paciente que fui a ver. La encontré consciente y le pregunté a la enfermera cuáles eran sus parámetros. Su tensión arterial estaba en un nivel saludable; había un poco de sangre en su orina, pero no a un nivel alarmante; su estado parecía estable. En aquel momento me sentí el hombre más feliz del mundo. A pesar de mi limitada experiencia, había salvado una vida y tal vez, si ella se recuperaba del todo, le había dado la oportunidad de tener más hijos.

El tiempo que trabajé en Lemera estuvo lleno de momentos dramáticos como aquel, momentos de decisiones súbitas con unas consecuencias trascendentales para la vida de los pacientes. Las llamadas a mi puerta por la noche eran constantes. Mis días eran un ejercicio de gestión de las urgencias y de priorizar las necesidades. A lo largo de aquel año adelgacé hasta los 54 kilos, lo mínimo que he pesado en toda mi vida –una consecuencia de saltarme demasiadas comidas y de las noches en que picoteaba algo de comida fría antes de desplomarme en la cama.

Hubo milagros, mujeres que parecían estar desahuciadas pero que regresaban de entre los muertos. Recuerdo una en concreto que entró en parada cardiaca durante una histerectomía. Vi cómo le disminuía el pulso, después se interrumpió, y el sangrado cesó completamente. Le pusimos otra transfusión bajo una enorme presión, y el anestesista le practicó una reanimación cardiopulmonar: justo cuando habíamos perdido la esperanza, su corazón empezó a latir de nuevo.

También hubo días desgarradores. Nunca podré olvidar a una viuda que llegó con su hija, una mujer adulta, semiinconsciente: había sufrido una hemorragia al dar a luz. Mientras luchábamos por salvar a la paciente, yo podía oír los gritos de la mujer en el patio.

«¡Es mi única hija! ¡Por favor, por favor, doctor! ¡Sálvela, por favor!», gritaba histéricamente entre grandes sollozos.

Resultaba difícil concentrarse al tiempo que intentábamos reanimar a la paciente. En un momento dado, la mujer aporreó la puerta del quirófano y exigió que la dejáramos entrar. Si su hija hubiera dado a luz en el hospital, habríamos podido salvarle la vida con una simple cesárea. Pero la perdimos.

Tuve que salir a informar a su madre. Fue como presenciar otra vida haciéndose añicos delante de mis ojos. La mujer se marchó y nunca regresó para llevarse el cuerpo de su hija. Tal vez su pena era demasiado grande, o quizá no le quedaban fuerzas para seguir viviendo.

Durante aquel periodo me invadía un remolino de emociones diferentes. Desarrollé una profunda admiración por las mujeres de las comunidades de los alrededores de Lemera a las que atendíamos, por cómo afrontaban el embarazo y el parto, de una forma tan estoica y en unas condiciones tan precarias. Pero también sentía pena e ira por el hecho de que estuvieran tan abandonadas por un Gobierno que no aportaba las instalaciones necesarias para que dieran a luz en unas condiciones seguras.

Me di cuenta de que el motivo de que estuvieran tan desatendidas era un reflejo de su bajo estatus en la sociedad. Morir durante el parto era uno de los muchos peligros que se esperaba que las mujeres afrontaran discretamente y sin ningún mérito. Los hombres ignoraban esos riesgos.

Casi todas las mujeres que venían a la consulta iban acompañadas por sus madres o sus suegras, nunca por sus maridos. Los hombres, a menudo los maridos, trasladaban al hospital a las mujeres que sufrían complicaciones a mitad del parto o que necesitaban cuidados urgentes, pero su implicación terminaba ahí. Casi ninguno se quedaba para asistir al nacimiento o a la recuperación.

En el Congo, los padres siguen estando ausentes de casi todos los nacimientos, incluso hoy en día, como ocurría en el mundo occidental hasta hace pocas generaciones. Y después, los hombres son reacios a cuidar de sus hijos. Esta pauta se repite en casi todas las sociedades altamente patriarcales.

En Lemera solía hablar con mis pacientes sobre sus maridos, y más recientemente he hecho mi propio y modesto intento de modificar las actitudes en mi hospital actual por el procedimiento de construir habitaciones privadas donde las mujeres pueden dar a luz con sus parejas presentes. Por desgracia, no he conseguido avanzar demasiado.

La principal objeción consiste en que no es tradicional que los hombres estén presentes en el momento del nacimiento, y que no deben ver a sus esposas desnudas y vulnerables. A algunas mujeres les preocupa que después sus maridos no las encuentren atractivas. Es cierto que el parto no es sexi. Hay gruñidos y gritos, sangre y materia fecal. Pero esa actitud pone de manifiesto la creencia sexista de que una mujer debe ser un objeto de deseo y placer para su marido en todo momento. ¿Alguna vez ha conocido usted a un hombre que prefiera que su esposa o su pareja no esté a su lado en un momento de sufrimiento físico?

Siempre he advertido esa asimetría durante mi trabajo: cada vez que un hombre ingresa en el hospital por algún problema, viene acompañado por su esposa, y a veces también por una hermana o por su madre. Cuando sufre incontinencia, su esposa le lleva el orinal. Le lava y le cambia. A él nunca le preocupa no ser atractivo para ella en esos momentos.

Las actitudes de los padres ante el parto son un indicador fiable de lo libres y respetadas que son las mujeres en una determinada sociedad. Por lo general, en Occidente, hasta hace relativamente poco, los hombres siempre han contemplado el parto como una responsabilidad exclusiva de sus parejas.

Las actitudes no empezaron a cambiar hasta los años cincuenta y sesenta, cuando se generalizó que las mujeres dieran a luz en un hospital y no en su casa. A partir de los años setenta, la mayoría de los padres empezó a estar presente, y actualmente la inmensa mayoría, hasta un 90 por ciento en muchos países occidentales, asiste al parto. No todos se muestran entusiastas, por supuesto, pero a pesar de todo están en la habitación ofreciendo su apoyo en el momento crucial.

Cuando estuve trabajando en Lemera, mi país era uno de los más peligrosos del mundo para dar a luz. Por desgracia, la difícil situación de las madres del Congo no ha mejorado desde entonces. De hecho, la mortalidad materna ha empeorado a lo largo de mi carrera.

Hoy en día, en el Congo fallecen más mujeres que en 1990. Se estima que en el Congo mueren 850 mujeres por cada 100.000

nacidos vivos, según el Fondo de las Naciones Unidas para la Infancia (UNICEF),[1] una de las mayores tasas del mundo. En 2018, aproximadamente siete bebés congoleños por cada mil nacidos no llegaron a cumplir un año de edad.[2]

La causa de la mortalidad materna se debe sobre todo a que no se crean centros de maternidad para realizar controles rutinarios y atención de urgencia cuando sea necesaria. No tiene por qué ser complicado ni caro. Las mujeres embarazadas necesitan una buena dieta, así como agua potable y servicios sanitarios, pero por encima de todo necesitan una comadrona y que haya un cirujano a mano en el momento crucial.

En todo el mundo, una de cada cinco mujeres embarazadas sigue dando a luz –como hizo mi madre conmigo en 1955– sin la atención de un profesional sanitario cualificado. En el África subsahariana las cifras son aún peores. Cuatro de cada diez mujeres dan a luz sin atención médica.[3] Ese abandono es una forma de violencia contra las mujeres.

A nivel global, el mundo ha progresado, pues en el cambio de siglo incluyó la salud materna entre los Objetivos del Milenio de Naciones Unidas. Desde 1990, la tasa de mortalidad por cada 100.000 nacidos se ha reducido aproximadamente un 30 por ciento.[4]

Por suerte, hay muy pocos países que tengan unos datos tan malos como el Congo. Todos los países desarrollados incluso han registrado ulteriores avances durante los veinticinco años que van de 1990 a 2015, y han reducido aproximadamente a la mitad el número, ya escaso de por sí, de mujeres que fallecen durante el parto. En el mundo rico, la mayoría de las muertes –entre tres y ocho por cada 100.000 nacidos, dependiendo del país– obedecen a patologías preexistentes y no relacionadas con el embarazo.

Estados Unidos es uno de los países que han retrocedido, al igual que el Congo. El número de mujeres que murieron durante el parto aumentó de 17 por 100.000 en 1990 a 26 por 100.000 en 2015 –aproximadamente la misma tasa que en Uzbekistán o Kazajistán, peor que la de China, con sus más de mil millones de habitantes, y peor incluso que la de Irán, un país gravemente afectado por las sanciones.[5]

El motivo principal son las espeluznantes tasas de mortalidad entre las mujeres negras y nativas americanas. Las embarazadas negras tienen entre tres y cuatro veces más probabilidades de morir durante el embarazo que las mujeres blancas, según los datos de los Centros para el Control y la Prevención de Enfermedades, el supervisor de la salud pública en Estados Unidos. En Estados Unidos mueren aproximadamente cuarenta mujeres negras por cada 100.000 nacidos, una tasa de mortalidad comparable a la de México o la de Egipto.[6] En Nueva York, las madres negras tienen doce veces más probabilidades de morir que las madres blancas, según los datos del Departamento de Sanidad de la ciudad.[7] El racismo y los prejuicios tienen parte de la culpa de ese desfase, así como la mayor probabilidad de que una mujer negra no tenga seguro médico y padezca enfermedades crónicas como obesidad o hipertensión.

Cuando trabajaba en Lemera percibí por primera vez otra forma corriente de maltrato a las madres. Era menos visible que las magulladuras y los cortes causados por la violencia doméstica, y menos catastrófica que la distocia o las hemorragias posparto, pero a pesar de todo era una modalidad de violencia.

Se daba por descontado que todas las mujeres embarazadas debían trabajar duramente en los campos casi hasta las primeras contracciones. Trabajaban hasta que físicamente eran incapaces de tenerse en pie. No había tregua a las tareas de siembra, cultivo y acarreo, además de sus tareas y deberes domésticos. Y en cuanto daban a luz reanudaban su agotadora rutina.

Ahí el mundo también ha dado grandes pasos adelante, al reconocer que parir un bebé es un acto físicamente agotador y a veces peligroso que es necesario proteger. La mayoría de las sociedades también son conscientes de la importancia de que una mujer que acaba de ser madre pueda pasar tiempo con su recién nacido después de dar a luz, lo que ha dado lugar al permiso de maternidad.

En el mundo solo hay dos países que no contemplan alguna forma de permiso de maternidad retribuido para las mujeres trabajadoras, según la Organización para la Cooperación y el Desarrollo Económicos (OCDE) y la Organización Internacional del

Trabajo.[8] Uno de ellos es la isla de Papúa Nueva Guinea, en el
Pacífico. El otro es Estados Unidos, aunque el presidente Joe Biden ha anunciado un plan para afrontar por fin esa anomalía con
su Plan para las Familias Estadounidenses.

Tan solo el 19 por ciento de las trabajadoras estadounidenses
tiene acceso a un permiso de maternidad retribuido, y la cifra es
aún más baja para las madres negras e hispanas, como muestran
las estadísticas del Ministerio de Trabajo de Estados Unidos.[9] Se
estima que el 25 por ciento de las madres estadounidenses vuelve
al trabajo en el plazo de dos semanas después de dar a luz, según
la organización PL+US (Paid Leave for the United States). ¡Supone un sufrimiento tan innecesario para la madre y el bebé!

La duración media del permiso de maternidad que se ofrece en
otros países industrializados y democráticos del mundo es de dieciocho semanas. Estonia, un pequeño país de la Unión Europea,
encabeza la lista, pues ofrece hasta ochenta y cinco semanas de
permiso a las madres con el salario completo.[10]*

Hoy en día la mayoría de los países han decidido afrontar el
sexismo intrínseco de sus políticas de permiso de maternidad y
paternidad, un sexismo que consiste en que ofrecen más tiempo a
las madres, que supuestamente son las principales cuidadoras,
que a los padres. Ahí los países escandinavos están dando ejemplo, pues sus políticas de permiso parental son independientes del
género, y a veces obligan a los hombres a hacer uso de su derecho.

Las ventajas para la sociedad son enormes. Los padres que cuidan a los bebés desde el principio tienden a seguir estando más
implicados a medida que crecen los hijos, y gozan de una mejor
salud mental.[11] Los estudios también revelan que la implicación
de un padre en el nacimiento y los primeros años de vida aumenta
su disposición a compartir las tareas domésticas más adelante,
reduciendo la carga de limpiar, cocinar y lavar, que recae en su
abrumadora mayoría sobre las mujeres.

* En virtud de la ley que entró en vigor el 1 de enero de 2021, en España el permiso de maternidad y paternidad tiene una duración de hasta 16 semanas para
cada uno de los progenitores. Los días son intransferibles, lo que supone que
ninguno de los dos puede ceder días al otro (*N. del T.*).

Cuando era médico residente en un hospital rural en el Congo oriental, yo aún no comprendía del todo la relación entre lo que veía –el trabajo incesante para las mujeres, la falta de atención médica, los padres ausentes, el trato desconsiderado a las madres que acababan de dar a luz, las muertes innecesarias–. Todavía no comprendía que nuestro sistema patriarcal configuraba nuestras normas sociales, la economía, la vida familiar y la formulación de las políticas. Yo solo era un médico que cumplía con mis obligaciones, interviniendo donde podía para ayudar a mis pacientes. Pero era consciente de la injusticia. La desigualdad me preocupaba. Decidí que quería ayudar. Aunque la sociedad menospreciaba a aquellas mujeres por considerarlas inferiores y débiles, yo era testigo de su fuerza frente al dolor y a la incertidumbre un día tras otro.

En retrospectiva, me doy cuenta de que estaba dando los primeros pasos de mi desarrollo de una conciencia feminista. Estaba emprendiendo un camino de aprendizaje y comprensión que ha proseguido toda mi vida.

Yo sabía que en aquella época no había ni un solo ginecólogo plenamente cualificado en toda nuestra provincia, Kivu del Sur, y mucho menos en la zona de Lemera. Todos los días morían mujeres por no tener acceso a una simple cesárea. Padecer una fístula a menudo significaba una vida de estigma y de rechazo. El centro sanitario más cercano para tratar ese tipo de fístulas estaba en Adís Abeba (Etiopía).

Consideré la idea de abandonar mis planes de estudiar pediatría en aras de la ginecología y la obstetricia, que para mí era sencillamente una forma distinta de cuidar de los niños. Para entonces me había casado, y el apoyo de mi esposa, Madeleine, resultó esencial. Uno de mis catedráticos me advirtió de que trabajar en ginecología podía afectar negativamente a nuestra relación. Me dijo que por ese motivo muchos colegas suyos habían tenido matrimonios desgraciados.

Había conocido fugazmente a Madeleine durante mis vacaciones de verano en Bukavu después de mi primer curso en la Facultad de Medicina de Buyumbura. Estuvimos charlando solo unos minutos a la puerta de casa de mis padres, junto con otros amigos. Me impresionó su sonrisa y su porte, su elegancia y su cordialidad. Madeleine me causó un efecto extraordinario. Mi corazón se desbocó, y mi imaginación echó a volar.

Mi entusiasmo era comparable a la decepción que me llevé poco después cuando descubrí que Madeleine, como me informó mi amigo Sylvan, era «hija de Kaboyi». Kaboyi era uno de los comerciantes más ricos de Bukavu. Su estatus ponía a Madeleine muy por encima de mi alcance.

Tuve que esperar un año para poder volver a ver a Madeleine. El verano siguiente ambos fuimos invitados de honor en la boda de unos amigos comunes. Ella tenía veinte años, yo veinticinco. La boda se celebraba en la iglesia de mi padre y nos reunimos allí para los ensayos.

El día señalado, el padrino que tenía que acompañar a Madeleine no apareció. Estuvimos esperándole hasta el último minuto antes del inicio de la ceremonia, y entonces me pidieron que ocupara su lugar. Yo apenas era capaz de disimular mi gozo.

No recuerdo gran cosa de la ceremonia nupcial. Fue larga, duró bastante más de dos horas. Yo estaba sentado al lado de Madeleine y charlábamos en voz baja en nuestro banco entre los himnos y las lecturas de la Biblia.

Las palabras parecían fluir. Los dos nos sinceramos, de forma natural y sin afectación. Ella me preguntó por mi vida en Buyumbura. Me habló de sus estudios. Yo le hablé de mi familia, de mis primeros exámenes en la Facultad de Medicina, y de mis sueños para el futuro. Mi corazón volvía a estar desbocado.

Al final de la boda, por pura intuición, y de forma totalmente impulsiva, le pregunté si quería venirse a vivir conmigo a Buyumbura. Le sonreí irónicamente, esperando que ella pusiera reparos. Para mi sorpresa, ella aceptó susurrándome «Claro, ¿por qué no?», y se echó a reír.

En aquel instante me enamoré incontenible e irremediablemente de ella. Estuvimos charlando otras dos horas delante de la iglesia después de la ceremonia y empezamos a vernos durante todo aquel verano. Hicimos un pacto: si alguien intentaba oponerse a nuestra relación, algo que preveíamos, haríamos todo lo posible por superarlo.

Poco después informé a mis padres de mis intenciones: se mostraron escépticos, pero no se opusieron. Resultó mucho más difícil convencer a la familia de Madeleine. Su padre se preguntaba cómo un estudiante de Medicina, hijo de un pastor, iba a poder mantener a su hija, que se había criado en las comodidades de una familia adinerada de Bukavu. Pero Madeleine no se desanimó. Cumplió nuestro pacto, y su padre acabó cediendo. Un año después, en 1980, nos casamos en la iglesia de mi padre. Mi familia aportó la dote: cuatro vacas. Poco después nos mudamos a Buyumbura y fundamos una familia en una modesta casa alquilada.

Todo lo que he logrado y soportado desde entonces ha sido con Madeleine. Juntos hemos celebrado todos los triunfos, hemos vivido todos los miedos y sentido los más sombríos momentos de dolor; nos hemos reído y nos hemos desesperado; hemos viajado y hemos descubierto el mundo, hemos criado a nuestros hijos y hemos envejecido juntos. Durante cuarenta años hemos seguido el mismo camino, codo con codo.

En 1984, cuando mi estancia en Lemera tocaba a su fin, le pregunté a Madeleine si estaba de acuerdo con que yo estudiara obstetricia y ginecología, lo que requería que nos mudáramos de nuevo. Me habían hablado de la posibilidad de conseguir una plaza en un hospital universitario de la región vitivinícola del valle del Loira, en el centro de Francia. Si conseguía aprobar el examen de ingreso me admitirían para una residencia de cuatro años.

Madeleine dijo que sí. En aquel momento yo tenía 2.000 dólares ahorrados, de los que la mitad fueron para pagar mi billete de avión a París.

Llegué en octubre, era la primera vez que viajaba a Europa. Aterricé en el aeropuerto Charles de Gaulle, al noroeste de París, y me dirigí a Montparnasse, en el sur, donde un amigo de la familia había accedido a recogerme con su coche. Me llevó hasta Angers, una ciudad pequeña que iba a ser mi nuevo hogar.

Me marché a Francia solo, con la condición de que, una vez que estuviera instalado, Madeleine y nuestros dos hijos, que entonces eran pequeños, se reunirían conmigo. Mi primera tarea fue encontrar piso, lo que resultó ser más difícil de lo que yo imaginaba.

Todos los días miraba los anuncios de alojamiento en el periódico local. Pero cuando llegaba a la cita para visitarlo, me decían que acababan de alquilarlo. No empecé a sospechar que el color de mi piel era lo que provocaba tales problemas hasta después de varios intentos fallidos –y de constatar que los pisos que había intentado ver seguían anunciándose al día siguiente.

Fue una experiencia frustrante y desalentadora, pero se acabó un día que llamé para preguntar por una habitación libre en una casa compartida con otros dos estudiantes y me presenté inmediatamente como un estudiante de Medicina congoleño. «Fantástico. ¿A qué hora quiere venir a verla?», respondió el arrendador, Paul, que posteriormente se convirtió en mi guía local y en un querido amigo durante todo el tiempo que estuve en Angers.

Los dos primeros meses fueron un periodo difícil. Tenía graves problemas económicos, que se acabaron cuando gané un pequeño automóvil francés en una rifa de un supermercado local. Eso me permitió aceptar la oferta de hacer guardias pagadas en mi hospital y en otros centros de la zona. Aquel increíble golpe de suerte marcó el tono del resto de mi estancia en Francia.

Fue un periodo feliz y enormemente satisfactorio de nuestras vidas. Madeleine se mudó a Francia y tuvimos un tercer hijo mientras vivíamos en Angers. Teníamos unos amigos estupendos, y a pesar de mis encontronazos iniciales con los caseros intolerantes, nos sentimos muy bien acogidos.

Algunos de mis catedráticos se sorprendían ante mi nivel de experiencia. En concreto recuerdo un día que estaba asistiendo a uno de ellos durante una cesárea. Cuando uno trabaja con un ayudante, en seguida salta a la vista la confianza que tiene y su nivel de competencia. En un momento dado, el cirujano se volvió hacia mí con una mirada socarrona en la cara.

«¿Ha hecho usted esto muchas veces?», preguntó.

«Unas quinientas», le contesté.

No estaba fanfarroneando: sencillamente mi respuesta reflejaba lo exigente que había sido mi trabajo en el Hospital de Lemera.

El catedrático estaba desconcertado.

«Y entonces, ¿por qué está usted aquí?», preguntó.

«Todavía hay muchísimas cosas que quiero aprender», respondí.

Cuando les decía a mis colegas de Angers que en mi país a veces yo mismo tenía que anestesiar a mis pacientes, no podían creerlo. Ninguno de ellos podía imaginar ni por asomo que trabajábamos a la luz de las linternas cuando no disponíamos de un generador, o que una vez operé un desgarro uterino al tiempo que consultaba mis manuales. Ahora vivía y trabajaba en un mundo diferente, y veía con mis propios ojos la increíble desigualdad de la atención sanitaria en el mundo.

En todo el tiempo que pasé en Francia, nunca presencié la muerte de una mujer durante el parto. Ni una sola vez. El pabellón de maternidad de nuestro hospital de Angers podía contar con aproximadamente treinta médicos, incluyendo obstetras-ginecólogos y especialistas en reanimación neonatal. Había docenas de comadronas, y también secretarias y otro personal de apoyo. Había un equipo completo de maternidad disponible las veinticuatro horas del día. Se sometía a todas las pacientes a una batería de análisis prenatales, cuyos gastos estaban íntegramente cubiertos por el sistema de sanidad pública.

En un momento dado descubrí que el número de bebés que nacían en la unidad de maternidad de Angers –aproximadamente tres mil quinientos al año– era el mismo que nosotros estábamos trayendo al mundo en Lemera con tan solo dos médicos y ocho comadronas.

En Lemera, a veces les pedía a mis pacientes que se hicieran unos sencillos análisis de orina o de sangre, y muchas contestaban que no podían pagarlos. En Angers había máquinas de diagnóstico que valían cientos de miles de dólares y que apenas se usaban.

Recuerdo que me asombraba que en Francia los cirujanos usaran un rollo nuevo de hilo para cada sutura. A menudo solo usaban una parte y al terminar desechaban lo que quedaba. Yo tenía la costumbre de aprovechar hasta la última vuelta de cada rollo.

Al cabo de mis cinco años de formación tuvimos que tomar una decisión. Podíamos quedarnos en Angers y seguir disfrutando de la cómoda existencia que habíamos conseguido para nosotros. Yo tenía ofertas de trabajo y oportunidades; las niñas estaban en muy buenos colegios; Madeleine había aprovechado esos años para terminar sus propios estudios de Medicina Tropical.

O bien podíamos volver al Congo, donde las cosas habían empeorado mucho durante nuestra ausencia.

Mobutu, que había rebautizado el país como República del Zaire e insistía en que todo el mundo utilizara los nombres y el atuendo congoleños tradicionales, estaba saqueando el país. Sus políticas económicas –ante todo las nacionalizaciones, con las que Mobutu había troceado las empresas para repartirlas entre sus compinches– auguraban el desastre. La producción minera disminuyó, recortando la principal fuente de riqueza de la nación. Cuando los recursos del Estado disminuyeron, Mobutu se dedicó a imprimir dinero, provocando hiperinflación y carestía.

Además, las infraestructuras económicas que había dejado la administración colonial se habían deteriorado permanentemente. Las carreteras y los ferrocarriles se deterioraban día a día. Mobutu no los necesitaba, dado que se desplazaba a todas partes a bordo de su avión o su helicóptero privado.

Cuando estábamos contemplando la posibilidad de regresar, los maestros de todo el país se pusieron en huelga porque no les pagaban. Los hospitales se veían incapaces de comprar medicamentos. La corrupción se había vuelto endémica, y se refrendaba oficialmente. «Tenéis armas, no necesitáis cobrar un sueldo», le dijo una vez Mobutu a sus fuerzas de seguridad.[12]

Tuve que sopesar el compromiso que yo mismo había asumido –volver para ayudar a las mujeres del Congo– frente a las necesidades y los deseos de mi familia. En aquella época conocí a otros estudiantes de Medicina extranjeros que decidieron quedarse en Francia. Algunos de ellos siguen siendo amigos míos. Les comprendo y no juzgo la decisión que tomaron.

Sin embargo, a nivel mundial, las consecuencias de la fuga de cerebros médicos desde los países pobres a los países ricos son sustanciales, y constituyen una parte importante del cuadro de desigualdad sanitaria y económica global de hoy en día.

La emigración de sanitarios del mundo en vías de desarrollo al mundo desarrollado priva a los países pobres de un personal cualificado muy necesitado. En Estados Unidos y Reino Unido hay aproximadamente un médico por cada cuatrocientas personas, mientras que los países europeos más ricos, como Alemania o

Suecia, tienen uno por cada doscientos habitantes, según datos de la OMS. En el Congo apenas hay un médico por cada diez mil ciudadanos.

Cada vez que un médico formado en África o en cualquier otro país en vías de desarrollo es contratado en Norteamérica o en Europa, se agrava el desequilibrio en atención sanitaria, y además supone un ahorro de costes para el país rico que lo acoge, que a menudo no ha pagado nada por la formación de ese médico.

En Estados Unidos, aproximadamente uno de cada tres médicos ha nacido en otro país, y casi el 7 por ciento de los médicos no son ciudadanos estadounidenses, como revelaba en 2018 un importante estudio basado en los datos del censo.[13] En el Reino Unido, uno de cada cincuenta miembros de la plantilla del National Health Service (NHS) es africano, según un informe parlamentario de 2018, y la reciente y novedosa crisis del coronavirus ha venido a subrayar, como en muchos otros países, lo mucho que dependen los países desarrollados de los médicos nacidos en el extranjero.

Los países en vías de desarrollo sufren escasez de médicos generalistas, así como una carencia, todavía más crónica, de todos esos especialistas que cobran los sueldos más altos en Occidente. Hace unos años me lo recordó el caso de un oncólogo congoleño que me llamó desde Bélgica, donde se había establecido. A su madre, que vivía en Bukavu, le acababan de diagnosticar un cáncer en estado muy avanzado. Me preguntó si podía echar una mano.

Yo hice lo posible por conseguir que la atendieran. A lo largo de varias conversaciones telefónicas, él me decía que le debía su formación a su madre, que se había sacrificado por él trabajando de sol a sol vendiendo cacahuetes para poder pagarle el colegio.

Yo percibía en su voz una tristeza enorme. Él estaba en Europa, en medio de las comodidades y la abundancia, pero la mujer que había contribuido a proporcionarle la vida que llevaba estaba muriéndose en su país natal de una enfermedad que él habría podido diagnosticar y tratar a tiempo.

A pesar de todos los problemas que había en el Congo, y de los atractivos de nuestra vida en Francia, yo seguía sintiendo que necesitaba volver. Cada vez que pensaba en quedarme en Francia, sentía un peso en mi conciencia. Era como si estuviera abandonando un ideal. Me imaginaba las parihuelas de Lemera, o volvía a oír la voz de aquella madre desesperada que aporreaba la pared del quirófano mientras yo intentaba salvar a su hija. Lo hablé con Madeleine. Al principio no lograba convencerla, pero ella entendía mi razonamiento. Llegamos a una solución de compromiso: íbamos a comprar los billetes de vuelta. Volveríamos a nuestro país durante seis meses y al cabo de ese periodo evaluaríamos la situación. En caso de que no estuviéramos contentos, regresaríamos a Francia.

«¿Está usted seguro de que lo ha meditado bien?», me preguntó Roger Le Lirzin, mi supervisor en el hospital. «¿Está usted seguro de que no está desperdiciando la oportunidad de su vida para sus hijos?» Le di las gracias por su inquietud. Yo sabía que él no pensaba más que en mis intereses, pero le dije que ya había tomado una decisión.

Volvimos al Congo y yo regresé al Hospital de Lemera en calidad de especialista titulado en obstetricia y ginecología, el primero que hubo en la región. Los años siguientes fueron de los más satisfactorios de mi vida profesional, aunque el país iba dando bandazos de crisis en crisis al final de los treinta y dos años de reinado de Mobutu.

Me nombraron director médico del Hospital de Lemera. Hicimos una ampliación y añadimos otras cien camas, un anexo aparte para la sala de rayos X y otro para las enfermedades infecciosas. Mi contribución más importante fue organizar un programa de formación de comadronas en la región. Así podíamos llegar a atender a las mujeres de las zonas más remotas. También construimos en el hospital una pequeña academia de formación de enfermeras, gracias a los fondos recaudados por mi primer casero, Paul, y por mis amigos de Angers. Muy pronto pudimos disponer del personal que necesitábamos de una forma tan acuciante.

En el hospital habilitamos un gran pabellón –le pusimos el nombre de Sala Svein en honor de mi antiguo jefe– donde las mujeres podían alojarse hasta dos meses antes de la fecha del parto y de forma gratuita. Eso significaba que podíamos asegurarnos de que tuvieran una dieta equilibrada, identificar a tiempo los problemas, y evitarlos. De esa manera se libraban de trabajar en el campo en avanzado estado de gestación. Allí teníamos alojadas aproximadamente a cien mujeres en todo momento. Las tasas de mortalidad materna empezaron a disminuir. Yo lo veía en los historiales del hospital. Registrábamos menos muertes; había menos madres que llegaban en estado crítico. Además, podía ver con mis propios ojos que los conocimientos básicos y la educación, con el respaldo económico de nuestros donantes, estaban empezando a cambiar la vida de la gente. Las probabilidades de sufrir una muerte dolorosa y evitable al dar a luz en la zona de Lemera empezaban a reducirse.

Sentía que la decisión de regresar había sido justificada. No resultó fácil, y conllevó cierto coste personal. Estaba separado de mi familia durante largos periodos porque Madeleine y los niños se quedaron en Bukavu. Yo volvía a casa un fin de semana cada quince días.

En mi escaso tiempo libre, cuando no estaba en casa, a veces me iba de excursión a pie por las colinas de las inmediaciones del hospital para despejarme la cabeza. Eran los únicos momentos en los que podía relajarme de verdad. El aire fresco y la naturaleza me revitalizaban. Siempre intentaba caminar hasta un lugar donde pudiera otear el horizonte y contemplar las cumbres de las montañas y los valles que se extendían ante mí.

Mis miradores favoritos eran los lugares desde donde podía divisar el río Ruzizi. Veía cómo serpenteaba alrededor de los afloramientos rocosos o se bifurcaba en distintos cauces, formando pequeños islotes rodeados de aguas torrenciales. Escuchaba el tenue sonido de los rápidos reverberando por entre las abruptas laderas del valle.

Desde allí arriba también podía ver el punto donde confluyen las fronteras del Congo y las de nuestros vecinos del este, Ruanda y Burundi. Los tres países compartimos el mismo paisaje espléndido, tan rico y tan salvaje. Me sentía empequeñecido al contemplar las cumbres a mi alrededor, y ante las fuerzas que las habían convertido en una serie de dientes recortados que apuntaban al cielo. Los seres humanos, con sus países y sus fronteras, con sus rivalidades y sus disputas, me parecían momentáneamente insignificantes.

3

Crisis y resiliencia

«Le necesitan, doctor, ahora mismo. Es una emergencia.» Corría el año 1999, y acababa de llegar una mujer en el umbral de la muerte, pero en un escenario distinto y en unas circunstancias radicalmente diferentes de las que había en Lemera. Yo había regresado a Bukavu, a un suburbio pobre y abandonado, para emprender el mayor proyecto de mi vida.

Con la financiación de la Comunidad de Iglesias Pentecostales de África Central,[1] estábamos construyendo un nuevo hospital desde cero. Ni siquiera habíamos terminado las obras de construcción cuando nuestro celador, Nandola, vino corriendo para anunciarme la llegada de nuestra primera paciente. «Parece que está gravemente herida», me dijo.

La pintura no había terminado de secarse, y todavía quedaban montones de residuos de materiales de construcción desperdigados por la obra. Había cajas de suministros médicos apiladas en los pasillos de los dos edificios que estábamos rehabilitando. Ni siquiera teníamos un esterilizador para el quirófano.

Pero había corrido la voz. La comunidad local estaba al corriente de lo que estábamos haciendo y, mucho antes de lo esperado, unos hombres se presentaron a la puerta del hospital con unas parihuelas donde traían a una mujer envuelta en mantas. Al ver la desesperación de los porteadores, y al escuchar los tenues gemidos de la mujer que había debajo de las mantas, Nandola había accedido a levantar el tablón que hacía de barrera para bloquear la entrada a la obra desde la polvorienta calle en la que está el hospital.

La llevaron dentro, levantaron la camilla y depositaron a la paciente en una mesa de partos. Ni siquiera habíamos tenido tiempo para montar una sala de consultas. Al tiempo que yo acudía a verla, todo el mundo se puso en marcha. En aquella época solo éramos ocho personas, incluido el personal administrativo, todos ellos antiguos trabajadores del Hospital de Lemera. Apartamos las mantas para examinar a la paciente. Tenía entre treinta y cuarenta años, y estaba consciente, pero a duras penas. Sangraba profusamente y sufría un dolor atroz debido a lo que parecía una herida de bala en la zona de la pelvis y la cadera. Teníamos que operar de inmediato. Veikko, un cirujano de Lemera, dirigió el procedimiento. En cualquier circunstancia habría sido una operación complicada. Pero en un edificio en obras y a medio terminar, la sangre fría y la pericia de Veikko resultaban especialmente valiosas.

Nos las vimos y deseamos simplemente para montar nuestros equipos. El quirófano estaba lleno de artículos que habíamos ido recogiendo de distintas clínicas y organizaciones de ayuda de la región –una mesa de operaciones y unas luces escialíticas de aquí, equipos de radiología y anestesia de allá–. En un momento dado tuvimos que enviar a alguien en coche al centro de la ciudad para que trajera otras dos bolsas de sangre porque la que teníamos no bastaba. Esterilizamos el instrumental en una olla a presión.

Estuvimos operando a la paciente durante casi toda aquella larga y estresante jornada que marcó la inauguración no oficial del Hospital de Panzi. Por la tarde, cuando terminamos, nuestro radiólogo, Mungo, accedió a quedarse por la noche para observar a la paciente. Nos fuimos a la cama exhaustos, esperando que a la mañana siguiente la paciente estuviera sana y salva.

Cuando me desperté y acudí al pabellón, para mi gran sorpresa descubrí que no estaba sola. Mungo me explicó que a lo largo de la noche habían llegado varias parturientas, pues les habían dicho que el hospital ya estaba en funcionamiento. Mungo se había quedado toda la noche despierto ayudando con los partos. Las madres estaban felices en sus camas acunando a sus bebés. Una de ellas había dado a luz gemelos.

Ese mismo día tuvimos gente haciendo cola para pasar consulta, muchas mujeres embarazadas, pero también hombres y niños que necesitaban atención por toda una gama de dolencias. La cosa siguió así durante las semanas siguientes. Los albañiles y decoradores trabajaban entre los pacientes, dando los últimos toques a los aseos a medio terminar, al pabellón y a las dependencias del hospital.

Mientras esperaban, muchos de aquellos primeros pacientes se sentaban en los bancos o en los montones de escombros que había en el patio. Pasaban el tiempo charlando y comiendo. Gracias a los frutos secos y a las semillas de aquellos refrigerios y almuerzos que iban tirando al suelo, muy pronto empezaron a crecer plantas y árboles. Hoy en día hay un enorme aguacatero que se remonta a aquella época. Es un recordatorio constante de nuestros improvisados comienzos hace más de veinte años.

Conseguimos salvar la vida de nuestra primera paciente. Fue recuperando las fuerzas poco a poco, y cuando tuvo energías y ganas de hablar nos contó cómo había sufrido aquellas heridas. Explicó que estaba en casa cuando unos soldados llamaron a su puerta. Habían discutido, y uno de los soldados disparó a través de la puerta y la hirió en una pierna.

Había algo que no encajaba. La mujer no precisó el motivo por el que le dispararon. No me enteré de toda la historia hasta varios meses después.

El hospital fue el producto de las circunstancias y de la necesidad. La vida había cambiado radicalmente desde que estuve trabajando en Lemera. Las excursiones a pie para disfrutar de las vistas de los alrededores, la satisfacción que sentía en aquella época al ver que mejoraban los indicadores sanitarios de las comunidades a las que atendíamos, eran recuerdos de unos tiempos pasados más apacibles. Los años transcurridos desde entonces –de 1993 a 1999– habían estado plagados de grandes sufrimientos y de incertidumbre.

Mi trabajo en Lemera terminó a raíz de un conflicto derivado de las tensiones étnicas que yo había atisbado por primera vez en 1959, cuando tenía cuatro años. Tengo vagos recuerdos de que repentinamente las calles de Bukavu se llenaron de familias con maletas sobre sus cabezas y de pertenencias apiladas en los carros cargados hasta los topes. Hablaban un idioma diferente –el kinyarwanda, no el suajili ni los dialectos locales del Congo oriental.

Sobre todo, recuerdo el olor a rancio de miles de cabezas de ganado vacuno. Por las calles vagaban grandes rebaños que se alimentaban de la vegetación de las cunetas y pisoteaban los jardines. Detrás del ganado caminaban hombres de rostro angustiado con sus esposas, con sus bebés en brazos o llevando de la mano a los niños.

Mientras yo contemplaba aquellas escenas, otro niño pequeño asustado, de un país lejano, estaba atrapado entre las polvorientas columnas de gente y de ganado. La familia Kagame, con su hijo pequeño, Paul, huía de Ruanda hacia el norte y se dirigía a Uganda. Mucho tiempo después, la vida de Paul iba a afectar a la mía.

La causa de todo aquel tumulto era la violencia entre los dos principales grupos étnicos de Ruanda: los hutus y los tutsis. Los hutus constituían la mayoría de la población, pero hacía tiempo que los contrariaba la forma en que los trataban los tutsis, que tradicionalmente habían sido la clase terrateniente y ganadera, y la aristocracia del país.

Los hutus encabezaron una serie de pogromos contra los tutsis poco antes de la independencia de Ruanda, lo que obligó a cientos de miles de ellos a huir y a establecerse en Burundi, en el Congo y en Uganda, al norte. En 1962, la independencia dio lugar a unas elecciones en las que los hutus consiguieron por primera vez hacerse con el poder político. Posteriormente, en 1963 y 1973, hubo nuevas oleadas de violencia contra los tutsis en Ruanda. En Burundi, que tiene una composición étnica parecida a la de Ruanda, los tutsis, que eran minoritarios, llevaron a cabo masacres contra los hutus en 1972, en lo que algunos historiadores consideran un genocidio.

En la década de 1990 volvieron a estallar nuevas tensiones entre los hutus y los tutsis en la región, primero en Burundi, donde el primer presidente elegido democráticamente, un hutu, fue asesinado por oficiales tutsis del Ejército, y más tarde en Ruanda, en abril de 1994, cuando otros dos presidentes hutus, Cyprien Ntaryamira, también de Burundi, y Juvénal Habyarimana, de Ruanda, murieron cuando su avión fue abatido. Esa fue la chispa que provocó el genocidio de Ruanda.

Su asesinato generó un torbellino que engulló inexorablemente mi vida y la de decenas de millones de personas. Se desataron las peores y más destructivas pasiones de la humanidad: los agravios dieron pie a los asesinatos, los asesinatos a las venganzas, a los asesinatos en masa, a las violaciones en masa y a las torturas en masa. En Ruanda, a lo largo de cien días, bandas de hutus dieron caza a los tutsis, o a cualquiera que pareciera un tutsi, o a cualquier sospechoso de cobijar a los tutsis, o de simpatizar con ellos. Murieron entre 800.000 y un millón de personas, según el Tribunal Penal Internacional para Ruanda, en el episodio de asesinatos en masa más tristemente célebre de los últimos años del ensangrentado siglo xx.

En el Hospital de Lemera teníamos un convenio con el Comité Internacional de la Cruz Roja, que nos enviaba pacientes. Empezamos a recibir a hombres, mujeres y niños, hutus y tutsis, con terribles heridas. Había gente a la que le habían rajado la garganta. A otros les habían amputado las manos o los pies a golpe de machete.

La violencia no era algo nuevo para mí, pues la había presenciado reiteradamente cuando era niño, pero era la primera vez que trataba ese tipo de heridas como médico. La vida dio un repentino vuelco a peor, lo que me apartó de mi trabajo de atención sanitaria materna. Ya no iba a dedicarme a proporcionar un lugar seguro para que las mujeres dieran a luz; por el contrario, iba a consumirme en una lucha contra una modalidad más explícita y deliberada de violencia contra las madres y sus hijas. Todos los avances –la clínica materno-infantil, nuestros programas de atención por los pueblos, la formación de comadronas en las aldeas– iban a perderse en medio de aquel caos.

En el relato popular del genocidio de Ruanda, los «cien días de locura», cuando los hutus masacraron a los tutsis, tocaron a su fin cuando un ejército rebelde tutsi denominado Frente Patriótico Ruandés, encabezado por Paul Kagame, derrocó a los extremistas hutus que detentaban el poder e instauraron un Gobierno multiétnico de unidad nacional.

Sin embargo, aquello no fue el final de las matanzas, sino el comienzo de una nueva fase. Inmediatamente después empezó una segunda oleada de atrocidades contra los hutus, perpetradas por los tutsis y por las fuerzas a las órdenes de Kagame.

Fueron a la caza de los responsables del genocidio: soldados y oficiales del Ejército, políticos y funcionarios locales, y miembros de las milicias responsables de algunas de las peores atrocidades, los *interahamwez*. Sin embargo, las matanzas fueron indiscriminadas, y muchos de los criminales, que en francés se denominan *génocidaires*, huyeron al Congo junto con un millón y medio de refugiados ruandeses según algunas estimaciones. Sus líderes huyeron a Europa y a Kenia.

En 1996, dos años después del genocidio, el nuevo Ejército ruandés, dirigido por los tutsis, operando tras la fachada de un grupo rebelde congoleño, invadió el Congo oriental persiguiendo a los *génocidaires* que se habían instalado en los campos de refugiados de los alrededores de Bukavu y de otros lugares. En vez de actuar para desarmar a los milicianos hutus y separarlos de la población civil de los campos de refugiados, que estaban bajo la protección de Naciones Unidas, la comunidad internacional había permitido que el problema se enconara.

Las fuerzas invasoras ruandesas hicieron de la persecución de los *génocidaires* su prioridad pública. Pero también aspiraban a un cambio de régimen. Mobutu, que durante décadas había cumplido la función de aliado de Occidente, ya no podía contar con la ayuda extranjera tras el final de la Guerra Fría, y se le consideraba parte del problema.

En Lemera ya intuíamos que podía producirse una invasión. Se habían avistado fuerzas rebeldes y ruandesas cruzando la frontera por las noches y adentrándose en el Congo, para dirigirse a las colinas. Llevaban consigo armamento y generadores eléctricos. Se habían producido ocasionales disparos de artillería contra el Congo desde posiciones situadas en Ruanda.

La atmósfera en el hospital se volvió tensa. Los comandantes del Ejército congoleño más nerviosos querían poner guardias en el hospital porque temían que estuviéramos prestando atención sanitaria a los rebeldes. Me negué a su petición e insistí en que debíamos ser un lugar neutral, sin armas, que atendiera a todo el mundo, independientemente de su etnia o su origen. Yo prefería que me cerraran el hospital a tener soldados filtrando a mis pacientes.

Y aunque algunos miembros del personal se marchaban porque temían por su seguridad, decidí quedarme en mi puesto, convencido de que estaba a salvo de un ataque contra un hospital. Me equivocaba.

Cuando nos atacaron, yo no estaba allí por pura casualidad. Le debo la vida a un ingeniero sueco, David, que vivía con nosotros en el hospital junto con su esposa, Astrid. O, dicho de otra manera, sigo vivo gracias a que a David se le infectó un pie.

Poco antes del ataque, decidimos evacuar a David por temor a que su grave infección hiciera necesario amputar. A pesar de las evidentes tensiones que nos rodeaban, decidimos llevarlo por la carretera excavada a lo largo del valle que discurre entre Lemera y Bukavu.

Aquel fue uno de los viajes más aterradores de mi vida. El Toyota Land Cruiser de nuestro hospital fue atacado desde el otro lado de la frontera con Ruanda cuando bajábamos hacia el valle principal. Todavía recuerdo el tableteo de las ametralladoras mezclado con el sonido de los guijarros y las piedras rebotando en el suelo de nuestro vehículo, que circulaba tan deprisa como nos lo permitía aquella carretera cuajada de baches. Yo me temía que alcanzaran nuestro coche en cualquier momento.

Agazapado en el asiento de atrás, esperaba el alarido, la explosión, el reventón de un neumático que provocaría que nos precipitáramos a una muerte segura si perdíamos el control del vehículo. A un lado de la carretera había una pared de roca, al otro una caída sin remedio hasta el río.

Milagrosamente, logramos llegar a Bukavu –solo revisamos el coche al final, y descubrimos que una bala había perforado la parte de atrás y se había alojado en nuestro equipaje.

El viaje salvó la pierna de David. Fue evacuado a Suecia y hospitalizado. La inflamación se redujo poco a poco a base de fuertes antibióticos, pero sus médicos nunca pudieron identificar la causa de su misteriosa infección.

La misma noche que llegamos a Bukavu, el 6 de octubre de 1996, los rebeldes tutsis lanzaron una ofensiva contra el Hospital de Lemera, matando a treinta de mis pacientes. A algunos les dispararon en la cama, otros huyeron a los bosques de los alrededores con las vías intravenosas todavía colgándoles del brazo. Los persiguieron y los masacraron. Aquel fue uno de los primeros actos de una guerra sucia y brutal. De hecho, podría decirse que las atrocidades empezaron allí.

Murieron tres de mis enfermeros. Se atrincheraron en las dependencias donde vivían cuando empezó el ataque, pero los rebeldes echaron la puerta abajo y ajusticiaron a dos de ellos en el acto. A un tercer enfermero lo obligaron a llevar todos los suministros médicos a una aldea vecina en un vehículo del hospital. Una vez cumplida su tarea, lo asesinaron a sangre fría.

Una fotografía mía que estaba colgada en la pared de mi despacho fue acribillada a balazos. Dispararon a mi bata blanca de médico que había dejado en el perchero, esperando estar de vuelta al día siguiente de marcharme con David. Los atacantes hicieron pedazos los historiales de los pacientes y los dejaron desperdigados por todo el complejo.

Después del saqueo de todas las cosas de valor, el hospital se convirtió en un campamento militar donde se alojaban las fuerzas rebeldes, que muy pronto iban a ser conocidas como la Alianza de Fuerzas Democráticas para la Liberación del Congo, y las tropas ruandesas.

La masacre del hospital fue el preludio de una invasión a gran escala del Congo por los rebeldes, cuya fachada era Laurent-Désiré Kabila, pero que dependía íntegramente de las fuerzas de los ejércitos regulares de Ruanda, Uganda y Burundi. Aquella invasión vino en llamarse la Primera Guerra del Congo.

Unas semanas después del ataque contra Lemera, Bukavu pasó a ser el blanco de un fuego cada vez más intenso. En un principio teníamos intención de quedarnos donde estábamos, pues nos temíamos lo peor si abandonábamos nuestro hogar. Nuestro contingente de soldados congoleños, mal pagados, no era una presencia tranquilizadora, pero aun así esperábamos que ofrecieran algún tipo de resistencia, a fin de que el Gobierno de Mobutu pudiera negociar un acuerdo de paz con nuestros vecinos.

Ninguno de nosotros imaginaba que las Fuerzas Armadas iban a salir corriendo. Al final, pocos soldados estaban dispuestos a jugarse la vida por Mobutu, cuya salud se deterioraba por momentos. Cuando se produjo la invasión, el dictador estaba fuera del país recibiendo tratamiento médico. Yo estaba siempre en casa con Madeleine y los niños. Nos pasábamos el día llamando a nuestros amigos y escuchando las noticias para saber lo último sobre el conflicto y sobre la situación política del país. Todo el mundo se preguntaba qué debíamos hacer, sin saber si huir o quedarse sin llamar la atención.

Sin embargo, no me quedó otra elección después de que un joven que se presentó como oficial de la inteligencia militar vino a mi casa para decirme que debía huir. Nunca le había visto, pero me dijo que había estado en una reunión donde había salido a relucir mi nombre como un posible espía e informador del enemigo. Al parecer, mi decisión de no permitir que el Ejército pusiera guardias en el Hospital de Lemera me había convertido en sospechoso.

Era absurdo e irracional, pero yo sabía que podía morir gente por culpa de esas locuras en aquellos momentos de pánico. Compré de inmediato un billete de avión a Kinsasa, donde sabía que iba a estar más seguro. Le pedimos a un magistrado militar que era un influyente amigo del padre de Madeleine que me llevara al aeropuerto en el maletero de su coche.

A la mañana siguiente, a la media luz del amanecer, el magistrado se presentó tal y como había prometido. Me metí en el maletero, con una pequeña maleta y un teléfono vía satélite propiedad de mi organización religiosa. Era la segunda vez en un mes que viajaba en coche con los nervios hechos trizas, después de mi prueba de fuego con David en el trayecto de Lemera a Bukavu. Constantemente tenía miedo de que alguien abriera el maletero y me descubriera.

Era la temporada de lluvias, y una tormenta había encharcado la ciudad por la noche. Arrebujado en la parte de atrás, podía oír cómo patinaban las ruedas, y las salpicaduras de los charcos mientras sorteábamos los baches y las avenidas. Podía distinguir el sonido pegajoso del lodo en los neumáticos y los guardabarros.

Yo iba dando tumbos en el maletero, con el corazón desbocado y el estómago encogido por la angustia cada vez que el coche reducía la velocidad para pasar un control.

Cuando llegamos al aeropuerto, las cosas no tenían mejor aspecto. Era una escena de caos total. Había atascos de vehículos civiles y militares, y cientos de personas dirigiéndose con sus maletas hacia la única terminal de salidas. Una multitud se apeaba de los coches en el aparcamiento. Dentro de la terminal había grupos de soldados armados y con aspecto tenso. Encontré un lugar donde ocultarme detrás de unos contenedores, desde donde podía ver la pista de aterrizaje. Cuando llegó mi avión con destino a Kinsasa, en cuanto se detuvo delante de la terminal, los pasajeros y los soldados se abalanzaron sobre él para conseguir un asiento.

En la estampida resultante, los pasajeros con billete discutían con los soldados e intentaban impedirles el paso. Muchos de ellos fueron tiroteados en el acto. Vi cómo mataban por lo menos a tres personas. Grupos de hombres con uniforme caqui se abrían paso por la escalerilla y abordaban el avión, sujetando sus armas por encima de sus cabezas.

Yo ni siquiera intenté embarcar. Para mí ya estaba claro que el Ejército se estaba amotinando y, de ser así, muy pronto Bukavu quedaría indefensa. Saqué mi teléfono y llamé a Roland, un colega mío, otro sueco que trabajaba para nuestra organización religiosa en el Congo oriental. Había salido del país en avión la semana anterior y se encontraba sano y salvo en Kenia.

Se comprometió a enviar un avión a través de la Asociación de Aviación de las Misiones, una organización que ayuda a los grupos humanitarios gestionados por las distintas iglesias. Nos enviaron un avión de doce plazas. Llamé a Madeleine y le dije que hiciera las maletas. Después llamé a otro oficial amigo y le pregunté si podía llevar a mi familia al aeropuerto en mi coche.

Nos reunimos todos detrás de los contenedores y nos pusimos a esperar a nuestro avión. Para entonces se estaba produciendo una evacuación a gran escala. Periódicamente aterrizaban aviones pequeños fletados por los gobiernos extranjeros, las organizaciones de ayuda y las empresas. Mi mayor temor era que la multitud desesperada asaltara nuestro avión en cuanto aterrizara, o que los soldados lo secuestraran. También existía el riesgo de que en el tumulto alguno de nosotros se quedara en tierra, o incluso que nos mataran, teniendo en cuenta los tiroteos que había presenciado unas horas antes. Estuvimos oteando el cielo nublado durante lo que nos pareció una eternidad. Por fin apareció el avión, aterrizó y rodó hasta un extremo de la pista, tal y como habíamos acordado. Salimos corriendo, llevando a los niños de la mano. Fue una carrera de varios cientos de metros. Nos lanzamos al interior, y todos logramos entrar a trancas y barrancas. Comprobé que Madeleine y los niños estaban a bordo. En cuanto se agotaron las plazas, cerramos la puerta y gritamos: «¡Vamos, vamos, vamos!». Los motores arrancaron con un fuerte zumbido.

Una vez dentro sentí un inmenso alivio, pero también miedo y una profunda tristeza por mi afligida ciudad, que fue tomada por los rebeldes y las fuerzas ruandesas al cabo de un día. Huir así era un desagradable eco de mi infancia, que me recordaba a las tres distintas ocasiones en que nos vimos obligados a huir de los rebeldes y los mercenarios.

Cuando despegamos y el avión realizó un giro hacia el norte, quedó claro que se estaba gestando un desastre humanitario. Columnas de personas a pie, o amontonadas a bordo de vehículos sobrecargados, huían de Bukavu, en dirección a la ciudad de Kisangani, a más de seiscientos kilómetros al noroeste.

Medio millón de personas se habían puesto en marcha con escasas provisiones de comida y de agua. Muchas de ellas eran refugiados hutus ruandeses de los campos de los alrededores de Bukavu. Tenían miedo de las represalias de las fuerzas invasoras tutsis, y el tiempo les dio la razón.

Las tropas ruandesas no hacían distinciones entre los refugiados hutus y los rebeldes hutus que había en el Congo. Algunos de los que mataban eran extremistas, no cabe duda, pero muchas de las víctimas eran mujeres, niños y ancianos inocentes, que fueron asesinados implacablemente a tiros o a golpes de machete, a pedradas o a culatazos. También fueron masacrados miles de civiles congoleños que huían para salvar sus vidas, entre ellos más de cien vecinos de Kaziba, mi pueblo natal. Otros murieron de enfermedades o de hambre durante su marcha a pie por la densa jungla.

Mi clan familiar se vio atrapado en el caos. Mi suegro, que para mí siempre había sido un hombre enérgico y de constitución fuerte, nunca volvió a ser el mismo después del viaje de más de cuatrocientos kilómetros a pie que se vio obligado a realizar. Mis suegros bebieron agua de río sin tratar durante el trayecto y enfermaron a causa de ello, y sobrevivieron gracias a la fruta que lograron encontrar en la selva. Al verlos tan exhaustos y desesperados, a veces los aldeanos se apiadaban de ellos y les daban los restos de arroz o de mandioca.

Más tarde, al ser un hombre acaudalado, mi suegro pudo pagarse atención médica especializada en Kinsasa y en el extranjero, pero nunca se recuperó del todo. Falleció en su casa pocos años después, a los sesenta y siete años, sin haber recuperado nunca sus fuerzas. Mi suegra y mi cuñado, que hicieron a pie el mismo trayecto, también murieron en circunstancias parecidas.

Volamos aproximadamente quinientos kilómetros hacia el norte, hasta Bunia, una pequeña ciudad congoleña, sabiendo que éramos de los pocos afortunados que habían logrado escapar. Después seguimos viaje hasta Nairobi, la capital de Kenia.

Los rebeldes y sus aliados extranjeros avanzaron de este a oeste a lo largo de siete meses, masacrando a decenas de miles de civiles hutus y congoleños. Algunos congoleños veían erróneamente a las fuerzas invasoras como sus libertadores del régimen decrépito y corrupto de Mobutu, que fue derrocado en mayo de 1997 y murió cuatro meses después.

El dirigente rebelde Kabila, un veterano revolucionario comunista que antiguamente colaboró con el *Che* Guevara, tomó posesión como presidente. Pero Ruanda, un país con un tamaño equivalente a una centésima parte del Congo, detentaba el poder real. Los oficiales ruandeses y tutsis asesoraban y vigilaban estrechamente a Kabila, y asumieron los principales cargos de su administración y de las Fuerzas Armadas.

Viví un año en Kenia, y desde allí trabajé para paliar la crisis de los refugiados en el Congo, intentando llamar la atención sobre el desastre humanitario sobre el terreno, y al mismo tiempo sintiéndome cada vez más consternado ante la inacción de la comunidad internacional. Mientras tanto, Bukavu fue ocupada por los militares ruandeses, y cualquier sensación de alivio ante el fin del mandato de Mobutu como presidente resultó ser efímera. Los recuerdos de los maltratos, las humillaciones y los insultos que sufrieron muchos congoleños durante ese periodo siguen estando muy vivos. Algunos militares ruandeses utilizaban el látigo como forma de escarmiento público, lo que reavivó los peores recuerdos de la era colonial, cuando el *chicote*, un pesado látigo de piel de hipopótamo, era el método de castigo preferido por los oficiales belgas.

En 1998, al cabo de un año en Nairobi, regresé por primera vez a Bukavu en una misión de investigación para comprobar las condiciones de vida en la ciudad. Al final de mi visita, intenté cruzar la frontera hacia Ruanda a fin de tomar un vuelo de regreso a Kenia. En la frontera, un guardia me cortó el paso.

«Tenemos órdenes de impedirle que abandone el país», me dijo, mirando mi pasaporte.

Yo intenté razonar con él y averiguar por qué no me dejaban pasar. Pero resultaba inútil intentar razonar o argumentar. Regresé con pesar a nuestro antiguo hogar familiar de Bukavu y llamé a Madeleine para explicarle que no iba a regresar a Nairobi aquella noche.

A partir de entonces, estuve bajo vigilancia, y tenía siempre soldados siguiéndome. En un momento dado, Pascal Kabungulu, un trabajador local por los derechos humanos, me dijo que yo estaba en una lista de posibles disidentes y que tuviera cuidado. Me tomé muy en serio su consejo y andaba con pies de plomo. Posteriormente, Pascal murió tiroteado en su casa por unos hombres vestidos con uniformes militares.

Al cabo de varios meses, nos dieron permiso para que mi familia viajara desde Nairobi para reunirse conmigo. Ese fue el momento en que empecé a pensar en fundar un nuevo hospital en Bukavu.

Me sentía atrapado. Seguía esforzándome por encajar lo que se perdió en Lemera, ante todo por asumir la muerte de los tres enfermeros asesinados, pero también la pérdida de mis pacientes y el hospital en sí, que era el único centro sanitario que atendía a aquella comunidad.

Yo pensaba que había encontrado una nueva vocación en Kenia, trabajando en la ayuda humanitaria en la región, como por ejemplo en el sur de Sudán, devastado por la guerra. Pero ahora también me habían arrebatado esa vida. La única posibilidad que veía para mí era crear algo desde cero.

Escogimos el suburbio de Panzi, en Bukavu, como emplazamiento para un hospital, debido a las evidentes necesidades de la población local y porque era una de las zonas de más rápido crecimiento de la ciudad. Era un suburbio del sur, a ocho kilómetros del centro, levantado junto a una carretera de tierra llena de cráteres que era prácticamente intransitable sin un coche todoterreno. En la estación seca, los vehículos levantaban grandes nubes de polvo; cuando llovía, los coches patinaban y salpicaban al pasar por los enormes charcos, que a veces tenían más de treinta centímetros de profundidad.

En aquella época acudía cada vez más gente a Bukavu, y allí levantaban su nuevo hogar después de verse expulsados de sus zonas rurales por los combates y la inseguridad.

Al principio pensábamos abrir un hospital de campo en Panzi, en unos terrenos que antiguamente habían sido una plantación propiedad de los belgas durante la era colonial. Después allí hubo un cuartel militar que quedó abandonado, hasta que el terreno fue adquirido por mi organización religiosa. Cuando fui a verlo por primera vez, todavía había parcelas cultivadas, campos de mandioca y de maíz, y también zonas de bosque.

Desde entonces en Panzi se ha edificado hasta el último palmo de terreno disponible. A lo largo de mi vida toda la ciudad se ha transformado. El orden, la abundante vida silvestre y el entorno natural de mi infancia son ya recuerdos lejanos. Han talado los árboles para hacer leña. Los parterres de flores y las carreteras lisas desaparecieron hace tiempo.

Los mayores cambios se han producido en los últimos veinticinco años. Todo empezó con la llegada masiva de refugiados a raíz del genocidio de Ruanda en 1994, pero desde entonces las décadas de guerras han provocado que cada año miles de personas busquen seguridad en los suburbios de Bukavu. En dos décadas la población ha aumentado a más del triple, lo que ha dado lugar a una oleada de nuevas construcciones desde la orilla del lago hasta lo alto de las colinas que se alzan a las afueras de la ciudad.

Nuestras ambiciones iniciales para el hospital eran bastante modestas. Pensábamos comenzar por algo pequeño y después intentar crecer. Para empezar, necesitábamos una zona de maternidad y un quirófano donde pudiéramos realizar cesáreas y otras operaciones quirúrgicas básicas. Teníamos planeado ofrecer servicios de medicina general, pero centrada sobre todo en mi especialidad en salud materna.

En aquella época, una mujer que tuviera dificultades durante el parto en la zona de Panzi tenía que desplazarse hasta el hospital público, al otro lado de la ciudad, el único de que disponían entonces los quinientos mil habitantes de Bukavu. Aquel trayecto, a pie o en taxi, era peligroso y a veces mortal, por culpa de los numerosos controles militares de aquellos tiempos, que era preciso negociar.

Recuerdo que en aquella época visité el hospital público. Fui a acompañar a la esposa de un amigo mío que estaba embarazada, y me quedé horrorizado por lo que vi. A la entrada del pabellón de maternidad había varias mujeres inconsolables que acababan de perder a una familiar suya embarazada que había muerto durante el parto. Estaban en el suelo, golpeando la acera con las manos entre alaridos de dolor. Una segunda mujer falleció durante una cesárea en el tiempo que yo estuve allí.

Negociamos con UNICEF para que nos suministraran carpas para nuestro uso, y conseguimos equipos de quirófano de Austria. En julio de 1998, convencimos al gobernador de la provincia de Kivu del Sur y al alcalde de Bukavu para que asistieran a la ceremonia organizada con motivo del comienzo de los trabajos para acondicionar el terreno.

Fue todo muy discreto –con la actuación de un coro y unos pocos discursos– y había una sensación de necesidad apremiante. Necesitábamos que nuestros asistentes vip firmaran los permisos necesarios para empezar a trabajar antes de que estallaran nuevos combates. El país se encaminaba a una nueva crisis.

Poco más de un año después de suceder a Mobutu, el presidente Kabila empezó a recibir presiones para restablecer la soberanía congoleña. A la población le irritaba la ocupación de los militares ruandeses, ugandeses y burundeses, y Kabila se enfrentaba a las protestas por la presencia y la evidente influencia de tantos ruandeses en el Gobierno y en las Fuerzas Armadas. A finales de julio, tan solo unas semanas después de la ceremonia en el hospital, Kabila jugó sus bazas. En un discurso público, dio las gracias a nuestros vecinos por sus servicios y les pidió que retiraran sus fuerzas del Congo y se marcharan.

Se retiraron algunas tropas, pero a los antiguos socios de Kabila les pareció que aquella medida era una traición inaceptable. Dos semanas después las tropas regresaron para invadir nuevamente el Congo. La invasión estaba encabezada por el mismo hombre que la primera, el general ruandés James Kabarebe. En aquella ocasión la fachada era otro grupo diferente de rebeldes congoleños denominado Agrupación Congoleña para la Democracia (RCD). Los combates empezaron en agosto de 1998, en lo que vino en llamarse la Segunda Guerra del Congo.

La justificación de cara al público era la misma que se alegó para la primera guerra: Ruanda quería eliminar a los extremistas hutus que se ocultaban en el Congo. Pero el objetivo principal, obvio por el despliegue y la estrategia de las fuerzas invasoras, era forzar un cambio de régimen en Kinsasa por segunda vez en dos años.

Sin embargo, a diferencia de la Primera Guerra del Congo, cuando ni los demás países de África ni Occidente tuvieron inconveniente en hacer la vista gorda ante la invasión con tal de deshacerse de Mobutu, esta vez el conflicto atrajo a las potencias extranjeras que apoyaban a Kabila. El presidente consiguió una crucial ayuda militar de Angola y Zimbabue, y en menor medida de Namibia, Chad y Libia.

Nueve países diferentes combatieron entre sí hasta llegar a un *impasse*. El conflicto dividió al Congo en aproximadamente tres partes. El tercio occidental estaba bajo el control de las fuerzas leales a Kabila, el norte estaba en manos de los rebeldes apoyados por Uganda, y el este, incluida Bukavu, fue ocupado por Ruanda y los grupos armados congoleños que le servían de fachada.

Empezamos a trabajar en el Hospital de Panzi con el amenazador y aterrador telón de fondo del estallido de la Segunda Guerra del Congo. Bukavu estaba abarrotada de fuerzas del Ejército regular ruandés, y la administración de la provincia estaba en manos del RCD, una mezcolanza de intelectuales y antiguos oficiales congoleños reunida por Ruanda.

Nuestros planes se torcieron muy pronto. En los primeros compases de los combates saquearon nuestras tiendas de campaña y nuestro material de quirófano de un almacén de UNICEF. Nuestro plan B fue rehabilitar dos edificios pequeños y casi en ruinas en un solar de Panzi, de la época en que el terreno había sido una plantación. Estaban en mal estado: la hierba crecía por entre la cantería; los tejados se habían hundido en varios puntos; y los saqueadores se habían llevado las puertas, los marcos de las ventanas y los suelos.

Pero aquellos dos edificios eran mejor que nada. Sin nuestras tiendas de campaña, necesitábamos empezar en algún sitio. Nos esforzamos por conseguir materiales de construcción para rehabilitarlos. Repetimos el proceso de conseguir suministros y equipos médicos, que escaseaban.

En septiembre de 1999, tres años después de marcharme de Lemera al comienzo de la Primera Guerra del Congo, y un año después del inicio de la Segunda, me encontraba en el hospital en obras cuando llegó nuestra primera paciente y escuché aquellas familiares y fatídicas palabras: «Lo necesitan, doctor, ahora mismo. Es una emergencia».

Nuestra primera paciente, me enteré más tarde, había sido víctima de una violación en grupo a manos de unos soldados ruandeses. Estuvo varios meses con nosotros recuperándose de sus heridas. Ella nunca me contó la historia completa, pero yo me enteré de lo que le ocurrió a través de un familiar suyo.

Estaba en casa cuando cinco soldados llamaron a su puerta. Ella se negó a abrir, de modo que echaron la puerta abajo, apuntándola con sus armas. Le dijeron que no gritara, porque de lo contrario le pegarían un tiro. La sujetaron y la violaron. El último violador, al ver ante sí el cuerpo maltratado y semiinconsciente de su víctima, desenfundó su pistola y le pegó un tiro en la ingle.

Sigue viviendo en Bukavu. Logramos salvarle la pierna, y el balazo no afectó a su sistema reproductivo, pero a día de hoy sigue cojeando. Fue un crimen abyecto, pero no se trató ni mucho menos de un caso aislado.

Durante los primeros tres meses de funcionamiento del Hospital de Panzi, entre septiembre y diciembre de 1999, los historiales muestran que ingresaron cuarenta y cinco mujeres por heridas infligidas durante una violación. No hubo tiempo de pensar en la inauguración oficial del hospital, y menos aún de organizar un acto para celebrarlo.

Yo ya había visto heridas terribles anteriormente, cuando traté a los heridos en Lemera a raíz de los combates entre hutus y tutsis al otro lado de la frontera, en Burundi y Ruanda. Sabía que la capacidad humana de infligir sufrimiento a los demás no conoce límites. Pero lo que vi me afectó profundamente. La naturaleza de las heridas por violación, y su frecuencia, no tenían precedentes.

Por supuesto, antes de esa época ya había habido violaciones. La violencia sexual era una realidad en el Congo, igual que en todas las sociedades donde los hombres detentan el poder social y político, y donde se trata a las mujeres como objetos y como ciudadanas inferiores. Pero entonces los hombres congoleños no eran más peligrosos que sus homólogos de otras zonas de África ni, a decir verdad, de Occidente. Me gustaría hacer hincapié en este punto porque desde hace ya algunos años se alude al Congo como «la capital mundial de la violación» en las noticias que aparecen en los medios, a raíz de una expresión que utilizó en una ocasión un funcionario de Naciones Unidas. Es una etiqueta desafortunada que ha calado, cien años después de que mi país fuera conocido como «el corazón de las tinieblas» gracias al libro homónimo de Joseph Conrad.

Durante mis viajes por el extranjero para hablar de mi trabajo, me han preguntado si hay algo intrínsecamente violento y misógino en los hombres congoleños que pudiera explicar las atrocidades de las dos últimas décadas. A veces percibo resonancias de un prejuicio racista que afirma que los hombres negros o africanos son sexualmente más voraces que los demás, menos capaces de contener sus impulsos, o que son más propensos a la violencia. Ninguna de esas afirmaciones es cierta.

Los testimonios de violaciones son tan antiguos como la historia escrita, mientras que el siglo pasado está plagado de conflictos que conllevaron una violencia sexual horripilante en todos los continentes y culturas. Más o menos en la misma época en que el Congo se sumía en el caos, en Europa, en la antigua Yugoslavia, los civiles y los soldados se dedicaban a violar de forma sistemática. Durante la Segunda Guerra Mundial se cometieron violaciones masivas en los teatros europeos y asiáticos de aquel conflicto, igual que en Vietnam por parte de los soldados estadounidenses.

Lo que ha ocurrido en el Congo es singular en la medida que es una consecuencia de un contexto en particular: un país con una triste historia de explotación implacable, de mal gobierno, de erosión gradual de las estructuras e instituciones sociales, y después de décadas de guerras y conflictos. Y también es un fenómeno universal, porque las explicaciones subyacentes de la violencia sexual son pertinentes en cualquier parte, y tanto en tiempos de guerra como de paz.

Durante los primeros años de actividad en Panzi, cada vez que ingresaba una nueva mujer con heridas yo me sentía terriblemente afectado. Después de operarla, cuando la paciente se estaba recuperando, me sentaba junto a su cama y le pedía que me explicara lo ocurrido. Intentar comprender el sufrimiento de mis pacientes me parecía una parte de mis obligaciones. Yo la escuchaba y hacía todo lo posible por empatizar con ella. Además, necesitaba comprender las heridas que veía.

Algunas se inventaban historias –que habían resbalado y se habían clavado algo–. Otras dejaban claro que preferían no hablar de ello, o se negaban a contar toda la historia, como nuestra primera paciente. Pero muchas de ellas se sinceraban y hablaban de sus experiencias, que eran todas diferentes, pero tenían muchas cosas en común.

La mayoría de mujeres que atendíamos al principio procedían de Bukavu y de los pueblos de los alrededores. Todas ellas habían sido violadas por hombres armados –soldados o rebeldes–. A veces cuando estaban en casa, pero en otros casos cuando estaban trabajando en el campo, o bien las habían raptado cuando iban de camino a hacer la colada en un arroyo local o a buscar agua o carbón vegetal. Muchas de ellas tenían heridas que habían sido infligidas con una violencia extrema. A algunas les habían pegado deliberadamente un tiro en los genitales. Los violadores introducían sus pistolas en la vagina de su víctima y apretaban el gatillo. A otras les introducían a la fuerza palos, objetos punzantes o trozos de plástico ardiendo. A una mujer la obligaron a ponerse en cuclillas sobre las brasas de una barbacoa, lo que le causó gravísimas quemaduras.

A menudo las violaban delante de sus maridos, y a veces delante de sus hijos. Ocasionalmente los violadores obligaban a los hijos a participar, so pena de muerte.

Yo las escuchaba e intentaba consolarlas. A veces la paciente se quedaba con la mirada perdida mientras buscaba las palabras para expresar los actos difícilmente imaginables que había padecido, y entonces las frases brotaban débilmente de sus labios, como si estuvieran describiendo una escena lejana.

Otras se daban media vuelta y se tapaban los ojos con las manos, como en una lucha física con un sufrimiento que no podían desterrar de su mente. Algunas se estremecían con unos sollozos que llegaban en grandes espasmos físicos; otras lloraban en silencio, al tiempo que en sus mejillas se formaban unas líneas oscuras y líquidas.

Muchas de ellas pronunciaban la misma expresión de desesperación: «Me han matado».

Advertí que muchas mujeres tenían la sensación de estar separadas de su propio cuerpo, como si sus atacantes hubieran cortado algún lazo vital entre su sensación de sí mismas y su existencia física. Con el tiempo, llegamos a comprender esa condición como una «disociación» –una reacción común a los traumas–. Algunas pacientes contaban que sentían como si su espíritu hubiera abandonado su cuerpo.

Los abusos sexuales crean unas heridas psicológicas profundas, y se procesan de una forma distinta de otros tipos de agresión física. La violencia sexual es un ataque contra nuestras partes más íntimas. No tener control sobre nuestros genitales provoca una profunda alteración mental y un sentimiento de humillación del que es consciente cualquier torturador.

A menudo, la sensación de haber sido violada también provoca una profunda pérdida de confianza en nuestros congéneres, como si se hubiera quebrantado la norma más básica de nuestra existencia en común –que evitemos infligirnos mutuamente sufrimiento gratuito–. Recostadas en sus camas, mis pacientes se preguntaban en voz alta por qué su atacante había actuado con tanta crueldad, de una forma tan impasible a su dolor y a sus gritos.

Después de regresar de Francia, en Lemera me convertí en un experto en el tratamiento de las fístulas obstétricas –los orificios que pueden formarse entre la vagina y la vejiga, o entre la vagina y el recto, durante una distocia–. En Panzi me dedicaba a tratar constantemente ese tipo de fístulas, con la diferencia de que aquellas eran unas fístulas que habían sido causadas deliberadamente por los violadores, así como a practicar cirugía estética a fin de intentar restablecer la sensación de identidad de mis pacientes.

Debido a mi especialización, nos convertimos en el centro regional para ese tipo de tratamiento. Nos enviaban los casos complicados desde toda la provincia. En 2000, nuestro primer año completo de funcionamiento, operé a 135 mujeres. A partir de ahí las cifres empezaron a aumentar exponencialmente. En 2004-2005 estábamos tratando a 3.000 mujeres al año. Y eso solo era la punta del iceberg.

Estimar el número de violaciones en el Congo está plagado de dificultades debido a la falta de datos fiables y a la renuencia de las mujeres a denunciar los delitos cometidos contra ellas. En 2011, un estudio muy citado de un equipo de investigadores estadounidenses, utilizando los datos de una encuesta congoleña, estimaba que cada año eran violadas más de cuatrocientas mil mujeres en el Congo.[2] Se ha puesto en duda la metodología de ese estudio, pero a mí esa cifra no me parece descabellada. Hay atrocidades en que a lo largo de una sola noche los perpetradores violan a todas y cada una de las mujeres y niñas de un pueblo entero, lo que puede significar doscientas nuevas víctimas en el plazo de pocas horas.

Los únicos datos en los que podemos confiar con seguridad son los ingresos hospitalarios. Desde su inauguración, el Hospital de Panzi ha tratado aproximadamente a sesenta mil supervivientes de violencia sexual. HEAL Africa, el único otro hospital de la región equipado para tratar las lesiones por violación está en Goma. Ha tratado aproximadamente a treinta mil mujeres.

Sin embargo, esas cifras solo tienen en cuenta los casos más graves: las mujeres que requerían cirugía o una atención médica sofisticada. Por cada víctima que consigue llegar a un hospital, ¿cuántas más sufren en silencio o nunca buscan tratamiento? Probablemente jamás lo sabremos.

En aquellos primeros años, por las noches, en mi cama, a menudo sentía que se me hacía un nudo en la garganta y que un peso se abatía sobre mis hombros y mi cuerpo, como si el aire se hubiera vuelto más denso a mi alrededor. Volvía a escuchar las mismas preguntas desgarradoras de mis pacientes, con las que tenía que lidiar una y otra vez: «¿Me recuperaré del todo? ¿Podré tener hijos? ¿Podré volver a mantener relaciones sexuales?». En muchísimos casos, la respuesta era negativa.

A lo largo de mi vida ha habido distintos periodos en los que he tenido problemas para dormir. Cuando empezamos a trabajar en Panzi, algunas noches no conseguía cerrar los ojos durante más de un par de horas. Daba vueltas en la cama, mirando al techo en la silenciosa oscuridad de mi dormitorio, con la sensación de que las tinieblas me oprimían. Me venían a la mente la lucha física, el miedo y los gritos de mis pacientes.

A veces mi agitación despertaba a Madeleine, que intentaba consolarme. En aquella época ella trabajaba en el hospital como ayudante de radiología, de modo que estaba al corriente de los casos que estábamos tratando. A veces hablábamos del trabajo por la noche, pero en general intentábamos separarlo de nuestra vida familiar. A menudo resultaba imposible debido a las tensiones a las que estábamos sometidos todos nosotros.

Esto tuvo consecuencias en nuestra vida familiar, por supuesto. Empecé a preocuparme por la seguridad, en particular por la de Madeleine y mis hijas. Me volví superprotector, a veces incluso asfixiante para mis hijas, por las que estaba constantemente preocupado. Me encontraba en el trabajo y de repente sentía la necesidad de llamar a casa para comprobar dónde estaban y qué hacían.

También me volví un perfeccionista obsesivo durante las operaciones quirúrgicas, e intentaba hacer todo lo posible por reparar los daños infligidos al cuerpo de mis pacientes. Todo buen cirujano debe esforzarse por mejorar. Pero si el afán de excelencia se vuelve obsesivo, puede resultar contraproducente. En mi fuero interno, mientras operaba, me preguntaba una y otra vez: «¿Cómo será su vida después de esto?». De repente, una operación que debía llevarme dos horas duraba cuatro. Resultaba agotador para el resto del equipo quirúrgico, y además provocaba un desbarajuste en los horarios del hospital.

Y empecé a preguntarme en qué medida estaba ayudando a las propias mujeres. A veces lloraba con ellas. He descubierto que los hombres que son incapaces de llorar a menudo son los más peligrosos. Pero yo no estaba seguro de si estaba haciendo lo correcto. Las pacientes esperaban que yo las tranquilizara. Si yo, su médico, me ponía a llorar, ¿significaba que sus heridas eran especialmente graves y que sus posibilidades de recuperación eran mínimas? ¿Su historial era el peor de todos? Puede que se preguntaran si yo estaba en condiciones de hacer mi trabajo en un estado emocional tan inestable.

Era evidente que necesitábamos mejorar a la hora de prestar apoyo para ayudar a las víctimas a afrontar su trauma. Y yo necesitaba cuidarme más. No podía ser director médico del hospital, cirujano y psicólogo a la vez. Era necesario que la atención psicológica corriera a cargo de un equipo especializado.

Más o menos a partir de 2001 implantamos un nuevo sistema. En la región no había psicólogos clínicos, pero encontramos a un psicólogo ocupacional que estaba dispuesto a pasar del sector empresarial al ámbito médico. Y dimos cursos de formación a algunas de las mujeres más experimentadas entre el personal de enfermería. Lo que les faltaba en educación reglada lo compensaban con su empatía, su experiencia y su disposición a escuchar.

A cada nueva paciente se le invitaba a conocer al equipo de apoyo psicológico, que evaluaba si presentaba síntomas de trauma. Con el tiempo, nuestras técnicas han ido haciéndose más sofisticadas. Desde entonces hemos contado con la ayuda de psicólogos clínicos de Estados Unidos, Canadá y Europa.

Además, a cada mujer que ingresa en el hospital con heridas por violación se le asigna un miembro de nuestro equipo de *mamans chéries*, («mamás queridas»). No tienen equivalente en otros hospitales: son en parte enfermeras, en parte trabajadoras sociales y en parte psicólogas.

Son unas mujeres asombrosas, llenas de cariño y de vitalidad, que actúan como confidentes y como guías. Ofrecen abrazos y música, además de medicinas. Y son mamás en sentido literal: ayudan a nuestras pacientes a salir de su apatía y las ayudan con una especie de renacimiento, tanto físico como psicológico.

Se evalúa a cada paciente y se clasifica su conducta dependiendo de si manifiesta síntomas de trauma grave, leve o ausencia de trauma. Los casos graves se derivan inmediatamente a uno de nuestros psiquiatras para que haga un seguimiento.

Se trata de un intento de clasificar las respuestas de las pacientes y de priorizar nuestros recursos, porque todas las víctimas de abusos sexuales reaccionan de una forma distinta. Cada incidente se experimenta de una forma irrepetible, dependiendo de las circunstancias, del grado de violencia empleado y de la identidad del perpetrador o los perpetradores. Hay todo un espectro de reacciones. Lo «normal» no existe, y la ausencia de trauma no mitiga la gravedad del delito.

Nuestro enfoque siempre ha estado «centrado en la superviviente», aunque al principio no lo denominábamos así. Eso quiere decir que tratamos cada caso de forma individualizada y que somos conscientes de que no hay un enfoque «de talla única» para abordar las consecuencias de la violencia sexual. El proceso de atención psicológica obedece a lo que la paciente identifica como sus necesidades.

Algunas mujeres desarrollan una aversión visceral por todos los hombres, y en particular por cualquiera que les recuerde a su atacante. Ver a un soldado de uniforme o una metralleta puede desencadenar un *flashback* y una reacción física involuntarios. Una de las consecuencias más frecuentes de una violación es la hiposexualidad –una falta de interés o un rechazo por las relaciones sexuales– o lo contrario, la hipersexualidad. Dado que las víctimas pueden llegar a sentirse disociadas de sus cuerpos, que a veces ya no valoran lo más mínimo, en ocasiones mantienen relaciones sexuales inconvenientes.

Después de una violación, muchas víctimas sienten vergüenza, odio hacia sí mismas y culpa. Son sentimientos frecuentes, pero no universales. El impacto del trauma debe entenderse como algo diverso y variado. Puede darse el caso de que algunas mujeres no sientan ni muestren síntomas de su trauma inmediatamente después.

Para mí, comprender las necesidades de mis pacientes y mejorar nuestros métodos ha sido un largo camino. Con cada paso, he comprendido más y mejor cómo se experimenta una agresión sexual y las maneras más adecuadas de fomentar el proceso de curación.

Mi trayectoria profesional volvió a dar un giro a raíz de la inauguración del Hospital de Panzi. Cuando empecé a trabajar como médico, pensaba que iba a ser pediatra, pero cambié de idea y me centré en la salud materna cuando, estando en Lemera, me di cuenta de la falta de atención sanitaria a las mujeres durante el embarazo y el parto. Y ahora volvía a cambiar de rumbo, debido a unos acontecimientos que estaban fuera de mi control, y me especialicé en el tratamiento de las lesiones por violación.

En distintos momentos, sobre todo al principio, pero no solo entonces, he llegado a dudar de si era capaz de seguir adelante. He sentido cómo mi trabajo aplastaba mi espíritu, y cómo la tristeza se abatía sobre mí como una mortaja. En ocasiones ha hecho flaquear mi fe en mis congéneres. Presenciar cómo se destrozan los cuerpos, las vidas y las comunidades no es algo que se pueda soportar indefinidamente.

Fui capaz de seguir adelante únicamente gracias a mis pacientes. Mi decisión de ser obstetra-ginecólogo obedecía a la admiración que sentía por las mujeres de Lemera, por su energía y su capacidad de aguante cuando llegaban renqueantes al hospital, por su fuerza durante el parto. Además de intentar paliar la injusticia de sus vidas, y de querer enfrentarme a una sociedad que ni las valoraba ni reconocía sus logros, lo que me empujaba hacia delante y me inspiraba eran las muestras de resiliencia de las que era testigo.

En Panzi ocurría lo mismo, pero en unas circunstancias distintas. Me admiraba la vitalidad y la fuerza de las mujeres a las que atendía. Con los hombres era diferente. Hemos ingresado a muchos varones víctimas de violación a lo largo de los años, pero son una minoría, como ocurre en todo el mundo, entre las víctimas de la violencia sexual. Muchos de ellos habían sido sodomizados o habían sufrido abusos en público o delante de sus familias. Como pacientes, a menudo han resultado más difíciles de ayudar. Aparentemente la humillación ha pulverizado su masculinidad, su sentido de la identidad, su autocontrol y su capacidad de protegerse a sí mismos y a los demás. En mi experiencia, a los pacientes varones les resulta mucho más difícil recuperarse de las repercusiones inmediatas de una agresión sexual y empezar una nueva vida. A menudo adquieren alguna adicción, y el suicidio es un final trágico muy frecuente.

Recuerdo el caso de un hombre en 2008, que había ingresado en el hospital después de que le amputaran el pene. En primer lugar, me sorprendió la cantidad de atención que recibió en los medios. Los periódicos congoleños publicaron su foto, y su historia apareció incluso en la prensa extranjera. Yo había atendido literalmente a cientos de mujeres a las que les habían mutilado los genitales, pero que no suscitaron ni pizca de interés.

Tratar a aquel hombre en particular resultó casi imposible. Padecía unos problemas de salud mental tan graves que yo no conseguía comunicarme con él para explicarle que iba a tener que aprender a vivir con ese hándicap. Sin embargo, las mujeres a las que trataba, incluso aquellas a las que sus atacantes les habían destruido la vagina, y que tenían ante sí una vida sin hijos ni relaciones sexuales, lograban en su mayoría encontrar razones para vivir. Seguían luchando. Consiguieron encontrar un nuevo significado para su existencia.

Yo sacaba mi fuerza de ellas. Si ellas eran capaces de encontrar las ganas y el valor de seguir adelante, yo tenía que mantener mi fe y mi concentración a fin de contribuir a proporcionarles el futuro que tan ardientemente deseaban para sí mismas.

Me gustaría contarles el caso de una mujer de aquellos primeros tiempos del Hospital de Panzi que ejemplifica la resiliencia. Es una de las muchas mujeres que me han inspirado para seguir adelante algunas mañanas en que me levantaba de la cama sintiéndome grogui después de otra noche sin dormir. Lo que me enseñó sobre la fuerza interior es una lección para todos nosotros. Vamos a llamarla Bernadette.

Procede de la región de Fizi, al sur de Bukavu. Su padre era el *mwami*, el jefe local, que tenía cuatro esposas en total. Bernadette era una de sus más de quince hijos, pero su madre cayó en desgracia y fue repudiada cuando Bernadette solo tenía ocho años. «De niña, nunca pasé hambre. Lo que me faltaba era afecto», me dijo en una de nuestras muchas conversaciones.

Ella recuerda que su padre recibía visitas constantemente. La gente iba a verlo siempre que había alguna disputa en el pueblo, entre vecinos por las tierras, o entre familias por los matrimonios, por algún delito, o por una herencia. Su padre convocaba una asamblea y mediaba. También se encargaba de asignar tierras a los recién llegados y de conceder permisos para las nuevas construcciones, como una iglesia, igual que lo hace el *mwami* de mi pueblo.

Con dieciséis años, Bernadette se quedó embarazada de su profesor de francés, un hombre cinco años mayor que ella. Ella no le quería, pero se sentía obligada a casarse. Él pagó su dote y se arregló una boda, inaugurando una nueva fase de la vida de Bernadette que no iba a proporcionarle más ternura que su infancia. Se quedó embarazada tres veces de su marido, y en las tres ocasiones el bebé nació muerto.

En 1998, cuando estalló la Segunda Guerra del Congo, Bernadette abandonó su hogar conyugal debido a las tensiones con su familia política y regresó con su familia. Su padre se negó a abandonar el pueblo, mientras muchos huían para ponerse a salvo. «Si tengo que morir, prefiero morir aquí», le dijo a Bernadette.

En el pueblo habían instalado un campamento de soldados ruandeses. Recibía ataques muy a menudo. «Vivíamos todo el tiempo con miedo», recordaba Bernadette.

Ya en la veintena, un día caminaba por un sendero del bosque, a pocos kilómetros del pueblo. Iba con una mujer mayor que trabajaba para su familia. El sendero estaba en silencio y en sombras, y las mujeres podían oír a su lado el ruido del agua corriendo por un río. Bernadette se sentía vulnerable, y normalmente ella habría evitado andar por allí, pero iba a ver a un hermano mayor suyo cuya esposa había fallecido.

«Alto», escuchó.

De entre la maleza salió un grupo de soldados ruandeses del campamento de su pueblo. Eran jóvenes, iban uniformados y armados. Bernadette pensó en echar a correr, pero hizo todo lo posible por conservar la calma. Sabía que estaba en peligro.

Uno de ellos le ordenó a la mujer mayor que se marchara, pero dijo que Bernadette tenía que quedarse para llevarlo hasta la otra orilla del río, una tarea imposible teniendo en cuenta la profundidad del cauce y la diferencia de talla entre él y ella.

En cuanto se marchó la mujer mayor, Bernadette se preparó para lo peor. El hombre que había hablado, y que parecía ser el líder del grupo, la agarró del brazo y empezó a arrastrarla hacia la espesura. Otros empezaron a arrancarle la ropa. Bernadette gritó pidiendo auxilio e intentó resistirse. Apareció fugazmente un lugareño que iba andando por el sendero, echó un vistazo, pero se escabulló.

Bernadette seguía gritando y forcejeando con ellos. El líder sacó un cuchillo y se lo puso en la garganta. Bernadette siguió gritando un poco más. Al final, uno de los hombres le metió la pistola en la vagina y le pegó un tiro.

Ella recuerda el ruido ensordecedor, la sensación de *shock*. Pero siguió peleando, mientras la sangre empapaba su *pagne* de cintura para abajo. Sus atacantes salieron corriendo.

La mujer mayor que acompañaba a Bernadette había estado esperando en las inmediaciones, demasiado asustada para volver, pero cuando oyó el disparo volvió corriendo para investigar. Se encontró a Bernadette desplomada donde la habían dejado los soldados.

Juntas, con Bernadette apoyándose en la mujer mayor, se encaminaron renqueando al pueblo más cercano, haciendo un esfuerzo agónico a cada paso. El dolor era tan insoportable que Bernadette temía perder el conocimiento y no poder llegar. La llevaron a un hospital de la zona, donde le hicieron una transfusión de sangre, y después la trasladaron a Panzi. La operamos cuatro veces. Además, viajó a Adís Abeba para que le trataran su fístula, que requirió otras cuatro operaciones. Pero, aunque su cuerpo se repuso, su vida había cambiado para siempre. Después del suceso, su marido la abandonó definitivamente. Nunca fue a verla durante su larga convalecencia. Después de pasar por todo aquello, probablemente le resultaba difícil encontrar un significado a su vida. Su matrimonio y sus esperanzas de tener hijos se habían hecho añicos. Algunos miembros de su propia familia la trataban como un ser maldito y como una vergüenza. Sin embargo, ella mostró una determinación de reconstruir su vida que era tan impresionante como su valentía al luchar con sus atacantes.

Estudió tres cursos de bachillerato con más de veinte años de edad, consiguió su diploma estatal, y después empezó a estudiar en una academia de enfermería, reavivando la vocación que sentía cuando era niña. Decidió que «después de lo que he pasado, de toda la ayuda que he recibido, quería hacer algo por los demás».

No podía pagarse el billete de autobús para ir a la academia, de modo que caminaba una hora y media desde su casa, y otro tanto de vuelta, zigzagueando entre el tráfico y manteniendo el equilibrio sobre las resbaladizas calles de tierra de Bukavu. Estuvo así cuatro años, demostrando una decisión y una callada determinación que son su sello distintivo.

Después, Bernadette se especializó como anestesista y ahora trabaja en el Hospital de Panzi. Cuando le pedí que me explicara por qué había elegido esa especialidad, se mostraba categórica: «Yo sé lo que es el dolor —me contestó—. Recuerdo mi caminata de vuelta al pueblo desde el bosque. No puede usted imaginarse la tortura. Recuerdo la sensación de despertarme después de cada una de las operaciones que me han hecho aquí. No quiero que los demás sientan ese dolor».

Todos los días se pasa horas en el quirófano, literalmente aliviando el dolor de otras mujeres. Antes y después de una operación, trabaja con las supervivientes en las sesiones de fisioterapia, ayudándolas a recuperar su fuerza muscular y su continencia. Y entre sesiones, se dedica a dar ánimos, a contar su propia historia, a ayudar a otras mujeres a creer en su futuro con la fuerza de su propio ejemplo.

Las mujeres como Bernadette tienen que echar mano de unas reservas extraordinarias de resiliencia interior porque nuestra sociedad las trata casi con tanta insensibilidad como sus agresores. Cuando mis pacientes me dicen «me han matado», cuando despiertan después de una operación, o están recuperándose en su cama del hospital, lo que quieren decir es que una parte de ellas ha muerto, pero también que están muertas a ojos de quienes las rodean, de sus seres queridos y de sus familiares.

Casi ninguna de las mujeres casadas que están ingresadas en Panzi recibe visitas de su marido. La mayoría son repudiadas, y después sus maridos se divorcian de ellas. Después de ser violadas, se las percibe como mujeres manchadas. A menudo se las considera de alguna forma responsables de su propio maltrato, por haber invitado con su conducta a ser atacadas. Conozco casos de mujeres que han sido condenadas por los dirigentes de sus propias iglesias por adulterio y por el «pecado» de haber sido violadas.

Cuando una mujer es tratada como una pertenencia, que se transmite de su padre a su marido en el momento del matrimonio, puede ser desechada en aras de una nueva mujer. Las esposas se ven expulsadas del hogar familiar. Y la cosa es peor todavía si se han quedado embarazadas a raíz del ataque.

En mi fuero interno sospecho que los hombres ven a una esposa violada como un recordatorio de su propia incapacidad de cumplir con lo que consideran su deber fundamental de protegerlas. Prefieren desterrar esa fuente de sufrimiento en vez de cuestionarlo o verlo como un desafío que ambos deben superar como pareja. A veces, las hermanas y la madre del marido lo ayudan a encontrar una nueva pareja.

El aislamiento y la estigmatización de las víctimas no acaba ahí. A menudo la víctima es repudiada por sus propios progenitores, y después condenada al ostracismo por su comunidad. Una vez más, el primer impulso es desterrar algo que se considera ver-

gonzoso y embarazoso, en vez de afrontarlo. A menudo eso tiene
como consecuencia las burlas y los insultos, pero también la exclusión de la víctima de la crucial tarea colectiva de cultivar la
tierra en los pueblos, que se basa en que la siembra y la cosecha se
hacen en grupo.

Si la víctima sufre una fístula provocada por una violación, las
consecuencias son todavía más graves, debido a los problemas de
higiene personal derivadas de esa dolencia.

Una vez marginadas, obligadas a vivir solas o con la única
compañía de sus hijos, las mujeres violadas son presa de otros
hombres, que las consideran promiscuas y un blanco fácil. En los
peores casos, la angustia psicológica que provoca ese trato puede
llevar a las supervivientes a ser condenadas como «malos espíritus» o como brujas, lo que a veces tiene como consecuencia su
expulsión o su asesinato.

Por desgracia, esa pauta puede observarse en todo el mundo
dondequiera que las mujeres se consideran pertenencias y donde
su valor se mide por su «honor». Es algo que puede verse en las
estrictas convenciones patriarcales de los grupos tribales de Pakistán y en las tradiciones vigentes en las aldeas de las zonas rurales de la India. Los denominados asesinatos por honor contra las
mujeres están concebidos para purgar a las comunidades de la
vergüenza y el pecado de una agresión sexual. Vienen a añadir
más injusticia a la injusticia.

La culpabilización de las víctimas asume distintas formas,
pero sigue estando a la orden del día en todos los países. En Occidente, hasta hace poco imperaban esas mismas tradiciones: el én-
fasis en el «honor», ejemplificado en la virginidad y la castidad.
La inmensa mayoría de las mujeres de los países occidentales no
denuncia las agresiones sexuales, en gran parte por miedo a cómo
las verán los demás. Lo más habitual es que se cuestionen los móviles o la conducta de las mujeres que denuncian. Se sospecha que
ellas mismas han contribuido o alentado de alguna manera los
abusos sexuales, con su conducta o su forma de vestir.

Ese sesgo puede apreciarse en la manera en que los medios in-
forman de los casos de agresión sexual y en cómo los trata el sistema de justicia penal.

Michael Sanguinetti, un agente de policía de Toronto (Canadá), se hizo tristemente famoso en 2011 por culpabilizar a las víctimas durante una charla sobre seguridad que dio a las estudiantes en un campus universitario. El agente advirtió de que «las mujeres deben evitar vestirse como putillas (*sluts*) para no ser agredidas». Es posible que Sanguinetti creyera que tiene pocas cosas en común con el marido congoleño medio, por el hecho de encontrarse a once mil kilómetros de distancia y por el abismo que hay entre sus respectivos niveles de vida, idiomas y culturas. Sin embargo, ambos consideran que una mujer violada es responsable de la agresión que ha sufrido.

El discurso de Sanguinetti desencadenó el movimiento Slut-Walk que fundaron dos estudiantes canadienses en respuesta a sus presuntos consejos. Dio lugar a que en miles de ciudades de todo el mundo las mujeres salieran a la calle vestidas de forma provocativa como gesto de protesta. Después, yo seguí el debate entre las feministas sobre si era necesario reivindicar la palabra «*slut*» –un insulto misógino que por supuesto no tiene equivalente para los hombres promiscuos– y sobre la decisión de muchas manifestantes de salir a la calle vestidas con lencería o zapatos de tacón alto.

Independientemente de los medios, el mensaje venía a ser que las actitudes tenían que cambiar. Se trata de una tarea crucial. Todas las sociedades deben trasladar de las mujeres a sus agresores la censura, la culpa y la responsabilidad de la violencia sexual. El que tiene que pagar por lo que ha hecho es el perpetrador, no la víctima.

Algunos países y culturas han avanzado más que otros, pero ninguno ha llegado al punto en que las supervivientes de la violencia sexual pueden esperar ser tratadas con empatía y recibir el apoyo incondicional de todo el mundo, desde los líderes de sus comunidades, pasando por los policías, los jueces, los periodistas y los políticos, hasta sus propias familias.

Al principio de nuestro trabajo, a comienzos de este siglo, la estigmatización de las supervivientes era tan fuerte en el Congo que yo tenía la sensación de que necesitábamos ir mucho más allá con nuestras ambiciones para el hospital. En el aspecto médico, íbamos mejorando constantemente. Yo era cada vez más experto en operar fístulas. Nuestros programas de atención psicológica se desarrollaban a pesar de lo limitado de los recursos. Pero no estábamos haciendo lo suficiente. Siempre me he dicho a mí mismo que las emociones sin acción son inútiles. Es un mantra por el que me rijo. Todos debemos encontrar la manera de canalizar nuestros sentimientos de tristeza, rechazo, admiración y amor, y tomar decisiones que contribuyan a reducir el sufrimiento de los demás.

Yo sabía que necesitaba encontrar una reacción contraria al estallido de tanto odio y depravación en el Congo oriental. La única respuesta posible era más amor, y conseguir que ese amor se extendiera más. Necesitábamos mejorar, expandirnos, llegar a más gente, contribuir a reconstruir más vidas, y denunciar las crueles convenciones sociales que afectaban a las supervivientes. Las mujeres que, como Bernadette, se convirtieron en fuente de inspiración para otras víctimas, venían a demostrar lo que se podía lograr.

Bernadette da siempre el mismo consejo a todas las supervivientes que van a pedirle ayuda. «No es el fin de sus vidas, hay otra vida esperándolas si la quieren. Sus lesiones, la violación, los recuerdos no van a desaparecer. Hay que asumirlos. No podemos hacer que se esfumen, por mucho que queramos. Pero si ponemos un pie delante del otro, cada día, poco a poco, con el tiempo, podemos dejarlos atrás.»

En vez de abandonarla, la familia de Bernadette la ha acogido como a una heroína. Cuida de varias sobrinas y sobrinos suyos en su casa de Bukavu. Y sonríe con orgullo cada vez que recuerda cuántas Bernadettes han nacido después de ella. Muchos hermanos y hermanas suyas les han puesto su nombre a sus hijas en su honor.

4
El dolor y la fuerza

Wamuzila llegó por primera vez al hospital en 2002. Era una muchacha delicada de hermosos rasgos. Entonces tenía unos diecisiete años, y un carácter vivo capaz de defender su postura en los debates con personas mucho mayores que ella. Sus ojos almendrados brillaban con vida y amabilidad, pero también mostraban trazas de una gran tristeza y de una inocencia perdida.

Provenía de la región de Shabunda, situada a unos 250 kilómetros al oeste de Bukavu. No parece muy lejos, pero para llegar allí es preciso cruzar las montañas y bajar a las tierras llanas y húmedas de la densa jungla tropical. No hay comunicación por carretera, y solo personas valientes o con una fuerte protección intentarían llegar a ella por tierra. El acceso es exclusivamente por avión, utilizando un pequeño aeródromo en medio de la jungla cuando hace buen tiempo. Su aislamiento es tal que muy bien podría tratarse de otro país.

Shabunda es un enclave rodeado en sus extremos por una cadena de colinas que forman el borde de la llanura aluvial del río Ulindi, que desemboca en el poderoso río Congo, al norte. Allí escasean la electricidad y el agua canalizada. Sus pueblos, sus carreteras de tierra y sus minas están diseminadas por todo el valle.

Wamuzila no tenía una educación reglada, una desgracia frecuente entre las muchachas de las zonas rurales como ella. Si hay una escuela local, muchos progenitores solo envían a sus hijos varones durante unos años, lo suficiente para que puedan aprender a leer y escribir.

Es difícil conseguir una estimación fiable de los niveles de alfabetización en el Congo por culpa de la deficiente recopilación de datos que hace el Estado, y por el hecho de que grandes zonas del país son áreas prohibidas debido a la presencia de grupos rebeldes. En teoría, la educación primaria es obligatoria y gratuita para todos. Pero las niñas y las mujeres constituyen la inmensa mayoría de quienes se ven privados de ella. Una estimación de 2016 realizada por la UNESCO, el organismo de Naciones Unidas dedicado a la educación y la cultura, revelaba que una de cada tres mujeres congoleñas era analfabeta, en contraposición con uno de cada diez hombres.[1] A mí esa cifra me parece una subestimación; no hay más que viajar a los pueblos situados a media hora en coche desde Bukavu para constatar la gravedad del problema. Se estima que en todo el mundo hay 750 millones de adultos incapaces de leer o escribir una frase sencilla. La mayoría de ellos son mujeres de África o del sur de Asia.

La vida en Shabunda es dura y precaria. En ese clima húmedo, nubes de mosquitos propagan la malaria, la principal causa de muerte en la zona. Los ríos y arroyos contienen infinidad de enfermedades que se transmiten por el agua, lo que provoca que la diarrea sea otra importante causa de mortalidad, sobre todo entre los niños y los ancianos. Las familias son grandes; los recursos se estiran al máximo.

Wamuzila pasó su infancia igual que lo hacen millones de niñas como ella, como un par de manos adicionales en la lucha diaria de la agricultura de subsistencia. Sabía cómo cultivar mandioca, arroz y maíz, cómo extraer el aceite de las grasientas semillas rojas de la palma africana (*Elaeis guineensis*), o cuándo cosechar los cacahuetes y los plátanos. Conocía la textura y la densidad del terreno rico y fértil de los alrededores de su pueblo. Aprendió a cultivar la tierra, con la esperanza de que algún día, probablemente durante su adolescencia, se casaría, tendría hijos y mantendría a su propia familia.

Se crio sabiendo pocas cosas del mundo exterior, pero eso cambió a mediados de la década de 1990. Cuando los rebeldes y las fuerzas ruandesas invadieron el Congo en 1996, tras el inicio de la Primera Guerra del Congo, decenas de miles de refugiados hutus procedentes de los campos de los alrededores de Bukavu y de la frontera entre el Congo y Ruanda huyeron tierra adentro, hacia lugares como Shabunda. Fueron perseguidos por las fuerzas ruandesas. Murieron miles de ellos, a garrotazos, a golpe de bayoneta o encerrados en viviendas a las que los perpetradores prendían fuego. La población local se vio obligada a excavar fosas comunes.

En un incidente que se produjo en febrero de 1997, aproximadamente quinientas personas fueron masacradas por los rebeldes y por el Ejército ruandés en un puente sobre el río Ulindi, a pocos kilómetros de la principal ciudad de la región. Después de la masacre, los vecinos de los pueblos de la zona fueron obligados a arrojar los cadáveres al río y a limpiar el puente.[2]

A los extremistas hutus responsables del genocidio de Ruanda, el terreno y la densa selva de Shabunda les parecieron un lugar perfecto para esconderse. Llevaron a sus familias hasta lo más profundo de la jungla y establecieron campamentos donde podían evitar ser detectados. Formaron una milicia denominada Fuerzas Democráticas para la Liberación de Ruanda (FDLR).

Durante la Segunda Guerra del Congo, que empezó en agosto de 1998, hubo nuevos enfrentamientos entre las Fuerzas Armadas ruandesas invasoras y los rebeldes hutus de Shabunda y alredededores. Kabila empezó a lanzar desde el aire armamento y suministros para los hutus. A medida que la espiral de violencia iba en aumento, surgió una milicia congoleña denominada Mai-Mai para defender a la población local contra la continuación de la guerra étnica de Ruanda en suelo congoleño.

Los civiles se vieron en medio del fuego cruzado entre los bandos beligerantes; muchos de ellos fueron masacrados, supuestamente por haber prestado ayuda a un bando o a otro. Con el tiempo, los grupos de los Mai-Mai acabaron siendo tan rapaces como las fuerzas extranjeras contra las que presuntamente se estaban defendiendo.

La dura pero apacible infancia de Wamuzila quedó patas arriba. Las milicias del FDLR aterrorizaban la región de Shabunda. Sus soldados de a pie salían de sus campamentos en la jungla y se presentaban en los pueblos vestidos con ropa sucia de paisano, con sus fusiles AK-47 al hombro. Era muy fácil distinguirlos de las Fuerzas Armadas ruandesas, que llevaban impecables uniformes militares de faena y botas de goma.

Los rebeldes pedían a los lugareños que les entregaran suministros –alimentos o medicinas– así como a los niños y a los hombres jóvenes, que se llevaban consigo como nuevos reclutas. Por culpa de los saqueos, cultivar el campo se hacía aún más difícil. La malnutrición aumentó. El ganado empezó a escasear, pero en realidad el precio de las cabras o de las gallinas disminuyó: nadie quería comprarlas porque todo el mundo sabía que se las habrían robado de inmediato. Si un pueblo se resistía, lo atacaban. Incendiaban las casas, fusilaban a los hombres y violaban a las mujeres en público. Los rebeldes utilizaban esa brutalidad para enviar un mensaje a las demás comunidades que estuvieran pensando en defenderse. Los rebeldes eran capaces de incendiar todo un asentamiento si sospechaban que su población estaba ayudando al «enemigo», que podía ser cualquiera, desde el Ejército ruandés hasta una milicia rival.

Desde el principio, los milicianos fueron deliberadamente a por las mujeres y las niñas. Durante el día las raptaban cuando caminaban por los senderos de la selva. Las mujeres idearon estrategias para intentar mantenerse a salvo, como permanecer agrupadas o enviar únicamente mujeres mayores solas a hacer los recados, suponiendo que eran menos vulnerables a los secuestros y las violaciones. Por la noche, grupos de entre tres y cuatro combatientes iban casa por casa en busca de presas. Los padres o maridos que intentaban luchar para defender a sus esposas o hijas eran asesinados en el acto.

A las chicas jóvenes, guapas y solteras les ahorraban una muerte inmediata. Se las llevaban de sus hogares y las obligaban a caminar por la selva a punta de pistola. A partir de ese momento eran retenidas como esclavas por unos amos despiadados, y su salud física y mental iba deteriorándose poco a poco, golpe a golpe, mermada a lo largo de semanas, y a veces meses, de maltrato, dejándolas tan abatidas y desesperadas que sentían envidia de los familiares que habían muerto instantáneamente de un tiro o a machetazos.

A Wamuzila la raptaron en su pueblo por la noche durante un ataque del FDLR en 2001. De complexión endeble, al principio se resistía con los brazos y retorcía con todas sus fuerzas su cuerpo adolescente contra el peso de las bestias borrachas que la inmovilizaron y la violaron. Después se la llevaron a la selva.

Ella lloraba y suplicaba a sus atacantes que la dejaran marchar, mientras caminaba con dificultad por los senderos llenos de barro y en total oscuridad, angustiada pero todavía con la esperanza de que se apiadaran de ella. Los milicianos le gritaban que siguiera andando. Cuando llegaron al campamento base, la ataron a un árbol como a un animal. A partir de entonces, en cualquier momento, estando sobrios durante el día, o borrachos de vino de palma y agresivos por la noche, los milicianos iban a verla para violarla. El campamento se desplazaba periódicamente, ya que los combatientes nunca permanecían en el mismo lugar durante más de unas pocas semanas.

Estuvo así casi un año. Le daban de comer alimentos podridos o sobras, y dormía al aire libre, tiritando por la noche, abrigándose con hojas y ramas. A menudo se ponía enferma, y siempre sufría dolores por las heridas que le infligían sus torturadores y las infecciones.

Finalmente, se quedó embarazada de sus atacantes, lo que puso fin a su tortura. La pusieron en libertad, pero naturalmente no por empatía. En su historia no hay ninguna figura heroica que sintiera remordimientos de conciencia ni compasión por ella. Simplemente, ya no servía como esclava sexual.

Intentó parir en el campamento, sobre el suelo en medio de un bosque: una adolescente que tenía que afrontar sola ese momento. Wamuzila recordaba que creía que se iba a morir por el dolor, que era aún peor que cualquier cosa que hubiera experimentado hasta entonces. No pudo expulsar el bebé. La cabeza se había quedado atascada.

Sus captores se marcharon de allí y la abandonaron. Pero su deseo de vivir era tan extraordinariamente poderoso que fue capaz de ponerse de pie haciendo un gran esfuerzo. A pesar de todo lo que había vivido, encontró la fuerza para caminar a trompicones a través de la espesura, con el feto todavía atascado en su abdomen, hasta que vio humo a lo lejos. Anduvo hacia él y llegó a una aldea donde la gente se asustó. Logró balbucir unas pocas palabras en su lengua, el kirega, y después se desplomó. Su bebé murió, y una vez que encogió dentro de ella, pudo expulsar por fin su cuerpo sin vida. La distocia le provocó daños en los genitales y dos fístulas diferentes, una entre el recto y la vagina, y otra entre la vejiga y la vagina. Dos semanas después de salir de la selva, fue encontrada por el personal de Médecins Sans Frontières (MSF, Médicos Sin Fronteras), organización de ayuda médica.

Llamaron a nuestro hospital y preguntaron si podíamos ingresarla. La trajeron desde Shabunda, al igual que a muchas otras víctimas antes que ella y también después, a bordo de una avioneta fletada por la organización.

Llegó consciente pero gravemente enferma, con atroces dolores, y con el olor delator de las pacientes con fístulas. Era como un pájaro herido, una pequeña criatura encogida, débil y vulnerable.

Por el alcance de sus heridas y su edad se trataba de un caso complicado, pero por desgracia no insólito. El primer paso siempre es limpiar a la paciente y examinar sus heridas. Se le administran líquidos, analgésicos, y antibióticos si es necesario. Normalmente siempre hacemos un chequeo a la paciente para detectar enfermedades de transmisión sexual y SIDA. Le hacemos análisis de sangre para comprobar los niveles de hemoglobina. Muchas mujeres llegan con anemia debido a la malnutrición.

En total, Wamuzila precisó cuatro operaciones. Yo mismo las dirigí.

En la primera le colocamos una bolsa de colostomía, un procedimiento relativamente sencillo en el que se hace una pequeña incisión en el abdomen para poder sacar el colon. Eso impide que la materia fecal provoque infecciones en las heridas internas.

En la segunda operación intentamos resolver la fístula vesicovaginal –el orificio que había entre su vejiga y su vagina. Recuerdo que estuvimos tres o cuatro horas en el quirófano, desde primera hora de la mañana hasta la hora del almuerzo. Siempre es una operación complicada, y el grado de dificultad depende del tamaño y, sobre todo, de la ubicación de las lesiones.

Tengo una deuda de gratitud con dos personas en particular por mi competencia en el tratamiento de las fístulas, y ambas hicieron gala de su generosidad y su amabilidad al compartir sus conocimientos conmigo. La primera es Catherine Hamlin, una australiana extraordinaria que en 1974 fundó el Hospital de Fístulas de Adís Abeba junto con su marido, Reginald. A lo largo de sus carreras, Catherine y Reginald han tratado a decenas de miles de mujeres. Tuve el honor de formarme durante un breve periodo con Catherine después de mi estancia en Francia. Catherine, que a la sazón tenía más de setenta años, operaba y enseñaba con el vigor y la pasión de una persona con la mitad de su edad. Mantuvo la misma dedicación a las mujeres de África hasta su muerte en 2020, a la edad de noventa y seis años.

Mi segundo maestro es mi querido amigo Guy-Bernard Cadière, un cirujano belga, colaborador inquebrantable del Hospital de Panzi, que me formó en las técnicas de cirugía no invasiva a través de una pequeña incisión utilizando un laparoscopio. Nadie triunfa por sí solo, y recordar a nuestros maestros y a nuestros precursores es un útil ejercicio de humildad.

El mérito del primer tratamiento con éxito de una fístula le corresponde a un hombre al que a menudo se le califica de «padre de la ginecología», un médico estadounidense llamado James Marion Sims, que ejerció en Alabama a mediados de la década de 1800. También está detrás del diseño del espéculo que sigue utilizándose hoy en día, el instrumento que se emplea para separar las paredes vaginales, así como de la denominada posición Sims para las exploraciones.

Siendo estudiantes, nos enterábamos de quién fue Sims en nuestros libros de texto, y nos enseñaban sus técnicas. Era difícil no sentir admiración por esa figura distante cuya influencia en nuestra formación seguía siendo tan fuerte incluso un siglo después de su muerte. No descubrí toda la historia de su vida y de sus métodos hasta mucho después. Todos los ginecólogos africanos y negros tienen un motivo concreto para sentirse incómodos por su legado.

Cuando asistí a un congreso sobre fístulas en Boston en 2008, escuché a una anestesista negra estadounidense denunciar el trabajo de Sims en una extraordinaria conferencia que hizo callar a la sala. La anestesista contó con vehemencia y enfado que Sims había realizado todo su trabajo experimental sobre el tratamiento de las fístulas con esclavas, sin administrarles anestesia. A una de ellas, llamada Anarcha, la operó más de treinta veces. Aquella revelación me incitó a leer más cosas sobre la historia de Sims. Aunque sigue teniendo defensores dentro de mi profesión –que argumentan que Sims encontró una solución para una dolencia anteriormente intratable– desde entonces su expediente ha sido reevaluado por buenas razones. Una gran estatua de bronce de Sims fue retirada de Central Park (Nueva York) en 2018.

Aunque nadie cuestiona la contribución de Sims a la Medicina, siempre que me lo imagino, lo veo rodeado por sus pacientes ya olvidadas –Anarcha y otras mujeres que menciona en sus escritos, como Lucy y Betsey. Ellas son verdaderas heroínas, sin las que Sims no habría conseguido ni su fama ni su fortuna.

En los casos más raros de fístulas, más o menos una de cada cincuenta mujeres a las que opero en Panzi, necesitamos recurrir a la cirugía reconstructiva, basada en una técnica que lleva el nombre del ginecólogo alemán Heinrich Martius, quien la describió por primera vez en 1928. Se trata de una técnica para fístulas grandes o cuando las operaciones quirúrgicas anteriores no han dado resultado. Consiste en cortar un colgajo de grasa subcutánea de la zona pélvica o del músculo bulbocavernoso y utilizarlo para cubrir y obturar el desgarro.

Wamuzila se recuperó bien de las dos primeras operaciones, y al cabo de tres meses estábamos listos para reparar la fístula rectovaginal que quedaba. Una vez más, la dificultad de la operación depende de la ubicación, de si la lesión está en la parte inferior, media o superior de la vagina. Cuanto más profunda es la ubicación de la lesión, más difícil resulta acceder a ella. A menudo, la operación tiene que empezar por la reconstrucción del esfínter, que puede estar dañado en casos de fístulas relacionadas con el parto y de fístulas traumáticas.

Wamuzila estuvo con nosotros aproximadamente seis meses. La última operación consistió en retirarle la bolsa de colostomía y volver a conectar el colon. Al final, sus heridas habían sanado del todo. Podía caminar sin molestias. Había recuperado el control sobre su vejiga y su intestino. Su larga estancia dio lugar a que trabara amistad con otras pacientes y con miembros del personal del hospital. Wamuzila cantaba con entusiasmo en la misa que celebramos cada mañana a las siete en el patio, justo delante de mi despacho. Yo veía cómo participaba, conociendo su cruel historia y maravillándome ante su recuperación, durante aquella pausa de unos minutos para respirar en la oración y en la música, mi rito matinal antes de empezar a trabajar.

En el marco de un programa de formación vocacional a pequeña escala que teníamos en aquella época, Wamuzila aprendió a hacer jabón con aceite de palma, con la idea de que pudiera poner en marcha un pequeño negocio cuando regresara a su casa.

Iba siendo hora de pensar en devolverla a su pueblo. Teníamos un número de camas limitado y las necesidades eran enormes. Todos los días llegaban nuevas víctimas de violaciones que necesitaban atención.

Nos pusimos en contacto con MSF. Un avión de la organización iba a regresar a Shabunda a los pocos días, y accedieron a reservarle una plaza a Wamuzila.

La noticia le provocó mucho miedo. Sabía que no iba a tener una acogida cordial después de dieciocho meses de ausencia. La víspera del día previsto para su marcha, por la noche, se puso a llorar y a suplicarles a las enfermeras que la dejaran quedarse.

«No quiero volver –decía, sollozando–. Soy feliz aquí, en el hospital, aquí me cuidan. Cuando vuelva a casa, todo el mundo me señalará con el dedo y se burlará de mí.» Escucharla resultaba desgarrador, pero estábamos en una situación imposible.

A la mañana siguiente, cuando llegó el vehículo de MSF para llevar a Wamuzila al aeropuerto, fui a verla a su pabellón para despedirme. Habíamos charlado mucho durante su estancia. Ella solía llamarme «papá» cuando hablábamos de su infancia y de sus temores para el futuro.

Me había confiado sus sentimientos de vergüenza por haber perdido la virginidad a manos de sus asaltantes. Yo le había explicado, como hacía con todas mis pacientes jóvenes, que la virginidad nunca puede arrebatarse; que solo es posible renunciar a ella libremente. Le repetía una y otra vez que la vergüenza y la deshonra eran únicamente para sus violadores, no para ella. Cuando le dije que el coche estaba a punto de llegar, se negó a salir. Después se echó a llorar otra vez, exigiendo quedarse en el hospital. Yo intenté hacer que entrara en razón; le expliqué nuestras limitaciones. Pero ella se puso histérica. Se tiró al suelo, su cuerpo se puso laxo y se negaba a ponerse de pie. Cerró los ojos con fuerza y gritaba que estaba enferma y que no debía volver.

Para tranquilizarla, accedimos a que se quedara para poder examinarla. Despedimos al coche y aquel día el avión despegó sin ella. Las enfermeras comprobaron sus parámetros, que eran normales. No había indicios de ninguna enfermedad.

Su evidente sufrimiento vino a recordarme en qué medida nuestras pacientes, una vez fuera de la seguridad y del entorno de apoyo del hospital, tenían que enfrentarse a una serie de obstáculos nuevos. En Panzi las escuchábamos y cuidábamos de ellas, no solo el personal sanitario sino también nuestras *mamans chéries*. Sus lesiones no escandalizaban a nadie. Para las muchachas como Wamuzila, nuestro hospital era probablemente el único entorno que habían conocido donde se sentían queridas y apoyadas.

Sin embargo, el mundo exterior era hostil. Una vez en casa, sabían que nadie iba a verlas como personas dignas de empatía y apoyo, sino como extrañas que traían consigo la deshonra e incluso la mala suerte.

Wamuzila no fue ni mucho menos la única que reaccionó así, pero su caso me había causado un gran impacto. A medida que se aproximaba la fecha de darles el alta, advertíamos que las pacientes empezaban a informar de nuevos problemas de salud: dolores en distintas partes de su cuerpo, o dificultad para respirar. Era imposible distinguir lo que era real de lo psicosomático. La consecuencia era que cada vez teníamos más y más problemas para dejar camas libres.

Dos semanas después de la primera fecha prevista para su marcha, MSF organizó un segundo traslado para Wamuzila, y en aquella ocasión accedió a marcharse. Nos abrazamos delante del coche. Se había puesto la ropa nueva que le proporcionamos a cada paciente a la que damos el alta, y llevaba en la mano una bolsa con más regalos de despedida: cuencos y recipientes para hacer jabón, platos, galletas y agua para el viaje. Hubo más lágrimas. Se marchó apesadumbrada, diciendo adiós con la mano desde el asiento de atrás con una tímida sonrisa. Yo sentí una punzada de remordimientos de vergüenza por mi propia impotencia.

Wamuzila me obligó a reflexionar de nuevo sobre la naturaleza de las lesiones que veíamos en Panzi y sobre la forma en que estábamos cuidando de nuestras pacientes. Sentía un enorme respeto por Wamuzila y por las mujeres como ella. No me entraba en la cabeza que alguien no admirara la resiliencia y la valentía de que hizo gala al volver a su pueblo. Volvía a estar en pie, seguía siendo capaz de reír y de amar. No la habían doblegado.

Estaba aterrada por tener que volver a su casa porque sabía que había caído todavía más bajo en la resbaladiza escala social de su pueblo. Tenía buenos motivos para temer la acogida que la esperaba allí.

Habíamos conseguido solo una pequeña parte de lo que de verdad hacía falta para que volviera a levantarse. Wamuzila me ayudó a entender que necesitábamos ir más allá de simplemente tratar las heridas y los traumas. Teníamos que emprender una batalla cultural: contra los prejuicios, la intolerancia y la exclusión. Necesitábamos educar a la gente y fomentar un cambio social para que las supervivientes de la violencia sexual sintieran que tenían oportunidades, que una violación no era una cadena perpetua, que podrían superar la estigmatización que sufrían.

Hacer todo eso requería dinero. Y gestionar las finanzas del hospital había sido algo difícil desde el principio.

Habíamos ido creciendo desde nuestros humildes comienzos en los edificios rehabilitados de una antigua plantación. Gracias a la financiación de varias organizaciones religiosas y humanitarias suecas, así como de la Agencia Sueca de Cooperación para el Desarrollo Internacional, pudimos construir nuevas instalaciones *ad hoc*: una docena de edificios anexos de forma rectangular, todos ellos de una sola planta, organizados alrededor de unos patios donde plantamos palmas, césped y flores. Todos estaban conectados por caminos de cemento, cubiertos por un tejado de hojalata que resguardaba del sol y la lluvia. A ambos lados de los caminos plantamos rosas y otras flores. En 2002 ya teníamos 125 arriates.

Desde entonces hemos recibido el apoyo económico de numerosas organizaciones de ayuda y de muchos gobiernos, entre ellos la Agencia Estadounidense para el Desarrollo Internacional y de las organizaciones sin ánimo de lucro EngenderHealth y Fistula Foundation, con sede en Estados Unidos. Además, el Gobierno británico realizó una contribución crucial que en 2007 nos permitió inaugurar un ala dedicada exclusivamente a las supervivientes de la violencia sexual. También contamos con el apoyo de nuestros patrocinadores religiosos suecos, y recibimos financiación anual de la Unión Europea, que ha estabilizado nuestra situación financiera. Eso implica que ya no tenemos que hacer lo imposible a lo largo del año para conseguir financiación, con sus correspondientes auditorías forenses, a las que hay que dedicar mucho tiempo.

De vez en cuando recibimos generosas donaciones de equipos médicos de todo el mundo. A veces el hospital parece uno de esos autobuses y taxis que pululan por las calles de Bukavu: hechos a base de piezas de repuesto, algunas muy desgastadas, otras nuevas. No es la forma más eficaz de crecer, y exige una gestión constante, pero es la única que nos ha permitido ampliar nuestros servicios.

El Estado congoleño o bien ha estado ausente –durante los primeros años Bukavu estuvo bajo el control de los rebeldes– o ha resultado contraproducente cuando ha mostrado algún interés.

A menudo se dice que la República Democrática del Congo es un «Estado fallido», y cualquier visitante puede observar las consecuencias. Es algo que puede escucharse en las voces de la gente que se siente abandonada e ignorada. Puede verse en el caos de tráfico cotidiano en nuestras calles, en la delincuencia callejera, en la construcción desordenada, en las tinieblas que caen al anochecer por la inexistencia de alumbrado público.

La electricidad y el agua corriente potable son lujos que se disfrutan intermitentemente en Bukavu, si es que las hay. Incluso los niños de los hogares de clase media se crían lavándose en barreños, sin haber tenido nunca una ducha o una bañera en casa. Se malversan los presupuestos para las fuerzas de seguridad, lo que deja a las fuerzas policiales prácticamente sin vehículos y sin gasolina. A menudo se ve a los policías haciendo autostop a bordo de una moto, con un maltrecho fusil Kalashnikov colgado del hombro. Para ganarse la vida recurren a los sobornos, y hay que pagarles para que realicen tareas que en otros países se consideran una responsabilidad básica de los agentes.

Sin embargo, el Estado sí existe. Acecha y se abalanza sobre la gente de forma imprevisible, como un depredador en la sombra. Hay oficinas llenas de burócratas, de funcionarios locales y nacionales, de reguladores y controladores, todos ellos mal pagados y dispuestos a hacer que se cumplan las normas cuando les conviene. Si las normas son poco claras e incomprensibles, si la burocracia es demasiado densa para moverse a través de ella, o si el entorno de la seguridad es demasiado peligroso para funcionar, tanto mejor para cobrar más por cada mordida. El papeleo y la protección: es necesario negociar ambas cosas a cambio de una determinada suma.

Para muchos de esos servidores públicos, su trabajo no consiste en servir y proveer: consiste en sacar dinero para su lucro personal. Algunos lo hacen con mala intención, otros simplemente hacen lo que pueden para mantener a sus familias de la única forma que conocen: ir tirando, como todo el mundo en el Congo.

Siempre hemos sido un hospital privado sin ánimo de lucro gestionado por una organización religiosa, la Comunidad de Iglesias Pentecostales de África Central. Al ser uno de los escasos centros sanitarios para la población de Bukavu, de más de un millón de personas, deberíamos gozar de financiación pública para medicamentos y equipos. En la práctica, nunca hemos recibido nada del Estado, salvo unos pocos médicos pagados con fondos públicos.

La falta de una red eléctrica fiable significa que tenemos que generar nuestra propia electricidad. Hay constancia de apagones que han durado entre tres y cuatro días. Actualmente solo disponemos de electricidad de la red nacional durante unas pocas horas al día, lo que significa que tenemos dos generadores diésel encendidos casi las veinticuatro horas del día para que puedan funcionar las incubadoras, los respiradores, y otros equipos que salvan vidas a diario.

A principios de 1999 el suministro de agua era modesto, pero más o menos suficiente para nuestras necesidades. Con el tiempo, a medida que más y más gente se iba a vivir a la zona de Panzi, el agua corriente ha ido menguando hasta convertirse en un chorrito. Antiguamente enviábamos todos los días un viejo y maltrecho camión cisterna al lago para llenar el depósito, pero acabó siendo insuficiente. Al final construimos nuestra propia conducción de agua, de ocho kilómetros de largo, desde un manantial situado en las colinas que hay detrás de Bukavu.

Hemos organizado nuestra propia línea de autobús para el personal y los pacientes debido a la falta de transporte público. Utilizamos nuestros camiones y nuestro propio equipo para reparar las carreteras de la zona cuando quedan cortadas por algún desprendimiento de tierra. Y necesitamos estar constantemente preparados para repeler los intentos de extorsión.

En una ocasión, dos funcionarios del gobierno local me presentaron una factura de 30.000 dólares por la lluvia que habíamos recogido de los tejados del hospital. La almacenamos en depósitos y la utilizamos para las tareas de limpieza. Toda el agua era propiedad del Estado, me dijeron.

En otra ocasión, unos funcionarios de otro departamento llegaron exigiendo el pago de un impuesto por el gasoil que almacenamos en el recinto del hospital como combustible para los generadores. Traían consigo un ejemplar de la ley que regula las gasolineras, y afirmaban que era aplicable a nuestro caso.

Yo me niego a pagar sobornos, pero algunas veces el Estado simplemente nos ha robado dinero. En 2014, el Parlamento Europeo me concedió el Premio Sájarov, un galardón anual para los activistas por los derechos humanos que incluye un cheque de cincuenta mil euros. Al igual que todos los premios en metálico que he recibido –entre ellos, el Premio Nobel de la Paz –pedí que extendieran el cheque a nombre de la Fundación Panzi.

Al día siguiente de que ingresaran los fondos en el Congo, la autoridad tributaria local nos congeló la cuenta corriente. No podíamos comprar medicamentos, y a fin de mes tampoco pudimos pagar los salarios del personal. Nuestros médicos y enfermeras salieron por primera vez a manifestarse todos juntos a las puertas de la administración tributaria de Bukavu. Recurrí a unos abogados para litigar contra aquel bloqueo. Cuando por fin liberaron la cuenta, estaba vacía. El dinero de la ayuda humanitaria europea había sido engullido íntegramente por un Estado cada vez más voraz, pero vacuo. Nunca recuperé los fondos.

En 2006, durante un atisbo de toma de conciencia internacional acerca de las atrocidades que se estaban cometiendo en el Congo, fui invitado a Nueva York para hablar ante Naciones Unidas. Era la primera vez que iba a Estados Unidos, y esperaba que fuera una oportunidad de conocer gente que pudiera estar interesada en apoyar nuestro trabajo para poner fin al sufrimiento de las mujeres congoleñas.

En conjunto, el viaje fue desalentador, y dejó clara la firmeza de la negativa del Gobierno congoleño a hablar públicamente de la crisis de las violaciones en nuestro país. Pero el viaje incluyó un crucial encuentro con una persona que se convirtió en patrocinadora, donante y amiga personal mía. Nos ayudó a ir más allá de nuestra misión inicial y limitada de recomponer a las víctimas y devolverlas a sus comunidades. Era alguien que iba a ayudarnos a atender mucho mejor a las mujeres como Wamuzila.

Después de mi discurso en Naciones Unidas, me pidieron que participara en un debate público en la Universidad de Nueva York sobre la cuestión de la violencia sexual. Me iba a entrevistar Eve Ensler, la dramaturga feminista y creadora de *Los monólogos de la vagina*, que desde entonces ha cambiado de nombre y ahora se llama V. Confieso que me sentí un poco intimidado teniendo en cuenta su fama y su prestigio.

El evento fue una revelación para mí. Era la primera vez que hacía ese tipo de entrevista, en público y en un país de habla inglesa. En V encontré a alguien que me inspiraba y al mismo tiempo me hizo sentir cómodo de inmediato.

Como mencionaba en la Introducción, estuve muchos años lidiando con la idea de ser un hombre que promovía los derechos de las mujeres, y sufriendo los incómodos silencios o las miradas de incomprensión tanto de los hombres como de las mujeres cuando hablaba de mi trabajo. Con V las cosas fueron distintas. En aquella época, ella era la persona que más se había esforzado por levantar el velo de vergüenza que había en torno a las vaginas. En su obra de teatro les dio una voz sobre el escenario y compartió historias íntimas sobre ellas. Concienció y entretuvo a la gente de una forma que hasta entonces me parecía prácticamente imposible.

Fue la primera persona que conocí que no sentía vergüenza de hablar en público de la vagina, ni de su historia personal de violencia sexual a manos de su padre. Ambos estábamos convencidos de que el motivo de que las vaginas fueran objeto de tantos tabúes era para que los hombres pudieran seguir maltratándolas en privado.

Nuestro evento fue la confluencia de dos mentes procedentes de dos mundos muy diferentes: una mujer blanca budista de Nueva York y un hombre negro cristiano del Congo oriental. Su francés estaba un poco oxidado, y en aquella época mi inglés era un tanto limitado. Yo admiraba su capacidad de ser tan sincera, tan divertida y de estar tan comprometida al mismo tiempo. Ella apreciaba mi dedicación a luchar contra la violencia sexual siendo un hombre.

Después seguimos en contacto y trabamos amistad. V ya era una importante donante de las campañas para poner fin a la violencia contra las mujeres en todo el mundo a través de su organización V-Day* (la V representa la victoria, el día de san Valentín y la vagina), que ha financiado con los ingresos de la puesta en escena mundial de *Los monólogos de la vagina*.

Ella también había sentido cierto temor ante la idea de organizar aquel evento en Nueva York, como me contó después. No sabía nada sobre mí, ni gran cosa sobre el Congo, pero tenía la sensación de que iba a aprender cosas que la llevarían a actuar.

---

* Es la misma expresión abreviada de «el día de la victoria» que marca el fin de una guerra (*N. del T.*).

Esa es una de las cosas que más admiro de ella: actúa obedeciendo a sus emociones. Nunca piensa que solo las palabras y los sentimientos sean una respuesta adecuada. «¿Vendrás al Congo? –le dije cuando nos despedimos en Nueva York–. Siempre serás bienvenida.» «Iré. Me encantaría», me contestó inmediatamente. Llegó menos de un año después.

A medida que ha ido aumentando el reconocimiento de nuestro trabajo en Panzi durante estos últimos años, he recibido a muchos invitados famosos del mundo del entretenimiento y del cine. A todos les han conmovido las historias que han escuchado, pero tan solo unos pocos han demostrado un compromiso duradero.

V fue una de las primeras que mostró interés, y fue un ejemplo tanto por su sensibilidad como por su enfoque. Apareció sin el boato de la fama y con una petición muy sencilla: quería escuchar de boca de las propias mujeres cómo podía ayudarlas.

Llegó en un momento particularmente difícil. Los combates hacían estragos por toda la provincia. Si yo hubiera sabido que íbamos a sufrir otros diez años o más de destrucción, no sé si habría encontrado las fuerzas para seguir. Me sentía permanentemente agotado, una consecuencia de trabajar catorce horas diarias todos los días de la semana, y a menudo pasándome las noches esperando un sueño que no llegaba. En aquella época ingresaban aproximadamente doce mujeres violadas cada día.

También había vuelto Wamuzila. Los años transcurridos desde su marcha no habían sido felices, como ella había pronosticado, para mi eterno pesar.

Regresó a Panzi en estado de coma. Había hecho todo lo posible por reconstruir su vida en el pueblo. Había empezado a hacer y vender jabón, lo que le proporcionó unos ingresos y un estatus. Había encontrado un nuevo rol en su comunidad, cambiando la forma en que sus vecinos la veían a ella y a otras supervivientes de la violencia sexual. Una vez me envió un poco de su jabón con una nota manuscrita en la que me pedía que lo usara cuando me lavara las manos antes de una operación.

No obstante, su pueblo había sido atacado e invadido de nuevo por el FDLR, la milicia hutu ruandesa. La habían hecho prisionera por segunda vez y había pasado por unos horrores parecidos a los de la primera.

Sus agresores le habían provocado otra fístula. Y Wamuzila tenía meningitis cuando la encontraron los soldados congoleños que conquistaron el campamento rebelde durante una operación contra la insurgencia. La llevaron a un hospital militar de Bukavu, y después la trasladaron al Hospital de Panzi por segunda vez. Volvimos a estabilizarla. Recuperó la conciencia e iniciamos el proceso de hacerle la batería de análisis en busca de enfermedades de transmisión sexual. Descubrimos algo escalofriante: esta vez dio positivo en VIH. En aquella época, una de cada veinte mujeres que ingresaban había contraído el SIDA.[3]

Cuando recuperó mínimamente las fuerzas, programé una consulta con Wamuzila en mi despacho. Tenía que darle la noticia de su infección. Cuando se la di, se enfadó mucho. Ella sabía que el resultado era una condena a muerte. Fue antes de que los actuales antivirales, disponibles en abundancia y a un precio asequible, les brindaran un futuro a los enfermos de SIDA. Ella me recordó que nunca había querido marcharse.

«¡Usted me obligó! –gritaba–. ¡Me obligó a volver completamente sola!»

En su mirada había destellos de ira. Me dijo todo lo que pensaba sobre la forma en que el hospital y yo la habíamos dejado tirada. Sentía que la habíamos abandonado. Acabó deshaciéndose en lágrimas.

Yo la escuchaba, encajando su ira, con la confianza de que en algún momento Wamuzila entendería que yo había hecho todo lo que podía por ella, que el hospital anda siempre escaso, que había constantemente colas de mujeres esperando a que quedara una cama libre y poder tratarse. Cuando se tranquilizó, la rodeé con el brazo.

Después de aquel segundo ingreso, Wamuzila permaneció varios años con nosotros. Una vez recuperada de la meningitis, que probablemente tenía que ver con su VIH, hubo que hacerle de nuevo toda una serie de operaciones para reparar su fístula. Seguía con nosotros cuando V vino a visitarnos en 2007, y participó en el momento más importante de su viaje.

V quería conocer al mayor número posible de pacientes, y varias docenas de mujeres habían accedido a contarle sus experiencias. Se reunieron en un cobertizo al fondo del complejo del hospital. En aquella época era el lugar donde las mujeres comían juntas. Estaban sentadas en bancos de madera, formando grupos, vestidas con sus mejores *pagnes* y deseando conocer a nuestra visitante vip de Nueva York. Wamuzila estaba entre ellas, igual que otras antiguas pacientes fuertes e inspiradoras de aquellos tiempos, como Alphonsine y Jeanne.

V circuló por la estancia hablando con las mujeres en pequeños grupos, con la ayuda de una amiga mía, Christine Deschryver, que había superado su comprensible desconfianza hacia las celebridades extranjeras y había accedido a hacer de guía e intérprete de V.

No había sido fácil convencer a Christine para que participara. Era hija de un belga que había sido dueño de una plantación, y de una mujer congoleña. Primero trabajó como maestra, y más tarde para una organización de ayuda humanitaria en el Congo oriental. Después de presenciar tanto sufrimiento, se había vuelto cínica, dudaba de si a los occidentales les importaban los conflictos del Congo y de si cualquier visitante famoso estaría dispuesto a asumir el auténtico compromiso necesario para cambiar las cosas. Cuando le hablé por primera vez de aquella mujer extraordinaria que había conocido en Nueva York, y que hacía hablar a las vaginas, me miró como si me hubiera vuelto loco.

Sin embargo, hubo una química instantánea entre Christine y V. Hicieron buenas migas desde el primer día.

Con la ayuda de Christine, V le pidió a las supervivientes que le contaran sus vidas. Además, ella también les contó su propia historia de maltrato, que su padre abusó sexualmente de ella durante años cuando era niña, que al final huyó y vivió en las calles de Nueva York, drogándose y sufriendo un maltrato aún mayor. V concluyó su charla con un sencillo llamamiento: «Decidme qué puedo hacer por vosotras».

A su vez, las asistentes se sinceraron con ella. V se quedó destrozada por lo que escuchó, abrumada por la pérdida y el dolor.

Posteriormente dijo que había sido peor que todo lo que se había encontrado en sus viajes a Bosnia, Afganistán o Haití. Para sus homólogas congoleñas fue un momento de comunión y de toma de conciencia. Se dieron cuenta de que las violaciones no solo se producen en las aldeas y las selvas del Congo, sino también en los hogares y en las calles de una de las ciudades más ricas del mundo. Una escritora famosa y rica de Nueva York les estaba describiendo las mismas experiencias y las mismas emociones que ellas sentían.

La atmósfera se hizo densa. Hubo llantos constantes, largos abrazos, y de vez en cuando risas sardónicas cuando alguna mujer buscaba en el humor un poco de alivio a su sufrimiento. V había venido para escuchar a las mujeres, y ellas le abrieron su corazón.

En un momento dado, la reunión se volvió asfixiante para todas. Esther, una de nuestras enfermeras, propuso un poco de música y jugar un rato a «sigue al líder», una técnica que ella utiliza para que las participantes de una larga sesión de terapia de grupo salgan del letargo físico y de la sensación de desolación que puede cundir entre ellas.

Algunas mujeres habían traído *ngomas*, los tradicionales tambores de madera que se tocan en el Congo. Empezaron a tocar un ritmo. La percusión congoleña tiene algo hipnótico y especial. La interacción del ritmo con las voces y los cánticos tiene un efecto que a mí me provoca hormigueo en el pecho y en la espalda.

De repente, todas estaban de pie, meciéndose, dando palmadas, cantando, dejando entrar la luz de la música. Algunas mujeres se pusieron en fila y bailaron por todo el cobertizo, sujetándose entre ellas por la cintura, balanceándose de un lado a otro, y moviendo las manos y los pies al unísono. V también se apuntó.

Yo siempre he sido poco dado a bailar. Casi nunca lo hago, ni siquiera en las bodas. Pero en aquel momento también me dejé llevar por la atmósfera. Las mujeres formaron grupos, y se turnaron para enseñar las distintas danzas de las aldeas y las tribus de la región. Daba la sensación de que la energía y la tristeza acumuladas se habían transformado en alegría y felicidad en un momento profundamente espiritual.

Bailamos por el cobertizo, salimos bailando por la puerta y subimos bailando por la pendiente, pasando por delante de los otros edificios del hospital, hasta la puerta principal. Yo hice lo posible por seguir con aquel baile, vestido con mi bata blanca de médico, sonriendo y riéndome ante las miradas socarronas de los visitantes y de los demás pacientes.

Aquella noche volví a casa y dormí. Dormí toda la noche, de un tirón y apaciblemente, por primera vez en muchos meses. A la pregunta de qué podía hacer por ellas, las respuestas que escuchó V fueron casi unánimes. «Cada vez que pensamos que vamos a volver a ver soldados, nos entra miedo», le dijo Wamuzila. «Búscanos algún sitio donde podamos sanar emocionalmente y prepararnos para una nueva vida», añadió Jeanne. Querían un refugio, el tipo de lugar al que habría podido ir Wamuzila después de sus primeras operaciones en Panzi, cuando luchó con uñas y dientes para quedarse con nosotros.

V se marchó diciéndoles que había tomado nota. «Haré lo que pueda», les dijo. Y cumplió su promesa.

Se puso en contacto con la dirección de UNICEF, el fondo de emergencia para la infancia de Naciones Unidas, y les explicó que muchas de las mujeres que necesitaban ayuda no eran más que adolescentes que prácticamente no habían recibido una educación. Finalmente, UNICEF se comprometió a aportar un millón de dólares de financiación.

V puso en marcha una campaña mundial, y centró la atención de su movimiento V-Day en el Congo. Me pagó los gastos para que viajara a Estados Unidos y diera mi primer ciclo de charlas en centros comunitarios y universidades de todo el país. Estuvo dos años organizando cenas de gala, y se puso en contacto con donantes adinerados de Nueva York y otras ciudades. Con su dinero les compró a unos agricultores de la zona dos parcelas de terreno pantanoso en Bukavu, a aproximadamente un kilómetro y medio del hospital.

No obstante, cuando el proyecto finalmente iba progresando de la mesa de dibujo a la realidad, le diagnosticaron un cáncer de útero, que tiene una tasa de supervivencia extremadamente baja. Tuvimos que contar más que nunca con el trabajo de Christine, que había accedido a ser la directora local del proyecto. Sus enormes cualidades –determinación, tenacidad y amabilidad– fueron cruciales.

Trabajando los tres en equipo, contribuimos a convertir la visión que habían manifestado las supervivientes del hospital en la Ciudad de la Alegría, un espacio seguro para las mujeres violadas, que brinda protección, educación e inspiración a sus residentes. Su lema, que está escrito en el muro de la entrada para que lo lean todas las recién llegadas, es: «Convirtiendo el dolor en fuerza».

Desde el principio incluimos a Wamuzila, a Jeanne, a Alphonsine y a otras mujeres como ellas en el proyecto: se reunieron varias veces con el arquitecto para hablar del diseño de los espacios. Ellas dirigieron el proceso.

Ocurre muy a menudo que los proyectos de ayuda se quedan cortos porque no tienen en cuenta a las personas a las que están intentando ayudar. Parece algo absolutamente obvio, pero usted se asombraría de las veces que he visto fracasar iniciativas diseñadas desde arriba, en los remotos despachos de las capitales de Occidente, cuando se topan sobre el terreno con las realidades del Congo.

Una vez concluido el trabajo de diseño, comenzó el proceso de construcción. Fue largo y plagado de dificultades. Para empezar, el terreno era cenagoso, y solo se podía acceder a él a través de una pista de barro cuajada de baches que pasa por delante de un mercado de carbón vegetal y de un barrio pobre. Tuvimos que lidiar con los habituales problemas de abastecimiento de electricidad y agua. Fue complicado encontrar un constructor de fiar, y la participación de un organismo de Naciones Unidas, con sus exigentes procedimientos en materia de proveedores, añadió un elemento de complejidad adicional.

Además, insistimos en que las mujeres debían formar parte de las cuadrillas de construcción porque queríamos enviar otro mensaje: que se trataba de un proyecto no solo *para* las mujeres sino también hecho *por* ellas. Era una demostración del que iba a ser uno de nuestros principales mensajes a todas y cada una de las futuras residentes: que las mujeres son mucho más fuertes y capaces que la posición y los roles que se les asigna en la sociedad.

Las obreras de la construcción eran algo inaudito en el Congo, igual que en la mayoría de proyectos de construcción de todo el mundo. El constructor principal accedió a contratarlas con una actitud de desconcierto total, pues estaba convencido de que tarde o temprano se daría el gusto de decirnos que efectivamente las mujeres no eran idóneas para levantar muros o hacer trabajos de carpintería. Elegimos a las posibles obreras en el hospital. Algunas de ellas se mostraban escépticas, e hizo falta animarlas enérgicamente para que se apuntaran a hacer un «trabajo de hombres». Pero en la obra resultaron ser unas ávidas aprendizas y unas obreras de la construcción excelentes y comprometidas.

Al final, algunos de sus colegas varones confesaron que las mujeres les habían inspirado y empujado a mejorar y a trabajar más duramente. «Esa es la historia de los hombres y las mujeres en el lugar de trabajo a lo largo de la historia», decía posteriormente V en tono de broma.

Mientras se iba levantando el edificio, V se sometía a un tratamiento de quimioterapia en Nueva York. Hablaba regularmente por teléfono con Christine sobre las obras. Christine le mentía diciéndole que iban muy bien a fin de evitarle decepciones. V fingía que no le dolía nada y ocultaba su constante temor a morirse antes de ver el proyecto terminado. Durante todo ese tiempo, el deseo de ver que el centro llegaba a buen término la animaba a seguir adelante. En su libro *In the Body of the World* («En el cuerpo del mundo»), V cuenta el proceso de una forma conmovedora.

En febrero de 2011, cuando inauguramos la Ciudad de la Alegría, V estaba allí, junto con una multitud de tres mil personas. También había políticos estadounidenses, trabajadores de organizaciones humanitarias, y algunos famosos, pero la mayoría eran mujeres del Congo. Las obreras de la construcción también estaban allí, y ofrecieron uno de los momentos más emocionantes de la ceremonia.

Habían traído unos ladrillos de cemento, que al final del acto levantaban por encima de sus cabezas mientras bailaban. Le decían a todo el mundo que ellas eran las primeras tituladas del proyecto, incluso antes de que abriera sus puertas. V organizó una beca de 20.000 dólares para que pudieran montar su propia empresa.

La idea de la Ciudad de la Alegría era simple: potenciar la fuerza y la resiliencia evidentes de las mujeres del hospital. Queríamos hacer algo más que ayudar a las mujeres a asumir su traumático pasado, y que afrontaran el futuro con confianza. Queríamos que se convirtieran en agentes del cambio, con capacidad para hacer que las cosas fueran diferentes. Después de salir de allí, cada titulada debía actuar como educadora y activista, a fin de cambiar la percepción de qué aspecto tiene una superviviente de la violencia sexual y de lo que era capaz de lograr.

Cada seis meses, la Ciudad de la Alegría admite a noventa nuevas residentes. Unas veces son mujeres que vienen del hospital, otras veces son identificadas en otros lugares de la provincia. A lo largo de los años hemos contribuido a formar y a apoyar una red de prestadoras de atención sanitaria a lo largo y ancho de la región de Kivu del Sur. Son trabajadoras comunitarias que contribuyen a la lucha contra las enfermedades, a mejorar las condiciones de salubridad y a ayudar a las madres con los partos. Actúan como nuestros ojos y oídos, y a menudo encuentran a mujeres que tienen lesiones por violación y que han sido expulsadas de sus comunidades.

Las recién llegadas acceden a la Ciudad de la Alegría a través de unas altas puertas de seguridad de color negro, custodiadas por antiguas tituladas que han recibido formación para ese trabajo. Una vez dentro del campus, se les asigna un lugar en los bungalós colectivos de piedra rodeados de césped y de arriates de flores.

Caminan por senderos de piedra sombreados por hileras de buganvillas en flor, de palmeras y naranjos. Se oye constantemente el tintineo del agua que corre por los arroyos que pasan por el recinto, un recordatorio de que antiguamente la zona era pantanosa y no adecuada para construir. Todos los días llegan alimentos frescos –piñas, maracuyás, espinacas y muchas más cosas– desde una granja orgánica que ha puesto en marcha la organización V-Day de V, también gestionada por antiguas tituladas de la Ciudad de la Alegría.

El refugio, presidido por «Mamá Christine», es un oasis de tranquilidad, un retiro, un lugar de armonía que hace que la guerra de fuera parezca un recuerdo lejano. Aspiramos a curar las mentes y a restablecer los cuerpos. Muchas mujeres llegan en condiciones de malnutrición; todas se marchan más fuertes y más sanas.

Una vez en el refugio, las supervivientes realizan una serie de cursos. Yo doy un segmento sobre el género y la anatomía femenina. A menudo empiezo preguntando cuántas de las asistentes se sienten orgullosas de ser mujer. Solo levanta el brazo una pequeña minoría. De media, aproximadamente el 80 por ciento dice que habría preferido nacer varón. «Si fuera un hombre, habría podido protegerme», me dicen.

Muchas de ellas identifican su vagina como el origen de su sufrimiento. La asocian con todo lo que ha salido mal. «Me violaron por *eso*», dicen. El problema son sus vaginas, no sus agresores, ni las actitudes de quienes las rodean. Eso también explica su falta de oportunidades en la vida, así como su sensación de rechazo.

Yo las animo a aprender más cosas sobre su fisiología y a aceptarla. Una parte de ese proceso consiste en que se observen la vagina. Les entregamos un espejo para que puedan hacerlo en privado. En un primer momento, muchas mujeres son incapaces de decir siquiera *kuma*, la palabra «vagina» en suajili, y nunca han visto sus propios genitales.

Después, hacemos dibujos del sistema reproductor femenino y hablamos de sus distintas partes y funciones. Hablamos del ciclo menstrual, de las relaciones sexuales, del control de la natalidad, del embarazo y de la lactancia. El primer paso para que aprendan a conocer su propio cuerpo y se sientan orgullosas de él es que lo conozcan y lo comprendan.

Les explicamos la importancia de acabar con los tabúes y de hablar abiertamente de la anatomía y la sexualidad femeninas, y también que el silencio que rodea a esas cuestiones crea el entorno en el que se producen las violaciones. Hacemos hincapié en que la vergüenza y el oprobio siempre deben ser para el perpetrador, nunca para la víctima.

También hay sesiones de terapia de grupo de entre cuatro y diez mujeres, en las que se las anima a compartir con el resto sus historias personales. Forma parte del proceso de asumir y afrontar el pasado. Compartir experiencias contribuye a reforzar la confianza entre ellas, y a que se den cuenta de que nadie tiene por qué sufrir sola.

Dedicamos algunas sesiones a enseñarles cuáles son sus derechos legales y políticos. En otras aprenden los principios básicos de la autodefensa, conocimientos empresariales, y aritmética y alfabetización a las que lo requieran. Practican deportes y yoga. También pueden elegir entre distintos cursos de formación vocacional: fabricación de velas o jabón, bordado, marroquinería o agricultura.

Cada seis meses, las bulliciosas ceremonias de graduación son una reafirmación de la vida y una confirmación de lo que puede lograrse con amor. Unas personas rotas se han convertido en militantes y en mujeres fuertes que regresan a sus aldeas no con el estómago revuelto por el miedo, como le ocurrió a Wamuzila, sino con el deseo de cambiar sus vidas, reintegrarse y transformar sus comunidades. Ya no tengo que decir adiós con la mano a pacientes sollozantes como Wamuzila, que la primera vez se marchó del hospital sin estar preparada ni equipada para su nueva vida.

No obramos milagros. No todo el mundo tiene éxito. Con la cirugía puedo restaurar y reparar el cuerpo. La mente humana es mucho más complicada. Cada superviviente tiene que aprender a vivir con su pasado, y algunas heridas son demasiado profundas como para llegar a sanar del todo alguna vez. Muchas supervivientes tienen que aprender a vivir con desencadenantes que les hacen revivir sus recuerdos traumáticos.

Sin embargo, cada seis meses se gradúan otras noventa mujeres, con lo que se va extendiendo una red entretejida a base de compartir experiencias y que crece con cada nueva incorporación. Unas pocas se quedan para ayudar en las tareas cada vez más extensas de la Ciudad de la Alegría, y se convierten en maestras o en trabajadoras, pero la mayoría de ellas vuelven a su lugar de origen decididas a cambiar las cosas.

Hemos observado que muchas de ellas se convierten en activistas por los derechos de las mujeres en sus comunidades o asumen otros roles como coordinadoras en sus mercados locales o en las asociaciones de la sociedad civil. Después de haber sido infravaloradas durante toda su vida, se pasan seis meses en la Ciudad de la Alegría descubriendo sus fuerzas y sus capacidades. Y si cada superviviente contribuye a cambiar la actitud, aunque sea de unas pocas personas a su alrededor, conseguiremos lo que esperamos que ocurra.

Más o menos en la misma época en que inaugurábamos la Ciudad de la Alegría, incorporamos otra institución inspirada en las mismas ideas, la Maison Dorcas, gestionada por la Fundación Panzi y por su incansable e inspiradora directora, la doctora Christine Amisi. Maison Dorcas es un refugio para mujeres con hijos nacidos de una violación, así como para mujeres con fístulas incurables.

Los programas están adaptados a sus necesidades, pero el proceso es el mismo: convertir el dolor en fuerza. Allí se han titulado cientos de mujeres después de meses de terapia, formación vocacional y educación.

Después animamos a nuestras tituladas a poner en marcha mutualidades de ahorro o a participar en ellas. Son iniciativas de microfinanciación que posibilitan que grupos de hasta veinticinco mujeres realicen pequeñas contribuciones mensuales para un plan de ahorro común. Una parte de los fondos se utiliza para conceder pequeños créditos a quienes quieran montar un negocio, mientras que otra sirve como mutualidad de ahorros para atención médica, proporcionando por primera vez una red de seguridad a sus miembros. Hay más de doscientas mutualidades por toda la provincia de Kivu del Sur, y algunas han llegado a ahorrar hasta 3.000 dólares.

Son un instrumento extraordinario para la reintegración de las supervivientes. Las mutualidades de ahorro están abiertas a todo el mundo, pero son administradas por mujeres supervivientes, que a menudo reciben peticiones de adhesión de otros miembros de sus comunidades cuando se enteran de que generan beneficios.

Por desgracia, todo eso llegó demasiado tarde para Wamuzila. Aunque fue una de las fuentes de inspiración del proyecto, pues gracias a ella me di cuenta de las limitaciones de un enfoque estrictamente médico de la atención a las víctimas de violencia sexual, Wamuzila no estaba presente cuando finalmente se abrieron las puertas.

Pasaron cuatro años desde la concepción de la Ciudad de la Alegría, en 2007, hasta su inauguración. Wamuzila salió del hospital por segunda vez tras la visita de V y regresó de nuevo a su pueblo. Posteriormente me enteré con gran tristeza de que había fallecido de SIDA. Lo único que me consuela es que su vida, marcada por tanto dolor, ha ayudado a aliviar el sufrimiento de otras. Su legado sigue vivo en otras mujeres como Jeanne, que estaba con ella durante el primer encuentro con V en el hospital. Jeanne se ha convertido en uno de los miembros más valorados de la plantilla de la Ciudad de la Alegría.

Antes de cumplir veinte años, Jeanne fue raptada dos veces por los rebeldes, que la sometieron a meses de abusos. Al igual que a Wamuzila, no la pusieron en libertad hasta que se quedó embarazada y sufrió un aborto espontáneo en la selva. Finalmente fue rescatada, pero estaba tan débil y tan enferma que hubo que llevarla al hospital en un cesto, inconsciente, con los restos de su feto pudriéndose en su vientre.

Otras dos mujeres que nos llegaron a bordo del mismo vuelo humanitario fallecieron. Temíamos que Jeanne nunca se recuperara.

No tiene familia, ni hijos, y sufrirá complicaciones físicas a consecuencia de sus heridas durante el resto de su vida. Sin embargo, Jeanne es una prueba viviente de que puede haber vida, felicidad y amor incluso después de tantas desdichas.

Ella comparte su historia con cada nuevo grupo de mujeres que ingresa: las violaciones, la suciedad y el hedor de sus heridas, las múltiples operaciones. Pero les dice que cada mañana, cuando se despierta y ve salir el sol, da gracias a Dios por estar viva. Su sinceridad, su sonrisa y su risa contagiosa animan a las demás a sincerarse y a reflexionar sobre sus propias experiencias.

Jeanne, que ahora está en la treintena, se está formando y trabaja para conseguir su diploma de bachillerato. Quiere dedicar el resto de su vida a ayudar a otras mujeres en la Ciudad de la Alegría, y a ser la voz de quienes padecen abusos en silencio. Alphonsine, que tiene su misma edad, y llegó a Panzi como paciente cuando tenía quince años, era analfabeta y ahora es enfermera de nuestros quirófanos.

El legado de Wamuzila también pervive en mujeres como Tatiana Mukanire, que se quedó huérfana cuando era una niña pequeña, y que en 2004 fue violada en Bukavu cuando las fuerzas leales a los siniestros caudillos Jules Mutebusi y Laurent Nkunda tomaron la ciudad, apoyados por Ruanda.

Sus tropas iban casa por casa, saqueando, agrediendo y torturando a hombres, mujeres y niños, entre ellos a varios trabajadores de organizaciones humanitarias extranjeras. En el hospital tratamos aproximadamente a mil seiscientas mujeres violadas a raíz del asedio de tres semanas y posterior ocupación de la ciudad.

Tatiana padeció en privado las consecuencias de aquellos abusos, incluido un embarazo no deseado al que puso fin aunque en el Congo el aborto está tipificado como un delito. Su clan familiar, que la había adoptado siendo niña tras el fallecimiento de sus progenitores, la instaba a guardar silencio. Ella sentía que tenía que compartir su historia y se la contó a su prometido. Él la abandonó.

A pesar de todo, después consiguió una plaza en la universidad, se formó, y logró tener un empleo bien pagado, al tiempo que luchaba contra su alcoholismo, sus desórdenes alimenticios y sus pensamientos suicidas. Tardó diez años en pedir ayuda médica y psicológica. Cuando vino a verme, yo la traté. Se sinceró por primera vez sobre lo que le había ocurrido. Me di cuenta de que detrás del dolor había una mujer de una fuerza extraordinaria.

Hoy Tatiana ha rehecho su vida. Ha derrotado a sus demonios. Nunca podrá olvidar su pasado –todavía llora a veces cuando se ducha por la mañana– pero ese pasado ya no la define ni la paraliza. Se convirtió en directora de una mutualidad de ahorro y es una de las principales miembros de una nueva red internacional de supervivientes de la violencia sexual llamada SEMA, que creamos en junio de 2017. Ha hablado en la sede de Naciones Unidas en Nueva York y viaja mucho para compartir su experiencia e inspirar a otras mujeres con vivencias parecidas.

Ahora Tatiana vive en Bukavu con su marido, un amor de su niñez, que la acepta y la anima en su trabajo. Cuando ella le planteó por primera vez su intención de ser portavoz de otras víctimas, le preocupaba cómo iba a reaccionar su marido. «Si está en tu corazón, te apoyaré», le contestó él. Han adoptado a varios niños y niñas huérfanos que se han convertido en la familia que Tatiana siempre soñó. Y *mi* sueño es ver más mujeres como Tatiana. Ha vuelto a levantarse y ha empezado una nueva vida de lucha por los demás. Exige que se escuche y se trate con justicia a las supervivientes como ella. Es amada y ama a los demás, y se ha convertido en un faro para mí y para cualquiera que entre en contacto con ella. En 2017 Tatiana escribió una carta abierta a su violador. Fue un momento importante para ella, un reconocimiento público de su pasado, de su lucha y de su vergüenza. Pero la carta venía a demostrar lo lejos que había llegado. «Quiero que sepas que ahora, más que nunca, ya no te tengo miedo –decía–. Tú me diste el valor para combatirte.»

5

En sus propias palabras

¿Por qué violan los hombres? Es una pregunta que me hacen a menudo, y por desgracia no tiene una respuesta sencilla. A finales de los años noventa, cuando me di cuenta por primera vez de la crisis en el Congo oriental, era incapaz de comprender lo que veía. Aquello parecía ser obra de locos, y estaba más allá de mi comprensión como padre, como hombre y como ciudadano. Entenderlo quedaba fuera de mis competencias como médico. Yo me imaginaba a los perpetradores como simples monstruos, dominados por la maldad, carentes de humanidad. Mi trabajo consistía en cuidar a las víctimas; no tenía la capacidad necesaria para intentar comprender a sus torturadores.

Puede que eso formara parte de mi propia manera de sobrellevarlo, pero esa forma de pensar tiene sus limitaciones. Tal vez tildar de «malvados» o de «locos» a ese tipo de personas, ya sean violadores, asesinos o terroristas, nos proporcione cierto alivio a corto plazo. Deshumanizarlos, tachándolos de monstruos, me llevaba a pensar que no eran como yo ni como mis conciudadanos. Pero sí lo son, o por lo menos lo fueron hasta el momento en que cayeron en las tinieblas y la violencia.

La guerra contra los cuerpos de las mujeres en el Congo no ha sido perpetrada por ejércitos de psicópatas que vagan por la selva y ponen en práctica sus pervertidas fantasías sexuales. Las enfermedades mentales graves existen, por supuesto, y a veces pueden ser la explicación en casos individuales. Pero es preciso contemplar una violación como una decisión deliberada y consciente, y como una consecuencia del menosprecio por la vida de las mujeres en general, que es la causa fundamental por excelencia.

Solo si comprendemos cómo y por qué se produce esa violencia podemos intentar organizar una respuesta a nivel individual y colectivo –y eso es cierto tanto para el Congo como para cualquier país amante de la paz.

Me encontré por primera vez cara a cara con uno de los hombres cuyas decisiones violentas eran la causa de tanto sufrimiento en las veredas que discurren entre los pabellones y las salas de consultas de mi hospital. Era un joven de poco más de veinte años. Por su actitud y su forma de vestir parecía un hombre pobre y atormentado, como si cargara con un gran peso de culpa o de vergüenza. Apenas era capaz de mirarme a los ojos, y me preguntó si podía hablar conmigo en privado.

A menudo, cuando voy de acá para allá por el hospital, que fue diseñado deliberadamente para ser un lugar abierto y acogedor, se me acerca alguien. Los médicos y las enfermeras se mezclan con las pacientes y los visitantes mientras andan por el recinto. Dependiendo de mi intuición en cada momento, a las personas que me piden ayuda suelo indicarles que vayan a ver a un determinado miembro de la plantilla y les sugiero que pidan cita. En algunos casos les invito a ir a verme personalmente a mi despacho.

Durante nuestro breve diálogo yo no estaba seguro de qué quería exactamente aquel joven. No buscaba atención médica para él; ni tampoco pedía consejo ni ayuda en nombre de su esposa o de una hermana suya. Quería hablar conmigo, me dijo. Tenía problemas y no sabía dónde ir, insistía. Yo sospechaba que lo que quería era dinero. Le dije que tenía prisa y que no podía ayudarle.

Volvió al cabo de unos días y de nuevo me vino con la misma petición. Yo le expliqué que mi tiempo estaba organizado: las exigencias de mi trabajo, el apretado programa que se establece cada día entre reuniones, consultas y operaciones. Le expliqué, amable pero firmemente, que no podía responder a peticiones individuales como aquella.

La tercera vez que me lo encontré dentro del hospital, cedí. Me imaginaba que debía de tener algún asunto apremiante que le llevaba a persistir en su petición. Sus ojos inyectados de sangre revelaban cierta desesperación. Le dije que podía ir a verme al final de la jornada, cuando terminara con mis citas.

Llegó puntualmente, le condujeron a mi despacho en un extremo del complejo hospitalario. «Siéntate, cuéntame», le dije para ponerme a su disposición. Le miré de arriba a abajo, y vi cómo se agachaba para sentarse con inquietud en la silla. Era un poco más bajo que yo, y tenía una constitución fuerte y atlética. Iba vestido con una camiseta, pantalones vaqueros y zapatillas deportivas, y llevaba el cabello afeitado a ambos lados de la cabeza. Cruzó las manos delante de él, dejando ver sus gruesos y musculosos brazos por debajo de la camiseta de manga corta. Nos sentamos uno enfrente del otro.

Me gusta que mi despacho tenga un aspecto sencillo: baldosas sin dibujo, paredes blancas, con la parte inferior pintada de beis para que no se noten las manchas. Como decoración tengo unas cuantas fotos enmarcadas colgadas de las paredes, una estantería, y más recientemente he añadido un armarito de vidrio donde guardo algunos objetos personales, como los certificados y los premios. En un extremo del despacho hay un escritorio, y al otro una zona de estar. Hay dos sofás pequeños y dos sillones, todos ellos tapizados de pana de color marrón oscuro, y dispuestos alrededor de una mesita de café de cristal. Allí recibo a todo el mundo, delante de un ventanal que deja entrar una maravillosa luz cálida al final de la jornada, a la caída del sol. Por desgracia, he tenido que tapar la mitad inferior del ventanal por motivos de seguridad.

Es la zona para mis reuniones en privado, donde me siento y escucho a mis visitas: colegas, pacientes, políticos, pastores, sacerdotes y periodistas; a veces, funcionarios de organizaciones humanitarias o ejecutivos de las empresas tecnológicas de Silicon Valley; y, ocasionalmente, algún ministro de Asuntos Exteriores o un alto cargo de Naciones Unidas en misión de investigación. Es un desfile de personas que cambia cada día.

Mi visitante empezó diciendo que provenía de la región de Hombo, a unos ciento sesenta kilómetros al oeste de Bukavu. Es otra zona aislada y cubierta de densos bosques, que suele ser objeto de la rapiña de distintos grupos armados. La ciudad principal está a orillas del río Hombo, a caballo de la única carretera que une Bukavu con Kisangani, un centro de comercio de diamantes, que está al noroeste. Se tardan siete horas en recorrer el corto trecho que va de Bukavu a Hombo. Durante veinticinco años, hasta 2011, esa corta carretera no iba más allá debido a que el puente sobre el río se vino abajo.

El joven –dijo que tenía veinte años– me contó que era huérfano y que no podía volver a su casa por razones que no aclaró. Ahora vivía en Bukavu, durmiendo en las calles, después de sumarse a la siempre creciente masa de desplazados sin dinero ni perspectivas.

«¿Puede ayudarme?», me preguntó.

Dijo que necesitaba dinero para poner en marcha un negocio de venta de aceite de palma. Con cien dólares pensaba comprar tres latas grandes de aceite y dedicarse a la venta ambulante, como los miles de vendedores que hay en Bukavu y que pueden verse todo el día sentados al borde de las calles, encorvados sobre sus bidones colocados boca abajo, encima de los cuales exponen su fruta, su pescado o sus productos para el hogar. Hoy en día todas las avenidas principales de Bukavu están bordeadas de ese tipo de vendedores ambulantes, una señal de la pobreza y la desesperación de la población.

Empecé a sondearle un poco más. ¿Por qué no podía volver a su casa? ¿Y de verdad era huérfano? En el Congo y en otros países de África es raro quedarse completamente huérfano debido al papel que normalmente desempeñan los clanes familiares. Habitualmente, los niños y las niñas sin padre ni madre son acogidos por sus tíos y tías, como le ocurrió a mi padre.

Mis preguntas dieron pie a que me contara su historia. Lo que al principio fue un goteo de información se convirtió en un gran torrente, como si se estuviera liberando de una pesada carga.

Dijo que se había criado con sus hermanos y sus progenitores en un pequeño pueblo agrícola. Eran pobres, pero vivían en paz a pesar de la presencia en la región de distintas milicias. Todo eso cambió cuando él tenía doce años.

Uno de los grupos de «autodefensa» congoleños llamado Katuku atacó el pueblo. Él recordaba los gritos, los disparos y el caos. Unos combatientes se presentaron en su casa y se lo llevaron a la fuerza. Le apuntaron con sus armas y le dijeron que tenía que unirse a ellos.

Se lo llevaron a la selva y allí lo iniciaron en el grupo. Recordaba que el comandante le dijo que iban a pagarle un salario y le prometió un dinero que nunca se materializó. «También tendrás mujeres. Todas las que quieras», le aseguró el comandante. Recordaba también lo poderoso que se sintió cuando le entregaron un arma de fuego por primera vez. Le gustó la sensación.

Al cabo de poco tiempo estaba participando en las incursiones nocturnas contra las aldeas de la zona, buscando comida, suministros médicos y cualquier cosa que pudiera venderse para mantener a la milicia. Cuando salían a alguna operación, el comandante les decía a sus hombres: «Las mujeres son vuestras, haced lo que os apetezca». Los demás combatientes las capturaban y las violaban. Él solo estaba en la primera adolescencia, pero se apuntó debido a la presión de los demás. Aquello se convirtió en una parte de la vida en el grupo.

Podía sentir cómo se me ponían los pelos de punta. Notaba un nudo en el estómago porque, para empezar, me arrepentía de haberlo invitado. Yo miraba al suelo y a mi mesa de tomar café. Cuando levantaba la mirada, podía ver sus rasgos demacrados y las ojeras de su rostro. Veía cómo se agitaba mientras buscaba las palabras para expresarse. A veces él miraba al techo o por la ventana hacia la lejanía.

Me incliné hacia adelante, con las manos cruzadas frente a mí. Consideré la posibilidad de levantarme y echarle a patadas. Era repugnante, indignante, absurdo. Corría el año 2014, y yo había dedicado los últimos quince años a tratar las heridas y la devastación provocadas por los asesinos como él. De todos los lugares a los que aquel hombre podría haber ido a buscar ayuda ¿por qué había venido a mi hospital a pedirme consejo?

Pero no lo eché a patadas. Sentía una oleada ardiente de ira que me subía desde el estómago hasta el pecho y después se disipaba. Decidí dejar que siguiera hablando. Aquel joven iba a ayudarme a comprender.

Me explicó que se había vuelto adicto a la vida que llevan los rebeldes. Los ataques nocturnos, los tiroteos, la acción, las matanzas, los gritos. La vida en el campamento era difícil e incómoda, de modo que acabó deseando que llegara la siguiente operación.

«Era como una droga, ni siquiera me planteaba preguntas –dijo–. De hecho, disfrutaba haciendo cosas malas.»

El reflejo de disfrutar de ese tipo de actos es una patología denominada «agresividad apetitiva» –en otras palabras, el ansia de violencia– que ha sido documentada entre los soldados y las fuerzas de seguridad de todo el mundo. Se destacaba en un estudio de 2013, donde un equipo de investigadores entrevistó en el Congo a más de doscientos combatientes desmovilizados que habían pertenecido a dieciséis grupos armados diferentes.[1]

La mayoría de los entrevistados –el 64 por ciento– habían empezado siendo niños soldado, y más de la mitad decían que les habían obligado a enrolarse. Un número sustancial había sido víctima de abusos sexuales a manos de sus propios comandantes. Muchas de sus declaraciones son espeluznantes, ya que cuentan que decapitaban a los civiles, que recibían órdenes de matar a golpes a los camaradas que desertaban, o que consumían sangre o carne humana. Más de uno de cada cuatro estaba «un poco» o «muy» de acuerdo con que hacer daño a los demás podía ser satisfactorio, mientras que uno de cada tres sentía «un ansia corporal o una necesidad física de salir a luchar».

Los milicianos rebeldes habían aterrorizado incluso a la población del pueblo natal de mi visitante. Volvieron para matar y violar. Se habían llevado como rehenes a algunas mujeres que le habían reconocido como un niño de la zona. «¿Cómo puedes hacernos esto? Conocíamos a tus padres», le reprochaban. Él fumaba droga y no pensaba en ello.

Sin embargo, decía que ahora su pasado volvía para atormentarlo. Tenía problemas para dormir y constantes pesadillas. Y no tenía ningún sitio adonde ir.

«No puedo volver y presentarme ante ellos –decía–. Por eso quiero quedarme en Bukavu.»

Yo escuchaba, con el ceño fruncido, y seguía mirando sobre todo al suelo. Me preguntaba si podía dar crédito a lo que estaba oyendo. Quizás era solo parte de su rutina para conseguir que sintiera lástima por él y que le diera dinero. Quise ponerlo a prueba.

«¿Y qué hay de tus padres? –le pregunté, levantando la mirada–. ¿Qué pasó?»

Hizo una pausa, se tensó ligeramente, como si una débil oleada de dolor le recorriera el espinazo. Su mirada vagaba por la habitación.

«Esa es la parte peor –dijo–. Mi iniciación.»

Los comandantes de los grupos armados tienen todo tipo de
métodos para domar a los reclutas. Muchos de sus nuevos pupilos son niños que han sido raptados o entregados por sus padres
bajo amenaza de violencia. A grandes rasgos, el proceso es siempre el mismo: insensibilizarlos, apalearlos, y después reconstruir-
los y exigirles lealtad. Se los obliga implacablemente a cumplir la
disciplina mediante palizas y asesinatos.

El empleo como combatientes de niños a los que previamente
les han lavado el cerebro ha sido uno de los principales rasgos de
la violencia en el Congo oriental desde 1996. Se estima que hasta
diez mil niños participaron, junto a las tropas de Ruanda, Uganda y Burundi, en la Primera Guerra del Congo.[2]

Los rebeldes engatusaban a los niños congoleños con las habituales promesas de dinero, armas y mujeres, y después los llevaban a los campamentos militares dirigidos por oficiales del Ejército ruandés. Les hacían «novatadas» sin piedad, los ponían en
contacto con la violencia extrema, y a veces los obligaban a ejecu-
tar a los prisioneros delante de sus camaradas.[3]

Durante la invasión del Congo, un comandante del Ejército
congoleño contaba que un día estaba observando el avance de las
fuerzas enemigas con sus prismáticos y que vio una oleada de
chavales uniformados, algunos portando lanzagranadas más
grandes que sus propios cuerpos.[4] El jefe de la fuerza rebelde,
Laurent-Désiré Kabila, acabó encariñándose tanto con sus niños
soldados, denominados *kadogos* («pequeños»), que los eligió
para su escolta personal cuando fue nombrado presidente. Se dice
que uno de ellos fue el responsable del asesinato de Kabila en enero de 2001.

Desde entonces, el reclutamiento de niños ha sido una táctica
generalizada y bien documentada de casi todos los grupos rebeldes del Congo oriental, incluidas las milicias apoyadas por Uganda y Ruanda. Además de raptarlos y reclutarlos por la fuerza, los
grupos rebeldes buscan nuevos pupilos entre el colectivo cada vez

mayor de niños indigentes que pueden verse en las ciudades. Los niños sin hogar y los huérfanos están dispuestos a cambiar sus vidas de humillación y pobreza por unos pocos cientos de francos al mes y un arma.

Decenas de miles de hombres y niños, drogados, sometidos a un lavado de cerebro y coaccionados mediante la amenaza de la violencia y la tortura, con historias parecidas a la de mi visitante, han participado en las matanzas de los últimos veinte años. Cuando aquel joven empezó a contarme su iniciación, por primera vez tuve la seguridad de que estaba diciendo la verdad. Aparentemente sufrió un *flashback* traumático y se derrumbó delante de mí. Entre lágrimas, confesó que lo habían obligado a mutilar a su propia madre. Su comandante le había enviado de vuelta a su pueblo y le había ordenado hacer aquello como una prueba de su compromiso.

«No tuve elección –decía, sollozando–. Decían que si no lo hacía me matarían... Yo solo era un niño. ¿Qué habría tenido que hacer?»

Cuando terminó de describir su sufrimiento, estuvimos sentados en un silencio sepulcral durante unos minutos. Su respiración era rápida y poco profunda. Yo sentía cómo me palpitaba el corazón y una gran tensión en la espalda y las piernas.

«Pero no murió por lo que le hice –murmuró finalmente–. Sobrevivió, lo sé. Pero murió hace unos años, de una enfermedad. Nunca conseguí regresar para verla.»

La historia de este joven nos brinda un atisbo de lo que ha ocurrido en el Congo durante los últimos veinticinco años: el empleo generalizado de niños soldados es parte de la respuesta a por qué ha proliferado una conducta tan extrema y sádica. Pero ¿dónde empezó todo? ¿Por qué en el Hospital de Panzi nos vimos repentinamente desbordados por tantas y tantas mujeres gravemente heridas a finales de la década de 1990?

La única explicación plausible es que la violencia embrutecedora e insensibilizadora del genocidio de Ruanda cruzó la frontera y penetró en el Congo como un virus después de que los combates entre los tutsis y los hutus se trasladaran a mi país a raíz de las dos invasiones de 1996 y 1998.

Desde los comienzos de nuestra labor en Panzi empezamos a recopilar datos básicos de las pacientes sobre la identidad de sus atacantes. Durante los primeros años, más del 90 por ciento describía a sus violadores como hombres armados que hablaban en kinyarwanda, la lengua de Ruanda.

Todos los horrores que se veían en el Congo oriental se habían producido unos años antes en Ruanda durante el genocidio iniciado por los hutus contra los tutsis: las mutilaciones genitales, la esclavitud sexual, las violaciones en público y delante de los familiares de las víctimas, las personas que eran obligadas a maltratar y a veces a matar a sus parientes. Todo había sido documentado. La violencia sexual era una táctica deliberada que se empleaba como parte de una operación de limpieza étnica.

En Ruanda las violaciones se usaron como un arma de guerra, y es importante comprender la distinción entre ese tipo de abusos sexuales deliberados y premeditados y los que se producen en todas las zonas en conflicto. Las violaciones son una parte horrible de la guerra, igual que la destrucción y las matanzas, aunque a menudo se considera un tabú. En todas las guerras, los soldados abusan de su poder y se ensañan con las mujeres. Se trata de actos de los vencedores dirigidos contra los «cuerpos de las mujeres del enemigo derrotado», en palabras de la feminista estadounidense Susan Brownmiller.

Los abusos generalizados contra las mujeres francesas y belgas a manos de los soldados alemanes en su avance durante la Segunda Guerra Mundial entrarían dentro de esa categoría, igual que el trato que dieron los soldados del Ejército Rojo a las mujeres alemanas al final del conflicto. Se calcula que entre 95.000 y 130.000 víctimas de violaciones fueron tratadas tan solo en los dos principales hospitales de Berlín una vez derrotado el régimen nazi, y los historiadores estiman que el número total de víctimas ascendería a varios millones en todo el país.[5] También se han documentado abusos por parte de las fuerzas estadounidenses y británicas.

Análogamente, la violación masiva de mujeres chinas por las tropas imperiales japonesas en 1937 en la ciudad china de Nankín fue una venganza contra la población civil a manos de unos soldados furiosos, frustrados o aburridos, por las bajas sufridas. En dicha ciudad se produjeron aproximadamente veinte mil casos de violación durante el primer mes de ocupación japonesa.[6] En unas escenas igual de brutales que lo que se vio en las selvas del Congo, los soldados japoneses introducían palos de bambú y bayonetas en la vagina de las mujeres chinas, y a menudo las mataban si ofrecían la mínima resistencia.

En Japón, muchos soldados aliados estuvieron a la altura de su mote –las mujeres locales a menudo los denominaban «bárbaros»– debido a los delitos sexuales que cometieron durante la ocupación aliada del país al final de la Segunda Guerra Mundial. Y las crónicas de la guerra de Vietnam incluyen descripciones de unas violaciones en grupo, torturas y mutilaciones genitales por parte de los soldados estadounidenses que resultan tan repugnantes como cualquier cosa que se pueda leer en estas páginas sobre los sucesos ocurridos en mi país.

La violación como arma de guerra es otra cosa. Se adopta como una táctica militar. Es planificada. Se señala deliberadamente a las mujeres como objetivo, a fin de aterrorizar a la población enemiga. Su adopción en los conflictos de Asia, África y Europa durante el siglo XX puede obedecer a que resulta barata, fácil de organizar y, por desgracia, horriblemente eficaz.

Más o menos en la misma época en que se documentaban violaciones masivas en África durante los años noventa –en Ruanda, pero también en Liberia y en Sierra Leona– en Europa, los soldados, animados por el odio étnico y religioso, estaban adoptando métodos parecidos e igual de crueles. Durante las guerras de la antigua Yugoslavia, las tropas y las milicias serbias atacaban deliberadamente a las mujeres bosnias musulmanas, e incluso llegaron a crear campamentos para la violación como el tristemente célebre Pabellón de Deportes Partizan de la ciudad bosnia de Foča.

Las violaciones atemorizaban a todo el mundo, a hombres y mujeres, tanto como la amenaza de muerte. Cuando las violaciones se cometían en público, o delante de toda la familia, tenían un efecto aterrador.

Eso contribuyó a acelerar el éxodo de las comunidades no serbias de Bosnia. Y al ensañarse con las madres o con las víctimas más jóvenes, los perpetradores dañaban el tejido social de sus enemigos, ya que las mujeres eran las principales cuidadoras de sus hijos, y las que iban a dar a luz a las generaciones futuras. Dado que las violaciones se cometían en público, las familias quedaban destruidas: las relaciones se desintegraban; los hombres se divorciaban de sus esposas por vergüenza.

Algunas supervivientes de las guerras de la antigua Yugoslavia testificaron posteriormente ante un tribunal que sus atacantes consideraban la violación como un medio de socavar permanentemente la identidad étnica de sus víctimas de una forma que no se lograba con los asesinatos. Algunos violadores se burlaban de sus víctimas diciéndoles: «Estarás contenta, ahora tendrás un bebé serbio».

Los conflictos de Ruanda y Yugoslavia durante la última década del siglo XX contribuyeron a concienciar, más que ninguna otra guerra, sobre el uso de la violación con el propósito de una campaña de limpieza étnica, lo que dio pie a los importantes desarrollos del derecho internacional que examinaré más adelante.

Más recientemente se han observado violaciones masivas con motivaciones similares en los conflictos étnicos y religiosos de Sudán del Sur, de Myanmar y de Irak. En todos los casos, los hombres utilizan la violación como medio de dominar y destruir a la población «enemiga».

A veces la violación también se utiliza como arma en conflictos que obedecen a móviles económicos. Es una forma de controlar a la población local, no de expulsarla. En América del Sur, las bandas de narcotraficantes utilizan deliberadamente la violencia sexual como medio de castigar a determinadas personas o comunidades que ponen en peligro su negocio.

La cruda particularidad del conflicto del Congo es que se han cometido violaciones por todas esas razones: por las tropas invasoras ocupantes, que buscan emociones fuertes o venganza, como medio de controlar y expulsar a la población local y por razones económicas.

Los ruandeses responsables de la primera oleada de violencia contra las mujeres fueron los extremistas hutus que huyeron al Congo después del genocidio de 1994. Tras ellos llegaron el Ejército ruandés, encabezado por los tutsis, y los rebeldes congoleños que participaron en la invasión y la ocupación del Congo durante la Primera y la Segunda Guerras del Congo en 1996 y 1998. Las fuerzas rebeldes mostraron un desprecio absoluto por las normas de la guerra y por los derechos humanos, y fueron cometiendo una sucesión de atrocidades a medida que avanzaban por el país. Los hutus que permanecieron en el país tras la Primera Guerra del Congo, después de que más de un millón de refugiados ruandeses regresaran a sus casas, formaron la sanguinaria y brutal milicia del FDLR. Utilizaban las violaciones como forma de aterrorizar a la población local en las áreas que tenían bajo su control.

Todos los bandos –los rebeldes hutus, el Ejército ruandés y sus vicarios congoleños– propagaron el virus de las violaciones extremadamente violentas de una forma mucho más generalizada dentro del Congo.

A finales de los años noventa, había diez países diferentes involucrados en la Segunda Guerra del Congo, y la mayoría de ellos envió tropas. La parte oriental del país estaba bajo el control del movimiento rebelde RCD (Agrupación Congoleña para la Democracia), apoyado por Ruanda. Sin embargo, muy pronto los rebeldes se escindieron en distintas facciones.

Los grupos congoleños de autodefensa empuñaron las armas y brotaron como setas. Las tradicionales disputas territoriales entre los distintos grupos étnicos y tribus se volvieron violentas a medida que se desintegraban la ley y el orden. Muy pronto todo el Congo oriental estaba en llamas. El país era un mosaico de guerras diferentes.

Lo que tenían en común todos aquellos grupos era que habían adoptado las mismas tácticas que los extremistas y los soldados ruandeses. Se infectaron con el virus. No tenían la más mínima consideración por los civiles. Violaban a las mujeres en público con una brutalidad extrema; las raptaban y se las llevaban a la selva como esclavas sexuales.

Aunque en los años noventa se documentaron abusos del Ejército congoleño, el contagio se propagó entre las Fuerzas Armadas de una forma significativa a partir de 2003. Fue el año en que entró en vigor un acuerdo de paz concebido para unificar el norte y el este del país, controlados por los rebeldes, y el oeste, en manos del Gobierno. Uno de sus firmantes era Joseph Kabila, el hijo de Laurent-Désiré, que había asumido el poder después del asesinato de su padre, en 2001. El acuerdo contemplaba que todos los países beligerantes extranjeros retiraran sus tropas y que las principales milicias rebeldes se integraran en el Ejército nacional.

Esa política de integrar a los rebeldes en las Fuerzas Armadas nacionales se conoce como *mixage et brassage* («mezcla y fusión»), y ha sido un rasgo constante de los esfuerzos por la paz en el Congo. Como el Estado es incapaz de derrotar a las milicias sobre el terreno, intenta comprarlas con la oferta de convertir a sus tropas en soldados del Ejército regular, proporcionándoles uniformes y pidiéndoles que juren proteger a la nación. A consecuencia de ello, los caudillos y miles de antiguos niños soldados se integran en las Fuerzas Armadas congoleñas.

Ese era el caso de mi visitante. Había decidido venir a Bukavu cuando su comandante optó por incorporarse al Ejército congoleño. Muchos otros abyectos criminales de guerra siguen prestando servicio en los más altos escalafones de las Fuerzas Armadas congoleñas.

Muchos caudillos han pasado varias veces por la puerta giratoria entre el Ejército y las fuerzas rebeldes. Uno de ellos es Laurent Nkunda, cuyas fuerzas arrasaron Bukavu en 2004, violando a miles de mujeres, entre ellas a Tatiana, a la que presenté en el capítulo anterior.

Incorporar a las fuerzas rebeldes tuvo graves repercusiones en la disciplina, la cohesión y la eficacia del Ejército congoleño. Los nuevos reclutas depusieron sus armas y juraron defender el país y a sus ciudadanos, pero trajeron consigo sus brutales métodos. Les incautaron sus antiguas armas, pero no sus actitudes. En el hospital empezamos a documentar cada vez más casos de víctimas que habían sufrido abusos a manos de las Fuerzas Armadas congoleñas.

La última migración del virus, después de infectar a las Fuerzas Armadas, fue a la población civil. No todos los rebeldes se integraron en el Ejército. Algunos, como mi visitante, rechazaron los bajos salarios y malas condiciones de vida que ofrecían las

Fuerzas Armadas. Por el contrario, intentaron volver a la vida normal. Buscaron empleos. Los que podían, regresaron a sus pueblos natales. Pero seguían yendo a la caza de mujeres. Seguían violando. Esta gigantesca cadena de contagios se ha producido debido a que el conflicto ha durado mucho tiempo. El número de víctimas, los millones de muertos, de mujeres violadas, o de personas desplazadas, es tan increíblemente alto porque los combates no han cesado nunca, a pesar del acuerdo de paz de 2002. El Congo oriental sigue dividido entre distintos grupos armados casi veinticinco años después de la Primera Guerra del Congo.

Y lo que hoy en día alimenta los combates y explica por qué las violaciones siguen utilizándose como arma de guerra en el Congo está bajo nuestros pies. Aunque el origen de las guerras fue el conflicto entre tutsis y hutus en Ruanda, hoy en día puede decirse que los combates obedecen a motivos económicos, no étnicos. Tienen que ver con los tesoros minerales que se formaron a lo largo de millones de años en el subsuelo congoleño.

Se cree que sus orígenes se remontan al periodo precámbrico, antes de que hubiera vida en la Tierra. Los geólogos sostienen que una corriente líquida a altísimas temperaturas y rica en aleaciones metálicas se elevó hacia la superficie desde el núcleo de la Tierra, y acabó aflorando en la corteza terrestre de África central. A consecuencia de ello, el Congo tiene algunos de los depósitos más abundantes de cobre, coltán, cobalto, casiterita, uranio, estannita y litio, así como de diamantes y oro. Algunos de esos minerales son codiciados por su belleza, otros son vitales para nuestra economía moderna basada en la tecnología.

Desde el comienzo mismo de las invasiones de 1996 y 1998, nuestros vecinos Ruanda y Uganda se dedicaron a adueñarse de las existencias de cualquier cosa de valor que encontraban a su paso en su avance a través del Congo: madera, café, ganado y, por supuesto, oro, diamantes y minerales, y a llevarse el botín a sus respectivos países.

Durante la Primera Guerra del Congo, cuando trabajaba en la crisis de los refugiados, recuerdo que volé de regreso a Nairobi haciendo una breve escala en Kigali, la capital de Ruanda. Durante la espera en el aeropuerto, me puse a charlar con algunos tripulantes de tierra, y les conté lo que había visto y lo que estaba ocurriendo sobre el terreno en el Congo. Ellos me contaron las insólitas llegadas que habían estado presenciando: aviones cargados con grandes cajas de un polvo gris. No tenían ni idea de lo que era. Lo más probable es que se tratara de casiterita, cobalto o coltán –minerales metálicos muy preciados por la industria de la electrónica.

Unos años después asistí a una cena en la que un empresario local dedicado al comercio de minerales nos dijo que su empresa había quebrado y que él había perdido las ganancias de toda una vida a raíz de la invasión, cuando saquearon su almacén de casiterita y se llevaron todo el mineral a Ruanda.

Durante los primeros años de la Segunda Guerra del Congo, miles de toneladas de minerales y de metales preciosos salieron del país por vía aérea, según una investigación de Naciones Unidas publicada en 2001.[7] Algunos bancos y empresas con sede en Uganda y Ruanda se encargaron de saquear los recursos del Congo en las zonas que habían sido ocupadas.

La invasión, a finales de los años noventa, coincidió con un brusco aumento de los precios de los minerales utilizados por la industria electrónica a medida que se disparaba la demanda de teléfonos móviles, baterías y consolas de videojuegos. La ocupación acabó «autofinanciándose», en las infames palabras de Paul Kagame, a la sazón vicepresidente y máximo dirigente *de facto* de Ruanda. El saqueo financiaba los costes del despliegue militar.

Cuando los países extranjeros con tropas en el Congo empezaron a retirar sus fuerzas a partir de 2002, se puso en peligro la lucrativa economía de guerra de la minería, del sector maderero y del contrabando que había surgido a raíz de la contienda. Los generales y los políticos tuvieron que encontrar la forma de salvaguardar sus intereses económicos. La solución fue financiar grupos rebeldes vicarios. Por ejemplo, Ruanda ha estado apoyando algunas milicias tutsis, como el Congreso Nacional para la Defensa del Pueblo o el Movimiento M23.

Dichas milicias siempre tienen elevadas aspiraciones –como, por ejemplo, proteger a la etnia tutsi de la discriminación en el

Congo– y adoptan unos nombres absurdos y rimbombantes que invocan la democracia o la defensa. Pero obedecen a unos móviles económicos abyectos: su negocio es la minería, el contrabando y la extorsión.

Además, las milicias de autodefensa congoleñas descubrieron que gestionar y gravar económicamente las minas era un medio de financiarse y, para unos pocos gerifaltes, una forma de hacerse ricos e influyentes. La mayoría de esos grupos rebeldes tienen vínculos con los políticos congoleños de Kinsasa o con oficiales de los máximos escalafones del Ejército congoleño. Las milicias se utilizan como fuerza bruta para proteger los intereses mineros privados. Para un político, controlar una milicia significa capacidad de ejercer presión, lo que le confiere influencia y la facultad de traer la paz o desatar el caos.

El débil Estado congoleño colabora con esos actores. Ha sido incapaz de recuperar el control de su territorio y de regular la industria debido a una política deliberada de abandono y de insuficiente financiación de las Fuerzas Armadas y de la administración del Estado. Yo siempre digo que el caos en el Congo oriental es un caos organizado. Está al servicio de los intereses de una red de personalidades que se extiende hasta los máximos niveles del Estado congoleño y también hasta las élites de nuestros países vecinos.

La violación forma parte de ese proceso de explotación despiadada. Los veinticinco años de violencia sexual en el Congo están directamente relacionados con el saqueo de materias primas.

En primer lugar, la supuesta disponibilidad de sexo se convirtió en un factor del proceso de reclutamiento para las milicias, como me explicó mi visitante, un incentivo que se ofrecía, junto con las armas y el poder, a los nuevos reclutas. Esas mismas tácticas fueron adoptadas en Irak y en Siria por los ideólogos del Estado Islámico (también conocido como ISIS o Dáesh), que organizó un sofisticado sistema de esclavitud sexual. A los hombres jóvenes y a los adolescentes les dicen que podrán tener todas las mujeres que quieran. La violación forma parte del proceso de iniciación, y es un perverso mecanismo de vinculación emocional entre los reclutas.

Sin embargo, la violencia sexual también forma parte de la estrategia militar de los comandantes. Las violaciones se cometen como forma de castigar a todo el que sea sospechoso de no apoyar a los rebeldes. Si los caudillos sospechan que una comunidad es hostil –por colaborar con las Fuerzas Armadas congoleñas o con una milicia rival– se ensañan con las mujeres.

También funciona como método de dispersar a la población civil de las inmediaciones de las zonas mineras. Cuando se descubre un nuevo yacimiento de mineral en algún lugar, los mineros artesanales acuden en tropel, lo que a menudo provoca conflictos sobre la propiedad y el control de la tierra y el agua. Las violaciones en masa se utilizan para echar a la población local. No se trata de una limpieza étnica, como en Ruanda o en la antigua Yugoslavia: se utiliza la violación como arma de guerra a fin de desalojar una zona para el enriquecimiento personal.

En 2009 realizamos el primer estudio en su género que analizaba si había una relación explícita entre la incidencia de la violencia sexual extrema y la ubicación confirmada de los principales yacimientos de mineral. Nuestra hipótesis era que los abusos se concentraban en las zonas donde había actividad minera.

El artículo de investigación, que escribí en colaboración con la académica Cathy Nangini, y que publicamos en la revista *PLOS Medicine*, utilizaba datos sobre la procedencia de las víctimas que tratábamos en Panzi. Descubrimos que el 75 por ciento de ellas provenían de tres zonas rurales aisladas –Walungu, Kabare y Shabunda– donde se sabía que había importantes yacimientos y que existía una actividad minera bajo el control de distintos grupos armados.

El mapa que confeccionamos, donde se solapaban las zonas con altas tasas de violación y con reservas minerales, era una llamativa visualización de que la violencia sexual estaba relacionada con la lucha por el control de los minerales, los metales preciosos y los diamantes.

Así pues, ¿quiénes se benefician de este caos en última instancia? Los caudillos, por supuesto, que están cerca de la cúspide de la pirámide. Cobran impuestos, y a menudo también participan directamente, o a través de sus colaboradores, en el comercio de los minerales extraídos de las zonas en conflicto. Y utilizan esos ingresos para pagar a sus tropas y comprar más armamento.

Por encima de los caudillos están los miembros de la élite empresarial, política y militar –normalmente son categorías que se solapan entre sí–, que viven en mansiones y conducen coches caros en las capitales del Congo, de Ruanda y de Uganda. Ellos orquestan el contrabando, después las primeras fases del procesamiento del mineral, y finalmente las exportaciones a los mercados de Oriente Medio y de Asia. Trabajan en connivencia con una legión de empresarios y multinacionales de dudosa legalidad, que ayudan a blanquear esa producción manchada de sangre y la inyectan en las cadenas de abastecimiento de todo el mundo.

Los minerales como el coltán, el cobalto, el tantalio y el estaño siguen siendo unas materias primas esenciales para fabricar los productos electrónicos en que se basan nuestras economías y estilos de vida modernos: para los condensadores, las placas base y las baterías que hay en todo tipo de aparatos, desde los teléfonos móviles, pasando por los coches eléctricos hasta la tecnología espacial y los satélites. El Congo es el mayor productor mundial de cobalto, que se utiliza en las baterías recargables, y posee las mayores reservas conocidas de todo el mundo.

En concreto, Ruanda se ha convertido en uno de los principales exportadores mundiales de minerales, en unas cantidades que superan con mucho sus propias reservas y su capacidad de producción. Junto con Uganda, es también un importante proveedor de oro, que ha sido una de las piedras angulares de la economía de guerra durante los últimos veinte años. Casi toda la producción de oro del Congo sale del país a través del contrabando, y esa pauta continúa hoy en día con la misma intensidad.

En un informe de junio de 2019, un equipo de expertos de Naciones Unidas sobre las materias primas del Congo descubrió que Ruanda había declarado unas exportaciones de 2,16 toneladas de oro a los Emiratos Árabes Unidos (EAU), uno de los principales núcleos del comercio mundial de dicho metal. Sin embargo, las estadísticas de los EAU revelaban que las importaciones desde Ruanda eran seis veces mayores, alcanzando las 12,5 toneladas. Uganda declaró unas exportaciones de 12 toneladas, pero los datos de los EAU mostraban que las importaciones ascendían a 21 toneladas.[8]

Por esa razón, en mi discurso de aceptación del Premio Nobel de la Paz en Oslo en 2018, conminé a los dignatarios allí reunidos, y a cualquiera que estuviera viendo la ceremonia por televisión, a hacer examen de conciencia. La ingeniosa mercadotecnia de las marcas de bienes de consumo está concebida para que nos olvidemos de los sucios secretos del proceso de producción. Las minas del Congo, donde hombres y niños ponen en riesgo su vida y su salud picando mineral en túneles sin iluminación, o en enormes yacimientos a cielo abierto, son el extremo más inmundo, más tenebroso y más ignorado de nuestra moderna economía global.

«Cuando conducen su coche eléctrico, cuando utilizan su *smartphone* o admiran sus joyas, tómense un minuto para reflexionar sobre el coste humano de la fabricación de esos artículos –dije en mi discurso de aceptación del Premio Nobel–. Hacer la vista gorda ante esta tragedia equivale a ser cómplice.» No estaba acusando a nadie, pero quería asegurarme de que todo el que estuviera escuchándome supiera que ya no podía seguir ignorando la realidad.

Ha habido algunos avances en la adopción de medidas drásticas contra el robo y el blanqueo de las materias primas del Congo. La OCDE ha elaborado unas directrices para las empresas que utilizan estaño, tantalio, tungsteno y oro procedentes del Congo, donde se les insta a hacer una serie de comprobaciones en sus cadenas de suministros.

En 2010, Estados Unidos promulgó la Ley Dodd-Frank, que incluye un apartado que exige que las empresas estadounidenses que cotizan en bolsa y utilizan minerales procedentes del Congo o de la región practiquen la diligencia debida e informen sobre sus cadenas de suministros. Además, doce países africanos, entre los que figuran el Congo y Ruanda, también tienen una legislación vigente que exige que las empresas investiguen sus cadenas de suministros.

Estas medidas han surtido efecto en algunas zonas, pero los incentivos son tan enormes, los márgenes de ganancia de los minerales y los metales preciosos de contrabando son tan grandes, que las redes criminales corruptas siguen encontrando la forma de obtener beneficios. Desde el puerto de Bukavu, por la noche zarpan periódicamente barcos que se deslizan sobre las silenciosas aguas del lago Kivu hacia distintos puntos de descarga en Ruanda, donde los guardias fronterizos miran para otro lado.

Por desgracia para el Congo, el saqueo de sus recursos naturales en beneficio de una minúscula élite es una pauta que ha venido repitiéndose a lo largo de la historia de los dos últimos siglos. Ha asumido distintas formas, primero beneficiando a los colonizadores europeos, después a los africanos. Pero sus métodos y sus objetivos siempre son los mismos.

Los primeros comerciantes que explotaron el territorio sin consideración alguna por sus habitantes llegaron en el siglo XVIII: los marinos portugueses y los comerciantes árabes que se aventuraban a lo largo de las costas de África en busca de esclavos.

Después vino la dominación del rey belga Leopoldo II, que con su Estado Libre del Congo estableció las actuales fronteras del país. En un primer momento, su régimen criminal y rapaz se centró en el marfil. Los colonizadores diezmaron las manadas de elefantes de las selvas ecuatoriales y enviaron sus colmillos a Europa, donde se convertían en los objetos de lujo de la época: bolas de billar, teclas de piano, piezas de ajedrez, ornamentos tallados y dentaduras postizas. Después llegó un nuevo *boom* impulsado por la invención del neumático de caucho en 1888.

Los administradores del rey, en colaboración con las tropas congoleñas formadas en el país, utilizaron mano de obra forzosa y castigos colectivos para obligar a la población local a trabajar en los bosques extrayendo caucho de los árboles silvestres. Aquella espantosa codicia se reflejaba fielmente en su extrema brutalidad. Si no se cumplían las cuotas de producción, los colonizadores prendían fuego a pueblos enteros, tomaban como rehenes a las mujeres, y les amputaban las extremidades a miles de personas.

Se estima que la tiranía de aquella dominación, inmortalizada en una serie de fotografías donde se veía a hombres, mujeres y niños con las manos o los pies amputados, redujo la población del Congo a la mitad. Los asesinatos en masa, las enfermedades, las hambrunas y el agotamiento se cobraron su precio. La tasa de natalidad cayó en picado. Murieron millones de congoleños.

Adam Hochschild, el escritor estadounidense y autor del libro *El fantasma del rey Leopoldo*, un éxito de ventas, concluye que fue una matanza «de proporciones genocidas».[9] Bélgica asumió la administración del Estado Libre del Congo en 1908 en medio de la indignación internacional por el mal gobierno de Leopoldo, que había desencadenado la primera campaña mundial en defensa de los derechos humanos, organizada desde el Reino Unido y enérgicamente apoyada por el escritor Mark Twain en Estados Unidos. Los homenajes y las estatuas en honor a Leopoldo siguen abundando en Bruselas, junto a las grandiosas obras públicas de su reinado, que fueron financiadas por la mano de obra congoleña. El ajuste de cuentas con ese pasado no se ha hecho realidad hasta ahora, gracias al movimiento Black Lives Matter.

La dominación belga a partir de 1908 coincidió con un *boom* de los precios de los metales, debido a la militarización de Europa. Muy pronto hubo una gran demanda de cobre congoleño para fabricar proyectiles de artillería durante la Primera Guerra Mundial. Posteriormente, el uranio congoleño se utilizó en la bomba atómica que se lanzó contra la ciudad japonesa de Hiroshima, al final de la Segunda Guerra Mundial.

Las riquezas minerales del país explican por qué resultaba inconcebible que después de la independencia del Congo, en 1960, el país saliera de la órbita de Occidente. Cuando el primer ministro Patrice Lumumba intentó conseguir apoyo de la Unión Soviética, fue la señal para que Bélgica y Estados Unidos empezaran a tramar su asesinato.

Posteriormente, los cuarenta años de Mobutu en el poder no fueron más que una mera continuación de la explotación de la riqueza mineral del Congo en beneficio personal de unos pocos. En lugar de los europeos, quienes se hicieron inmensamente ricos fueron Mobutu y su red de compinches, al tiempo que el país se empobrecía.

Durante los últimos veinte años, los ingresos por la venta de minerales del Congo habrían podido utilizarse para desarrollar los servicios públicos –los colegios, las carreteras, los hospitales y las Fuerzas Armadas que mis conciudadanos y yo necesitamos tan desesperadamente–. Por el contrario, el dinero se ha desviado, sobre todo hacia los bolsillos privados, pero también hacia las arcas públicas de nuestros países vecinos, que disfrutan de los empleos, de los ingresos por impuestos y de las ganancias de su comercio exterior derivados de vender los recursos congoleños importados de contrabando.

China, que a lo largo de la última década se ha asegurado una enorme cantidad de derechos de explotación de las minas del Congo a través de sus turbios acuerdos con el Gobierno del anterior presidente, Joseph Kabila, es la última potencia extranjera que ha descubierto nuevas oportunidades de enriquecimiento. La pauta de explotación prosigue.

Incluso cuando los inversores extranjeros pagan impuestos al Estado congoleño, al pueblo no le llega casi nada por culpa de la corrupción endémica del Congo, que Kabila no hizo nada por afrontar durante los dieciocho años que estuvo en el poder. La ONG Global Witness estimaba que el Tesoro nacional perdió 750 millones de dólares de ingresos por derechos de explotación minera abonados por las empresas a los organismos del Estado en tan solo dos años, entre 2013 y 2015, lo que únicamente supone una pequeña parte del total.

Esta es la historia del Congo, uno de los países más ricos del mundo, que ha acabado por los suelos por culpa de 150 años de ocupación extranjera, dictaduras y de una explotación implacable.

El joven que vino a verme a mi despacho en 2014 no era más que una diminuta pieza de este cuadro inmenso y complejo. Su vida cambió cuando la milicia local Mai-Mai atacó su aldea. No me dijo quién le daba las órdenes a su comandante, ni al servicio de qué intereses estaba aquella milicia en última instancia. No tenía ni idea de quién manejaba los hilos por encima de su jefe.

Después de escucharlo durante casi una hora, ya había oído todo lo que era capaz de soportar. Tenía unas ganas enormes de que se marchara. Como forma de poner fin a la conversación, le dije que aún era joven y que tenía toda la vida por delante. Debía intentar reparar sus pecados y darle otro sentido a su existencia.

En Bukavu hay una organización benéfica llamada BVES que trabaja con antiguos niños soldados, proporcionándoles ayuda, orientación y formación. Garabateé el nombre y el número de teléfono y le recomendé que se pusiera en contacto con ellos. Y por una mezcla de compasión y de ganas de acelerar su marcha, le dije que le iba a dar los cien dólares que necesitaba.

Cuando se levantó para marcharse, no pude evitar hacerle una última pregunta, casi sin querer, cuando estábamos de pie cara a cara. Durante muchos años yo había intentado visualizar qué tipo de ser humano sería capaz de infligir un daño tan gratuito al cuerpo de una mujer. Ahora tenía a uno delante.

«Pero ¿por qué necesitabais violar con tanta violencia? –le dije–. Nunca he sido capaz de entenderlo. No te puedes ni imaginar las cosas que he visto aquí a lo largo de los años. ¿Por qué mutilar a alguien?»

Su respuesta me heló la sangre.

«Verá, uno no se hace preguntas cuando le corta el pescuezo a una cabra o a una gallina. Una mujer es lo mismo. Les hacíamos lo que nos daba la gana», me contestó.

Se marchó. Cerré la puerta y me desplomé de nuevo en mi sillón, repasando en mi fuero interno lo que había escuchado, e intentando darle algún sentido. Me pellizqué el puente de la nariz y me froté los ojos. Sacudí la cabeza sin poder creérmelo.

A lo largo de sus descripciones, de sus pausas y de sus frases a veces confusas, no tuve la sensación de que hubiera venido a verme para buscar algún tipo de perdón, ni siquiera que sintiera remordimientos por las vidas que había destruido y por todas las demás que había arruinado. Parecía sentir un asomo de culpa por su madre, pero nada más.

Estaba sumido en la autocompasión y en la pena por su desgraciada situación. Quería ayuda para sí mismo, no consejos sobre cómo podía expiar su pasado. Pero, para mi sorpresa, mientras estaba sentado en mi despacho pensando en la conversación, también sentí cierta lástima por él.

Despojado de su fusil y de su sensación de poder, parecía un ser patético, débil y malogrado. Claramente padecía un trastorno de estrés postraumático y, sin ayuda, estaba abocado a una espiral de más pesadillas y más sufrimiento.

¿Cómo debía sentirme respecto a él? Era a la vez un perpetrador y una víctima de la violencia, un niño al que le habían lavado el cerebro, engañado y convertido en un asesino. Los verdaderos culpables eran los adultos que le habían manipulado, conscientemente y a sabiendas. Ellos eran los cobardes responsables por excelencia de los actos de aquel joven. Y él era como tantos y tantos congoleños que han sido engullidos y después escupidos por el conflicto. De una forma u otra, todos somos supervivientes traumatizados, cada uno con su propia experiencia dolorosa de pérdida, no solo en términos de seres queridos desaparecidos para siempre, sino también de vidas descarriladas y de ambiciones hechas añicos. No podía dejar de pensar en lo que dijo al marcharse. Fue tan frío, tan indiferente, lo dijo como si tal cosa. Violar a una mujer no le había afectado más que matar a una cabra o a una gallina. Nunca le preocupó el dolor que infligía porque ese dolor saciaba sus deseos sexuales y violentos, al igual que un guiso de pollo o de cabra aplacaba su hambre. Que pusiera a las mujeres en la misma categoría que los animales dejaba claro la poca importancia que le concedía a sus vidas. Revelaba una aterradora falta de respeto.

Durante los días siguientes, cuando pasaba revista a su conducta, me di cuenta de que aquel individuo verdaderamente desgraciado tenía algo en común con todos los violadores. Por supuesto, él era un ejemplo extremo, pero su actitud era parecida a la del empresario de traje y corbata que abusa de una subordinada, a la del estudiante borracho que ataca a una chica de su edad, a la del respetable padre de familia que viola a su esposa, o a la del productor de Hollywood que acosa a las actrices para acostarse con ellas. Porque, siempre que un hombre viola a una mujer, en cualquier situación, en cualquier país, sus actos delatan las mismas convicciones: que sus necesidades y sus deseos son lo primordial y que las mujeres son seres inferiores a los que se puede utilizar y maltratar.

Los hombres violan porque no consideran que las vidas de las mujeres valgan tanto como las suyas. Y cuando se dan cuenta de que pueden utilizar su poder para su propia gratificación y salir impunes, se aprovechan de ello.

Una crisis de la ley y el orden en un país amante de la paz puede ofrecernos un atisbo de lo que ocurre cuando los hombres creen que pueden salir impunes de abusar de su poder. En esas

circunstancias, la violencia sexual tiende a aumentar significativamente.

Hoy disponemos de muchos estudios sobre la vulnerabilidad de las mujeres en esos momentos, lo que revela que las
respuestas de emergencia deben incluir una perspectiva de género
y tener en cuenta las necesidades específicas de protección de las
mujeres. En 2005, Nueva Orleans nos ofreció un ejemplo revela-
dor después del huracán Katrina.

Hubo cierta confusión acerca del alcance de la violencia sexual
durante los días de anarquía que provocó el paso de la tormenta
que inundó la ciudad. En aquel momento los medios dieron algunas noticias exageradas sobre violaciones masivas, que posteriormente fueron desmentidas. Pero dos académicos de la Universidad de Loyola encontraron pruebas generalizadas de un aumento
de los delitos sexuales en un estudio que publicaron en 2007.[10]
Gran parte de esos delitos se parecen a la criminalidad en tiempos de guerra: una popular cantante de jazz contaba que la des-
pertaron y la agredieron a punta de cuchillo cuando estaba durmiendo en el tejado de su casa. A otras mujeres las raptaron
cuando salieron a hacer la compra o cuando regresaban a sus hogares. Las denuncias de «violaciones por extraños» –en las que la
víctima no conocía al perpetrador– se dispararon. En tiempos de
paz suponen una pequeña fracción del total de casos.

El mayor número de denuncias de agresión –el 31 por ciento–
se produjo en los refugios o en los centros de evacuación, como el
estadio Superdome de Nueva Orleans, según un estudio del National Sexual Violence Resource Center de 2006. El estudio encontró pruebas de cuarenta y siete agresiones –la punta del iceberg, teniendo en cuenta las dificultades para localizar a las
víctimas y su renuencia a denunciar.

La forma en que se trata a las mujeres durante las guerras y los
desastres naturales debe considerarse una manifestación explícita
de la violencia infligida contra ellas en el ámbito privado en tiempos de paz. La violencia sexual es una epidemia mundial que no
habíamos empezado a abordar hasta ahora.

Las cifras varían de un país a otro. En una importante encuesta realizada en Estados Unidos por encargo de los Centros para el
Control y Prevención de Enfermedades, una de cada cinco muje-

res (el 21,3 por ciento) declaraba que había sido violada o había sufrido un intento de violación en algún momento de su vida.[11] Eso supone aproximadamente veintiséis millones de mujeres. Las cifras apuntaban a que cada doce meses 1,5 millones de mujeres sufrían una violación o un intento de violación. A lo largo de su vida, el 43,6 por ciento de las encuestadas había experimentado algún tipo de violencia sexual.

En el Reino Unido, el número de mujeres que declaraban haber sido violadas o haber sufrido un intento de violación a partir de los dieciséis años de edad era considerablemente menor, un 3,4 por ciento, en un estudio publicado en 2017. Pero el 20 por ciento decía que había experimentado algún tipo de agresión sexual, como tocamientos no deseados o incidentes de exhibicionismo.[12] En el caso de Australia, las cifras son prácticamente las mismas.[13] En Francia, una de cada siete mujeres adultas (el 14,5 por ciento) afirmaba que había sufrido violencia sexual por lo menos una vez en su vida.[14]

En un histórico informe publicado en 2018, la Oficina de Naciones Unidas contra la Droga y el Delito calificaba el hogar como «el lugar más peligroso para las mujeres». La esfera privada es donde se produce la inmensa mayoría de los abusos contra las mujeres y las niñas, no en las selvas del Congo ni en los mercados de esclavas del Estado Islámico.

En todo el mundo, casi un tercio (el 30 por ciento) de todas las mujeres que han tenido una relación de pareja ha sufrido violencia física y/o sexual por parte de su marido o pareja, según un estudio de la OMS de 2013.[15]

Cuando la violencia sexual se produce sin que el perpetrador tenga que asumir consecuencia alguna, acaba tolerándose. Y una vez que una práctica se tolera, acaba formando parte de la cultura. En el Congo, las violaciones con violencia extrema se fueron extendiendo y acabaron arraigando entre la población porque se normalizaron como una forma de tratar a las mujeres. Pero la violencia sexual también se ha normalizado en casi todas las sociedades, y en particular en el seno de algunas instituciones, como las Fuerzas Armadas, las universidades, las cárceles, o incluso en Hollywood.

Cada dos años, el Ministerio de Defensa de Estados Unidos publica los resultados de un estudio sobre agresiones sexuales en las Fuerzas Armadas basado en una encuesta a cien mil miembros.[16] Se trata de una iniciativa encomiable. Viene a demostrar que se están produciendo avances a la hora de reconocer el problema. El Ejército de Estados Unidos es mucho más transparente y sistemático que sus homólogos de otros países a la hora de intentar erradicar la violencia sexual. Ha dedicado cientos de millones de dólares a intentar concienciar a los reclutas durante los últimos diez años. Pero las últimas cifras son asombrosas, y nos dan una idea de la incidencia de las violaciones en los ejércitos de todo el mundo, y de la magnitud del reto que supone acabar con la violencia sexual.

En su estudio de 2018, el Ejército estadounidense revelaba que una de cada dieciséis mujeres militares afirmaba haber sido manoseada, violada o agredida sexualmente de alguna otra forma *en los últimos doce meses*. Tan solo un tercio de los casos fue denunciado a la superioridad. En el Cuerpo de Infantería de Marina de Estados Unidos, una de cada diez mujeres encuestadas afirmaba haber sido agredida, una proporción que duplica las del Ejército de Tierra y la Fuerza Aérea. El estudio mostraba que las mujeres más jóvenes y de menor graduación eran las más vulnerables, y que la mayoría de los perpetradores eran de su mismo perfil, no militares más veteranos ni oficiales superiores.

Los campus universitarios son otro lugar donde pueden registrarse unos niveles de abusos sexuales escandalosamente altos. Las encuestas revelan que en Estados Unidos, como media, entre el 20 y el 25 por ciento de las estudiantes experimentan alguna forma de contacto sexual no deseado.

Un estudio de la Asociación de Universidades Estadounidenses publicado en 2015 encuestó a 150.000 estudiantes de veintisiete centros de educación superior, uno de los mayores sondeos de su clase. Revelaba que el 27,2 por ciento de las estudiantes de los últimos cursos declaraba haber sufrido algún tipo de contacto sexual no deseado –desde tocamientos hasta penetraciones– realizado o bien por la fuerza o cuando la víctima estaba incapacitada debido al consumo de alcohol o drogas. Aproximadamente la mitad de las víctimas informaba de una penetración por la fuerza o un intento de penetración por la fuerza.[17] Esos porcentajes era aún mayores en las universidades más prestigiosas (la denominada «Ivy League»). En la Universidad de Yale, el 34,6 por ciento decía que había sufrido algún tipo de agresión, en la Universidad de Míchigan el 34,3 por ciento, y en la Universidad de Harvard el 29,2. Las encuestas revelaban que las personas bisexuales, homosexuales, lesbianas o transgénero eran las que sufrían los máximos niveles de abuso.

Las universidades y las Fuerzas Armadas, junto con las cárceles, son instituciones donde los elevados niveles de violencia sexual documentada han llamado la atención de los medios y han dado lugar a investigaciones y medidas para cambiar la cultura de las relaciones entre los sexos y la conducta sexual. Sin embargo, todas las organizaciones, desde las empresas, pasando por las asociaciones, hasta los parlamentos, tienen la responsabilidad de tomar medidas. Si no están combatiendo la violencia sexual, significa que la están tolerando tácitamente.

Por consiguiente, la lucha debe empezar por modificar la forma en que los hombres ven a las mujeres y que, para ellos, ellas asciendan de la categoría de ciudadanas de segunda clase, de objetos o de propiedades, a la categoría de iguales. Y eso hay que apoyarlo con medidas que garanticen que cometer un delito suponga pagar un precio, ya sea en un país asolado por las guerras como el Congo, en una zona catastrófica, en un campus universitario o en un dormitorio. En los próximos capítulos ampliaré mis ideas sobre cómo emprender esa lucha.

No volví a ver al antiguo niño soldado que vino a verme a mi despacho en 2014. No sé si utilizó el dinero sensatamente, si puso en marcha su negocio de venta de aceite y se labró un futuro. No sé si pidió ayuda para sus problemas psicológicos. Lo dudo. Nunca fue a visitar la organización que le recomendé.

En caso de que usted se pregunte si yo debía haber informado a la policía después de la confesión de aquel joven, puedo asegurarle que habría sido inútil. Hay miles de antiguos combatientes desmovilizados como él vagando por las calles de Bukavu. Nuestras fuerzas de seguridad, que a duras penas cobran un salario, no tienen ni los recursos ni la motivación necesarios para investigar sus crímenes.

Al margen de unas pocas organizaciones, como BVES, que intentan ayudarles, esos sujetos tienen que arreglárselas solos. Un reciente programa de ayuda entregaba motocicletas a los combatientes desmovilizados para que pudieran ganarse la vida transportando pasajeros. El resultado fue un aumento de las conductas agresivas en la vía pública, ya que esos jóvenes se dedicaban a buscar un fugaz chute de adrenalina conduciendo a velocidades temerarias. Los excombatientes forman parte del legado de las décadas de violencia de nuestro país. Aunque los combates cesaran hoy mismo, sus problemas psicológicos sin tratar permanecerán entre nosotros durante varias generaciones.

Aquel joven me llevó a reflexionar en cómo su vida habría podido tener un desenlace diferente. Las decisiones que tomó no tenían nada de inevitable. ¿Por qué se mostraba tan impertérrito, tan carente de remordimientos por sus actos, a diferencia de mis pacientes, que tenían que cargar con el estigma y la vergüenza que conllevan los crímenes que cometen las personas como él? ¿Cómo se habría podido poner coto a sus impulsos destructivos, y pararles los pies a los hombres que lo estaban instrumentalizando? Si le hubieran educado de una forma distinta cuando era niño, ¿habría podido resistirse al señuelo de las armas y a la cultura de la violación de su milicia desde un principio? Yo les daba vueltas a esas preguntas en mi cabeza incesantemente. Y las respuestas son relevantes no solo para el Congo, sino para el resto del mundo.

6

Hablar sin rodeos

El primer paso, y el más importante, para combatir la violencia sexual es hablar de ella sin rodeos. Quisiera contarle la historia de una niña de doce años que me llevó a cambiar de forma de pensar sobre mi propio papel. Corría el año 2006, poco más de tres años después de un acuerdo de paz que supuestamente iba a poner fin a la guerra en el Congo, pero que resultó tan ineficaz como nos temíamos entonces. Aquel año, 1.851 supervivientes acudieron a pedir ayuda para sus lesiones a nuestra clínica especializada en violaciones. La mayoría de ellas habían sido atacadas en sus hogares por la noche. Más de la mitad habían sido violadas en grupo.[1]

Era una época en que a menudo volvía a mi casa grogui después de una jornada frenética de consultas y operaciones quirúrgicas, agobiado por nuestras finanzas y lleno de desesperanza por el interminable flujo de pacientes.

Nuestra forma de ayudar a las víctimas, tanto física como psicológicamente, había mejorado enormemente, pero aún nos faltaban años para llegar al programa de tratamiento holístico que ofrecemos hoy en día, y que incluye una atención más especializada, así como programas de reintegración y de formación vocacional. La Ciudad de la Alegría y la ayuda de V llegaron después.

Habíamos empezado con nuestro intento de salir del hospital para intentar afrontar las causas fundamentales de la crisis de las violaciones, y no solo las consecuencias que veíamos todos los días con cada nuevo ingreso. Una parte de ese intento consistía en poner en marcha un plan de colaboración con los tribunales militares de la zona. Nos reuníamos con los magistrados militares que presidían los consejos de guerra contra los soldados congoleños acusados de violación. Habíamos advertido un drástico aumento de los casos en los que estaban implicados los antiguos rebeldes que se habían integrado como soldados uniformados del Ejército regular a raíz de la política de *mixage et brassage*. Solo un pequeño número de agresores tenían que enfrentarse a un consejo de guerra, y siempre eran militares de baja graduación, no comandantes ni altos mandos. Pero aquellas reuniones con los funcionarios judiciales militares nos parecían una oportunidad de explicarles nuestro trabajo. Nuestra documentación y nuestros informes médicos se usaban a menudo durante los juicios, y a veces nuestros médicos eran citados a declarar como testigos. Pero nuestro trabajo seguía siendo malinterpretado de forma generalizada.

En marzo de aquel año recibimos a un visitante de alta graduación que era el médico forense jefe del tribunal militar de la capital, Kinsasa. A su llegada a bordo de su todoterreno, acompañaron al general hasta mi oficina, donde le recibí en la entrada.

Su corpulencia me llamó inmediatamente la atención. Su gigantesca silueta abarcaba todo el marco de la puerta. Debía de medir bastante más de 1,85 metros. Sus gruesos brazos tensaban la tela de su uniforme cuando me tendió la mano para estrechármela con firmeza. De la solapa le colgaban unas bruñidas medallas.

Nos sentamos, y lo primero que hice fue darle las gracias por el interés que había mostrado por nuestro trabajo. Le hice una breve presentación del hospital y le expliqué que las mujeres que ingresaban en Panzi eran solo la punta del iceberg, los casos más graves de un problema generalizado en todo el Congo oriental. Él asentía con la cabeza y escuchaba.

Le mencioné nuestra colaboración con los tribunales militares y le esbocé cómo preparábamos nuestros informes médicos. Teníamos personal especializado en redactar notas forenses y en fotografiar las heridas que veían cuando lo consideraban necesario. En sus informes incluían el testimonio de las víctimas, que a veces se presentaban como prueba ante el tribunal. Como médicos, hacían evaluaciones de si las heridas eran compatibles con una agresión.

Hice referencia al desgraciado caso de una de nuestras médicas, que recientemente había sido encarcelada por un magistrado por no comparecer en calidad de testigo experto durante una vista. Ella había enviado previamente una nota para decir que estaba ocupada atendiendo una urgencia médica, pero el magistrado no la tuvo en cuenta. Tuvimos que pagar una fianza para que la pusieran en libertad.

El general seguía asintiendo con la cabeza. Estaba sentado con aspecto de prestar una educada atención, escuchando, pero con una expresión que daba a entender que no debía robarle demasiado tiempo. Le propuse que diéramos un paseo y le invité, en caso de que él lo considerara de utilidad, a conocer a algunas de las pacientes. Él accedió.

Se movía por el hospital con el paso confiado de una alta personalidad militar. Pasaba por delante de las cabezas que se volvían al verle, y de las miradas de las pacientes y de sus familias, haciendo caso omiso de ellas. Instintivamente, a la mayoría de los congoleños les pone nerviosos la presencia de hombres uniformados.

Llegamos al pabellón reservado para las supervivientes de la violencia sexual. Tenía sus propias salas y zonas comunes para las mujeres y las niñas, y también sus propios quirófanos. En el espacio donde hacen vida social, un gran cobertizo abierto, se habían reunido unas cincuenta mujeres. Estaban sentadas alrededor de unas largas mesas de madera, con curiosidad, pero también con temor ante la idea de conocer a nuestro visitante.

Para empezar, les expliqué quién era y por qué estaba en Panzi, y después las invité a hacer preguntas o a contar sus experiencias si consideraban que podía resultar útil. Varias de ellas aprovecharon la oportunidad.

Nuestro visitante estaba de pie, con los pies separados y los brazos cruzados, escuchando respetuosamente. Su semblante era la imagen misma de la firmeza. Varias mujeres se turnaron para explicar brevemente las agresiones que habían sufrido, y cada relato resultaba desgarrador y doloroso a su manera. Y entonces una niña se levantó y tomó la palabra.

Yo no la conocía, pero dijo que se llamaba Witula y que tenía doce años. Afirmó que provenía de la región de Shabunda, un enclave rico en recursos, desde donde llegaba renqueando hasta el hospital un flujo constante de víctimas. Era de complexión delgada y llevaba el pelo corto.

«Estaba en el campo con mi madre cuando de repente empezamos a oír disparos por todas partes», empezó diciendo. Hablaba claramente, con la entonación y la inocencia, y también con la franqueza, de una niña. Tenía una impresionante seguridad en sí misma para ser una chica tan joven. Hizo una pausa y respiró. Se serenó durante unos segundos y después prosiguió con una voz que iba adquiriendo fuerza a medida que hablaba.

«La gente empezó a correr en todas direcciones. Yo intenté seguir a mi madre. Ella corría para volver al pueblo. Todo era muy confuso», dijo.

«Yo iba detrás de mi madre, pero no corría tan deprisa como ella. De repente sentí cómo unas manos me agarraban por la cintura y me caí. Un instante después estaba en el suelo y sentí un gran peso encima de mí, un hombre. Yo no podía moverme. Pesaba mucho más que yo.»

La niña contó que otros rebeldes llegaron corriendo –eran del FDLR, la milicia extremista hutu de Ruanda–. Llevaban sus metralletas colgadas a la espalda. La arrastraron desde el campo donde la habían tirado al suelo y la llevaron hacia unos arbustos.

Ella se puso a gritar, tan fuerte que sentía que le iban a reventar los pulmones. La gente seguía corriendo en todas direcciones. Oyó más disparos y a otras personas gritando. A ella nadie la oía. O, si la oían, nadie acudió a ayudarla.

«Nunca había estado con un hombre –dijo–. Yo gritaba y gritaba. Me dolía muchísimo. Les pedí que se apiadaran de mí, les supliqué.»

El pabellón se había sumido en un silencio absoluto.

Yo estaba de pie, junto al general, mientras la niña hablaba, y de repente vi cómo flaqueaba su actitud de confianza y de seguridad en sí mismo. Era como si se hubiera abierto una pequeña grieta en un muro de ladrillo. Al mirarle de reojo, vi cómo tensaba los músculos de la mandíbula. El sudor se le acumulaba en la frente. Tenía los ojos llorosos. «¿Cómo puede alguien hacerle eso a una niña así? –le oí mascullar, al tiempo que sacudía levemente la cabeza–. ¿Cómo es posible?»

Witula prosiguió. Mientras hablaba, algunas mujeres miraban al suelo, pero otras tenían los ojos llenos de lágrimas y miraban a la niña con empatía y admiración, implorándole que siguiera. Ella no sabía cuántos hombres la habían violado. El último le dio una puñalada en los genitales. Witula decía que fue con un cuchillo, pero pudo ser con una bayoneta, yo he visto ese tipo de heridas docenas de veces. «No recuerdo lo que pasó después. Me quedé allí tirada en el suelo. Pensaba que me iba a morir y le pedía a Dios que pusiera fin a mi sufrimiento y mi dolor. Pero cuando cesó el tiroteo, la gente se atrevió a volver al pueblo. Me encontraron en el campo, cubierta de sangre. Para entonces me había desmayado. Me trajeron aquí.»

En aquel momento ya se podían ver las lágrimas corriendo por las mejillas del general. Algunas mujeres también se habían puesto a llorar. Cuando la niña se acercaba al final de su relato, cada espantoso detalle resonaba en la estancia silenciosa. Solo se oía el grave zumbido de fondo de los generadores, que estaban cerca de allí.

El general no pudo aguantar más. Empezó a sollozar. Todas las miradas pasaron de la niña a él. Y entonces se le doblaron las rodillas.

Se desmayó y cayó desplomado de espaldas.

Todo ocurrió tan deprisa que fui incapaz de reaccionar. No tuve tiempo de sujetarle por los brazos. El cobertizo se llenó de gritos. La calma se convirtió en un alboroto.

Yo me abalancé sobre él y entre varios le colocamos en la postura lateral de seguridad. Un colega fue corriendo a buscar una mascarilla de oxígeno. Las mujeres se arremolinaron en torno al general, docenas de rostros angustiados, paralizados por el miedo, mirando aquel cuerpo tendido en el suelo. Algunas empezaron a abanicarle.

Al cabo de un par de minutos recuperó la consciencia. Le ayudamos a ponerse de pie y fue andando de forma vacilante hasta la consulta de uno de los médicos, que estaba cerca de allí. Comprobamos su pulso y le pusimos suero. Le preguntamos si tenía alguna patología que pudiera explicar su reacción.

«No –nos aseguró–. Ha sido duro, muy duro –dijo–. No tenía ni idea de que alguien fuera capaz de tratar así a una niña.» Cuando el general se sintió con fuerzas, le acompañé de vuelta a su todoterreno, donde le estaba esperando el conductor. Parecía abochornado. Cuando cerró la puerta me dio las gracias por la visita guiada y por nuestro trabajo.

No tengo una explicación completa de por qué reaccionó de aquella manera. Al tratarse de un militar, debía estar al corriente de las atrocidades que se cometían en nuestra región. ¿Acaso había optado simplemente por cerrar los ojos y dar crédito a la propaganda del Gobierno y del Ejército, que afirmaba que las denuncias eran exageraciones o una invención de quienes pretenden desacreditar a nuestro país?

¿Acaso lo ocurrido hizo que reviviera sus propios recuerdos traumáticos, de unos sucesos que él había borrado de su mente? ¿Estaba pensando en sus propias hijas mientras escuchaba el relato de la niña? Tal vez le invadió una abrumadora sensación de fracaso, el de la institución militar en la que prestaba servicio, que no había logrado garantizar la seguridad. O tal vez pensaba en algo más extenso, en que, colectivamente, como adultos, no habíamos sido capaces de proteger a nuestras hijas.

Solo puedo hacer conjeturas. Pero aquella experiencia, una de las visitas más inolvidables que he recibido, fue un hito importante en mi camino personal. Significaba que el trabajo que estábamos haciendo con el sistema judicial militar estaba surtiendo efecto. Yo estaba seguro de que la experiencia iba a cambiar a aquel hombre, que el general iba a estar más dispuesto a creer a la víctima, y a considerar los informes médicos como una prueba crucial.

También venía a validar el trabajo que estábamos haciendo para contribuir a reconstruir la confianza de nuestras pacientes y para animarlas a hablar sin rodeos y a denunciar. Gracias al apoyo del entorno del hospital, Witula había conseguido dar plena expresión a su sufrimiento. Junto con otras mujeres de Shabunda, que siempre eran las que hablaban con mayor franqueza, Witula fue una fuente de inspiración para otras víctimas que se esforzaban por superar sus sentimientos de vergüenza.

Y por encima de todo, los que estábamos en aquel pabellón habíamos asistido a una demostración del poder de las palabras. Fue como David enfrentándose a Goliat. Witula había hecho caso omiso de su estatus de pobre «víctima» procedente de un remoto pueblo de campesinos y fue capaz de derribar a aquella imponente figura con la fuerza de su testimonio. No sintió vergüenza –¿por qué iba a sentirla?– porque la sociedad todavía no la había infectado con su inmundo concepto del «honor».

Yo sentía que había sido testigo de una peculiar manifestación de la fuerza de las mujeres, que he constatado en otras situaciones desde entonces. Las mujeres tienen la capacidad de abrirse paso a través de la dura fachada de los hombres, que se enorgullecen al proyectar una imagen de fuerza e invulnerabilidad. Esas máscaras de macho están concebidas para intimidar, pero es posible perforarlas. No pueden competir con la verdadera fuerza interior.

La experiencia con el general me llevó a cuestionarme si debía cambiar mi forma de verme a mí mismo. Yo seguía considerándome ante todo un médico. Siempre desempeñaba mi función vestido con una bata blanca o con ropa de quirófano. Pasaba casi todo mi tiempo en el hospital. Pero la charla de aquella intrépida niña fue una fuente de inspiración para mí. Parecía un llamamiento a hacer más.

Yo siempre había hecho lo posible por alertar a los demás de la crisis cada vez que veía una oportunidad. Me ponía a disposición de los periodistas siempre que iban a Bukavu a hacer averiguaciones. Informaba de la situación sobre el terreno a los organismos de Naciones Unidas destacados en la zona. En 2002 había ayudado a los investigadores de la ONG Human Rights Watch cuando preparaban el primer gran informe internacional, titulado *The War Within the War* («La guerra dentro de la guerra»), sobre la cuestión de la violencia sexual extrema en el Congo. También recopilábamos datos detallados, pero anonimizados, sobre las pacientes y sus lesiones, cosa que nos parecía un importante servicio público.

Sin embargo, llegué a la conclusión de que tenía que trabajar no solo como médico, sino también como embajador de mis pacientes, utilizar mi posición como director del hospital para llevar las historias de esas mujeres lo más lejos posible. En 2006, el mismo año en que se desmayó el general, me brindaron esa posibilidad gracias a otro visitante influyente.

Jan Egeland, que a la sazón era vicesecretario general de Naciones Unidas para Asuntos Humanitarios, organizó un viaje al Congo oriental y nos pidió ayuda para preparar sus reuniones. En aquel momento se trataba del funcionario de Naciones Unidas de mayor rango que manifestaba interés por nuestro trabajo.

Contribuimos a organizar una serie de actos para él, tanto en los pueblos más afectados por la violencia como en el hospital, donde Egeland se entrevistó en privado con algunas supervivientes. Después de nuestra experiencia con el general, pensábamos que era más seguro ofrecerle charlas individuales o reuniones con grupos pequeños. Fue una cantidad de trabajo considerable, que asumimos como una oportunidad irrepetible de dar a conocer la situación. Cientos de mujeres se ofrecieron voluntarias para hablar con Jan, pues lo veían como un intermediario con acceso a personas poderosas que podrían poner fin al sufrimiento del país.

Hacia el final de su estancia, recuerdo que Jan vino a mi despacho para una reunión que le afectó profundamente. Fue con una mujer que le relató que había ido al bosque a por leña para hacerle la cena a su familia. Contó que su marido y sus hijos la estuvieron esperando, pero no regresó. Ese es el principio dolorosamente familiar de tantas de esas historias.

Un grupo de aproximadamente treinta rebeldes de origen ruandés la raptó y se la llevó. La condujeron hasta un campamento y la ataron a dos árboles, con cuerdas separándole las cuatro extremidades. Las cuerdas estaban tan apretadas que acabaron cortándole la circulación y seccionándole los nervios en las manos y en los pies.

Cuando por fin logró regresar para reunirse con su marido y sus hijos, tuvieron que llevarla a cuestas. Ya no podía andar. Le contó su experiencia a Jan desde su silla de ruedas.

Yo me di cuenta de la impresión que le hizo. Jan y yo ya habíamos pasado un tiempo considerable juntos, y para entonces yo le apreciaba mucho por su energía, su compromiso y su empatía. Cuando la mujer se marchó y volvimos a quedarnos solos, Jan parecía turbado. Sentado en el sofá marrón de la zona de estar de mi despacho, sufrió un bajón. Hinchó los carrillos y dio un suspiro. Cerró un momento los ojos y se frotó la mandíbula con la mano. Había perdido temporalmente su chispa innata, una gran cualidad que saltaba a la vista cuando llegó al Congo. «Treinta días así –dijo con incredulidad, abriendo los brazos y las piernas–. Es que no puedo... quiero decir: ¿cómo es posible que eso siga ocurriendo?»

A lo largo de los años he visto a mucha gente reaccionar como lo hizo Jan, sin poder encontrar palabras para expresar su rechazo, su incomprensión y su ira. Esa es nuestra realidad cotidiana en el Congo oriental.

La resiliencia de las supervivientes del Hospital de Panzi, la pasión con la que hablaron con Jan, y su deseo de que el resto del mundo ponga fin a los combates le dejó una marca indeleble a Jan. Cuando regresó a Nueva York, mencionó su reunión con la mujer de la silla de ruedas en una conferencia de prensa.

Le afectó tanto lo que escuchó, y le indignó tanto que las mujeres congoleñas no fueran una prioridad internacional que me propuso que viajara a Nueva York para hablar ante Naciones Unidas.

Recibir aquella invitación fue como un trueno que te sobresalta. Tenía la sensación de estar en uno de esos momentos en que la vida se acelera, cuando los acontecimientos se precipitan hacia delante a un ritmo desconcertante. Si a principios de aquel año alguien me hubiera dicho que al final del mismo iba a estar pronunciando un discurso ante Naciones Unidas, jamás lo habría creído.

Sin embargo, unos meses después, en septiembre, volé a Nueva York, sabiendo que me estaban ofreciendo una plataforma para hablar en nombre de las mujeres que le habían contado sus historias a Jan. Fue una misión que acepté con humildad y cierta inquietud. Sabía que si lograba encontrar palabras que aunque solo tuvieran, una parte de la fuerza de las que utilizó la niña con el general, tal vez sería capaz de impresionar a los gobiernos asistentes y de instarlos a poner fin a las atrocidades.

A partir del año 2000 Naciones Unidas se había mostrado más activa y había ido ampliando poco a poco su misión de pacificación en el Congo. La misión, que inicialmente se denominaba MONUC, acabó convirtiéndose en la mayor fuerza que ha operado bajo el mandato de Naciones Unidas. Pero en general, los combates y las torturas proseguían bajo la mirada mayoritariamente indiferente de los líderes mundiales.

Los corresponsales de los principales medios de comunicación internacionales aterrizaban de vez en cuando en la zona y estaban una semana haciendo sus reportajes, pero había muy poca demanda de noticias de una lejana zona de guerra, con sus matanzas aparentemente incomprensibles. Ninguna potencia mundial veía amenazados sus intereses en el Congo. Ruanda seguía recibiendo un fuerte respaldo económico y diplomático, sobre todo de Estados Unidos y del Reino Unido. Ningún líder influyente consideraba una prioridad de su política exterior poner fin al conflicto.

Llegué a Nueva York con unos días de antelación e inicié mis preparativos contactando con la misión diplomática de la República Democrática del Congo. Esperaba que me ofrecieran algunas directrices y algo de ayuda. Pensaba, ahora sé que ingenuamente, que estábamos en el mismo bando en la búsqueda de soluciones para poner fin al sufrimiento de nuestro país. Yo había trabajado en mi discurso en Bukavu, y durante el vuelo a Nueva York le di los últimos toques. Mi intención era presentárselo primero al embajador.

Ese año se habían celebrado en el Congo las primeras elecciones presidenciales libres en cuarenta y un años. Contra todo pronóstico, y con la ayuda económica de la Unión Europea en particular, millones de personas fueron a votar por primera vez en su vida. Fue un momento inspirador y emocionante. La votación dio como resultado la victoria de Joseph Kabila, que a la sazón tenía treinta y cinco años.

El presidente había tomado las riendas del poder en 2001, cuando su padre, Laurent Désiré, fue asesinado. Su campaña se basó sobre todo en su historial como pacificador, al haber firmado el Acuerdo Global e Incluyente de 2002 que debía poner fin a los combates. A pesar de la violencia en curso en el este del país, donde las milicias y Ruanda seguían combatiendo, la población de Kivu del Sur y de Kivu del Norte apoyó abrumadoramente a Joseph Kabila, al considerarle la mayor esperanza de estabilidad y paz. Yo no era uno de sus partidarios, lo que me ponía en desacuerdo con muchos de mis coetáneos. Su labor como pacificador no me convencía, y me preocupaba su falta de visión. Daba la sensación de que no tenía un verdadero programa para afrontar los demás problemas del país: la corrupción, la malnutrición y la falta de infraestructuras. Yo le decía a todo el mundo que esperaba equivocarme, y que Kabila demostrara ser un líder más eficaz ahora que ejercía por primera vez un mandato democrático.

A pesar de mis recelos personales, cuando llegué a Nueva York estaba dispuesto a apoyar al Gobierno de Kabila en todos sus esfuerzos por mejorar las vidas de los ciudadanos congoleños y acabar con los combates. Estaba convencido de que ambas partes estábamos interesadas en que se reconociera la crisis de las violaciones y se utilizaran los recursos y la influencia de la comunidad internacional para ponerle fin. Llamé a la embajada congoleña y pregunté si podía hablar con el embajador.

Primero me dijeron que estaba de viaje. Cuando volví a llamar, me ofrecieron una reunión, pero él no se presentó.

Al día siguiente, tomé un taxi desde mi hotel hasta el edificio del complejo de Naciones Unidas en la calle 42 este. Estaba previsto que hablara durante una sesión sobre la violencia sexual en las zonas en conflicto, presidida por Kofi Annan, secretario general de Naciones Unidas, y a la que iban a asistir la princesa jordana Haya Bint-al-Hussein y Jan Egeland.

Poco antes de ocupar nuestros asientos, hablé brevemente con Kofi Annan. Me preguntó si me había reunido con el embajador del Congo. «No −le respondí−, no ha sido posible.» Annan puso cara de desconcierto.

Entramos en el inmenso auditorio. Yo estaba algo nervioso. Ya había hablado muchas veces en público anteriormente, sobre todo en las iglesias de Bukavu, pero dirigirme a los diplomáticos de todo el mundo era otro cantar. Inspiré profundamente, me alisé el traje de chaqueta una última vez, y comprobé que los folios de mi discurso y mis gafas seguían estando en mi bolsillo interior.

Al acto estaban invitados todos y cada uno de los 193 estados miembros de Naciones Unidas. Cuando me instalé en mi asiento sobre el estrado, miré a mi alrededor y vi a los representantes de todos los países dispuestos en un gigantesco semicírculo delante de nosotros. Cada país tenía un escritorio. Delante estaban sentados los embajadores, y sus asesores detrás.

Observé las placas con los nombres, y fui cotejándolas con los países que me venían a la memoria: Australia, China, Francia, Alemania, Estados Unidos, Reino Unido... Todas las delegaciones estaban ocupadas. Los delegados estaban sentados con aspecto impasible, con los auriculares puestos y esperando a escuchar nuestros discursos, traducidos a alguno de los seis idiomas oficiales de Naciones Unidas.

Mi mirada recorría la sala, intentando localizar el escritorio del Congo. Cuando lo encontré, sentí como un electroshock de decepción. El escritorio estaba vacío. No había ni embajador ni asesores.

A lo largo de todo mi discurso, cada vez que echaba un vistazo a los asistentes, mi mirada, como atraída por una luz brillante, volvía a fijarse en ese punto. Era un vacío deslumbrante. Los asientos permanecieron vacíos durante todo el acto. De repente comprendí por qué el embajador nunca me había devuelto la llamada ni se había presentado a nuestra reunión.

Ya he mencionado anteriormente los problemas administrativos a los que tuvimos que enfrentarnos en Bukavu desde que empezamos a trabajar en el Hospital de Panzi: la falta de financiación pública, la corrupción, los intentos de extorsión. Y entonces me di cuenta por primera vez de cómo me veía el nuevo Gobierno bajo la presidencia de Kabila: me habían boicoteado, pero lo más importante era que habían boicoteado a las pacientes de mi hospital. Yo estaba en Nueva York como enviado suyo. La silla vacía dejaba claro que hablar en nombre de las víctimas, llamar la atención sobre la terrible situación de las mujeres congoleñas, no era del agrado del Gobierno.

Para empeorar las cosas, después del acto se me acercó el embajador de Sudán, que protestó porque yo había mencionado la violación masiva de mujeres a manos de la milicia yanyauid, apoyada por el Gobierno sudanés, en Darfur.

«¿Cómo puede decir eso? –me espetó indignado–. ¿Dónde están sus pruebas?» Yo le indiqué los numerosos informes tanto de Naciones Unidas como de las organizaciones de defensa de los derechos humanos que trabajan en el país. En conjunto, la experiencia fue saludable en algunos aspectos.

Ya he mencionado en la Introducción que a menudo he tenido la sensación de que mi camino personal ha consistido en comprender cada vez más claramente lo difícil que es ser mujer y una superviviente de la violencia sexual.

El trato que recibí en Naciones Unidas fue una clase sobre la respuesta que casi siempre reciben las mujeres cuando reúnen el valor necesario para denunciar a sus agresores. Les dicen que se callen, que eviten provocar un escándalo o una situación bochornosa. Durante las últimas décadas se han hecho avances en algunos países, pero la reacción instintiva de encubrir, ignorar, no dar crédito o intimidar a las personas que denuncian sigue siendo deprimentemente habitual y es un mecanismo profundamente arraigado.

Romper el silencio que rodea a la violencia sexual en todas sus formas –acoso, violación, incesto– es el primer paso esencial para afrontar el problema. Como he mencionado en el Capítulo 3, muchas de mis primeras pacientes del Hospital de Panzi se inventaban historias inverosímiles para intentar explicar sus heridas. Las achacaban a un accidente. Aquellas mujeres se sentían oprimidas por la presión social, que las instaba a elegir entre sufrir en silencio o enfrentarse a la estigmatización y al ridículo en público.

Es esencial hacer añicos ese tabú por numerosas razones. En primer lugar, la violencia sexual prospera con el silencio. Callarse crea un entorno en el que los hombres pueden seguir abusando con impunidad. Favorece sus intereses. Mientras se reprima que se conozca un problema, se estará consintiendo que prosigan las mismas pautas de conducta destructivas.

En segundo lugar, la autocensura impide que las mujeres saquen fuerzas unas de otras. En nuestro trabajo en el Congo, hacemos mucho hincapié en la terapia de grupo, donde se anima a las mujeres a compartir sus historias entre ellas. En la Ciudad de la Alegría, la inspiradora Jeanne, de la que ya he hablado en el Capítulo 4, ayuda a las víctimas en ese proceso.

Al compartir sus historias, las supervivientes a menudo se dan cuenta de que no están solas en su sufrimiento, de que otras mujeres también tienen que afrontar esa misma lucha contra el dolor, el rechazo y la culpa. Los ejemplos a seguir, como Jeanne, son una prueba de que el futuro puede traer esperanzas y posibilidades.

En tercer lugar, hablar sin tapujos resulta aleccionador para todo el mundo, y para los hombres en particular. Solo así podremos iniciar el proceso de cambiar las políticas públicas, de educar a los niños de una forma distinta, y de hacer que los hombres comprendan las consecuencias de los abusos sexuales, que a menudo dejan unas heridas psicológicas tan profundas.

También quisiera dejar claro que entiendo y respeto la decisión de algunas mujeres de no contar su experiencia. En Panzi no obligamos ni presionamos a nadie para que participe en las sesiones de terapia de grupo. No es un enfoque idóneo para todo el mundo. Hay infinidad de motivos que llevan a una mujer a abordar una agresión privadamente. Nadie debe padecer una dosis adicional de sufrimiento sintiéndose culpable por el hecho de haber decidido no denunciar a su agresor.

No obstante, lo cierto es que únicamente podemos llevar a cabo los cambios sociales y culturales necesarios trabajando colectivamente —y eso exige que las personas que no han experimentado lo que es una agresión sexual también se posicionen en contra de esas atrocidades—. Todos formamos parte de ese sistema, y todos desempeñamos un papel crucial a la hora de corregirlo. Por eso el movimiento #MeToo de 2017 fue un punto de inflexión tan importante. Desde Bukavu asistí a su desarrollo, y me entusiasmó ver cómo animaba a muchísimas mujeres a hablar de ello abiertamente en público por primera vez.

Los activistas contra la violencia sexual llevaban décadas esforzándose por alentar un debate más abierto sobre la enorme incidencia de las violaciones y de otras formas de abuso. En 2006, después de conocer a V en Nueva York, ambos contribuimos a apoyar una campaña llamada Breaking the Silence, así como una campaña de Naciones Unidas en 2010 llamada Stop Rape Now, que contaba con la colaboración de personalidades famosas para que contribuyeran a sacar a la luz los abusos sexuales.

Todas aquellas campañas habían contribuido a sentar las bases. En Estados Unidos, el movimiento Take Back de Night en la década de 1970 se dedicó a denunciar las violaciones y las agresiones contra las mujeres. Otros movimientos similares más recientes han sido Hollaback!, fundado en 2005 en Nueva York, y aún más recientemente, It's On Us, una iniciativa que puso en marcha la administración de Barack Obama y Joe Biden desde la Casa Blanca en 2014. El movimiento Time's Up de 2018 se desarrolló a partir de esa iniciativa. Y muchísimas campañas nacionales de las organizaciones feministas de todo el mundo han aportado su parte.

Sin embargo, el movimiento #MeToo ha sido capaz de llegar a muchas más mujeres que todos los anteriores intentos de romper los tabúes. Fue turboalimentado por las redes sociales y por el hecho de que muchas mujeres famosas compartieron historias íntimas de sus propias experiencias, en vez de limitarse a leer un mensaje de condena de la violencia contra las mujeres redactado por otra persona.

Hasta ese momento nunca se había visto a tal cantidad de víctimas de abusos sexuales atreviéndose a hablar sin rodeos y al mismo tiempo. Daba la sensación de que estábamos en una sesión de terapia de grupo a escala mundial, donde cada nueva incorporación y cada revelación animaban a otras mujeres a encontrar las palabras para expresar sus propias experiencias. Y, al hacerlo, muchos hombres abrieron los ojos ante la pura omnipresencia de las conductas sexualmente agresivas en las empresas, en los despachos, por la calle y en los dormitorios.

Hubo muchas mujeres que no se animaron a publicar sus vivencias en las redes sociales, pero el desahogo público suscitó importantes conversaciones en privado. Las esposas y las novias contaron cosas que no habían revelado hasta ese momento. Como ha señalado V, aquello no llevó a los hombres a pedir disculpas ni a prometer que iban a reparar sus malas conductas del pasado. Pero muchos hicieron examen de conciencia.

A pesar de todo, los viejos instintos no tardaron en reaflorar. Tarana Burke, que puso en marcha la idea del movimiento Me Too en 2006, se preguntaba públicamente si aquello había sido realmente un punto de inflexión. Una parte de su preocupación era que las mujeres de las minorías étnicas no se sintieran representadas, dado que al principio la cobertura mediática se centró en las revelaciones de muchas actrices de Hollywood contra determinados abusadores blancos y poderosos como Harvey Weinstein. Además, hubo una importante reacción en contra. Yo me preguntaba cuándo empezaría el contraataque. No tardó mucho en llegar, y los que se oponían utilizaron diversos argumentos espurios.

Todos ellos estaban concebidos para devolver el asunto de los abusos sexuales a un lugar donde pudiéramos fingir que no sabíamos nada al respecto, como un vergonzoso secreto familiar en una reunión de parientes.

Los que se oponían se basaban en uno de estos dos argumentos: o bien que se estaba exagerando el problema de los abusos sexuales, y que por consiguiente no merecía la atención que se le estaba prestando, o bien que se trataba de una acusación tan grave que no debía formularse de una forma tan descarada contra unos hombres que no podían defenderse.

Algunos críticos afirmaban que se estaba calificando a todos los hombres de depredadores, y que se les estaba calumniando injustamente. Otros decían que las mujeres estaban exagerando o sencillamente inventándose historias, repitiendo uno de sus argumentos recurrentes favoritos, el que afirma que las mujeres son propensas a inventar historias sobre agresiones sexuales con la intención de vengarse. Los conservadores y algunos políticos de los países en vías de desarrollo tachaban al movimiento de síntoma de la depravación de la sociedad rica y burguesa de un Occidente decadente y progresista.

Uno de los contraataques más tristemente célebres provino de un grupo de mujeres privilegiadas y destacadas de Francia, entre las que figuraba la actriz Catherine Deneuve, quien afirmó que el movimiento #MeToo ponía en peligro el juego de la seducción, lo que implicaba que el acoso sexual era al mismo tiempo una parte inevitable del coqueteo y que, cuando se producía, no valía la pena recrearse en ello. Los argumentos a favor de proteger a las mujeres se estaban utilizando «para encadenarlas mejor a un estatus de eternas víctimas, de pobres criaturitas bajo el dominio de unos demonios falocráticos», decían las firmantes del manifiesto.

El mensaje de todos aquellos críticos del movimiento Me Too venía a ser el mismo que me habían transmitido las sillas vacías de la delegación de la República Democrática del Congo en Naciones Unidas: que lo mejor era callarse. Cuando las víctimas de la violencia sexual o los activistas que las defienden se niegan a callarse, a menudo son objeto de todo tipo de intimidaciones. En 2019 asistí a un congreso en Noruega para debatir el problema. Había cientos de representantes de las organizaciones feministas, de los organismos de ayuda, y de funcionarios de distintos países en un hotel de la capital, Oslo. Una de las conferenciantes era una mujer ucraniana, Iryna Dovgan, que se había unido a nuestra plataforma internacional para la defensa de las supervivientes.

Iryna les habló a los asistentes sobre la generalización de las violaciones y los abusos contra las mujeres en Ucrania oriental, que desde 2014 está bajo el control de los separatistas, apoyados y armados por Rusia. Cuando habló por primera vez en público se sintió insegura. Pero en Oslo lo hizo con seguridad y fluidez.

Iryna, que entonces tenía cincuenta y dos años, había sido detenida por los separatistas en Yasinovataya, su ciudad natal, donde regentaba un salón de belleza. Fue falsamente acusada de ser una espía de las fuerzas ucranianas, que estaban bombardeando la región en un intento de arrebatarle el control a los rebeldes. Durante sus interrogatorios, la golpearon, la torturaron, y la amenazaron con violarla en grupo. Después la ataron a una farola durante horas a la vista del público, y se invitaba a los transeúntes a insultarla y agredirla. En 2017, una investigación de la Misión de Vigilancia de los Derechos Humanos de Naciones Unidas en Ucrania encontró pruebas sustanciales de abusos sexuales en los centros de detención gestionados por el Gobierno y por las fuerzas rebeldes.

Al final de la sesión del congreso de Oslo, los delegados se reunieron para un almuerzo en bufet, que suele ser un momento para las presentaciones y las conversaciones sobre temas triviales. Un hombre que dijo ser un diplomático ruso se acercó a Iryna. Ella se vio de repente de pie a solas con él mientras los demás charlaban a su alrededor.

«He escuchado su intervención con interés –empezó diciendo aquel hombre–. ¿Cómo podemos estar seguros de que lo que usted dice es verdad?» Iryna se quedó desconcertada. «Es mi propia historia. La he vivido –contestó–. ¿Por qué motivo iba a venir aquí a inventarme un cuento?»

«Debe recordar que nosotros, los rusos, y ustedes, los ucranianos, somos un solo pueblo –prosiguió él, al tiempo que su voz se hacía más amenazadora–. ¿Se da cuenta de la vergüenza que está creando al hablar así delante de la gente?» Y concluyó diciéndole que debía dejar de difamar a Rusia.

Después ella vino a verme y me contó lo ocurrido. Estaba visiblemente afectada, y aquella breve conversación le había parecido un claro intento de intimidarla. Hacía falta valor para asistir a eventos como aquel y hablar en público. Yo era consciente de que estaban poniendo a prueba su determinación.

Iryna sigue asistiendo a los congresos y hablando de sus experiencias con la misma energía de siempre, y trabaja para concienciar a la gente de la magnitud de los problemas en Ucrania oriental. Pero si Iryna no hubiera contado con el respaldo de su familia y de sus colegas, incluidos los miembros de nuestra red internacional de supervivientes, habría podido caer en la tentación de abandonar su tarea.

Resulta vital que las mujeres reciban un apoyo constante, no solo en el momento en que deciden romper su silencio, sino también durante los meses y años siguientes. La intimidación puede ser mucho más explícita en otros casos, pero siempre tiene el mismo objetivo: silenciar a la víctima.

Varias mujeres que sufrieron los abusos de Harvey Weinstein testificaron ante el tribunal que el productor siempre ejercía su influencia y su poder en la industria del cine con la misma amenaza escalofriante si ellas insinuaban que iban a quejarse: «Nunca formarás parte de este negocio», les decía, o bien: «No volverás a trabajar nunca más».

Las informaciones de los medios sobre los casos relacionados con Weinstein también provocaron que se prestara mayor atención al hecho de que él y otros hombres y organizaciones poderosos utilizaban a sus abogados para silenciar a las víctimas cuando consideraban que las amenazas y la intimidación eran insuficientes. Los acuerdos de confidencialidad, que a menudo se imponen como parte de un acuerdo por los casos de malas conductas sexuales, impiden que la víctima cuente su experiencia a los demás –y permiten que su agresor siga abusando con impunidad.

En uno de esos casos, salió a la luz que la gimnasta McKayla Maroney, campeona olímpica, fue presionada para que firmara un acuerdo de confidencialidad con la Federación Estadounidense de Gimnasia tras quejarse de los abusos sufridos a manos del médico deportivo de élite Larry Nassar. Esa cultura de encubrir las acusaciones de abusos dentro de la gimnasia de élite de Estados Unidos silenció a las víctimas y posibilitó que Nassar siguiera cometiendo abusos. No fue detenido y condenado a cadena perpetua hasta 2018, tras décadas de pedofilia. En total comparecieron para testificar ante el tribunal más de 150 víctimas.

Desde que estalló el movimiento #MeToo, en Estados Unidos más de una docena de estados han promulgado leyes que limitan o prohíben que los empleadores puedan obligar a sus empleados a firmar acuerdos de confidencialidad como condición para trabajar o como parte de un acuerdo extrajudicial por acoso o abusos sexuales. Uno de ellos, Nueva Jersey, ha declarado nulo cualquier tipo de acuerdo de confidencialidad.[2]

En las sociedades más patriarcales, la intimidación es mucho más explícita y socialmente aceptable. Los denominados crímenes de honor, en los que una mujer violada es posteriormente atacada y a veces asesinada por sus propios familiares, forman parte de la conspiración para mantener a las mujeres en un estado de temor y de callada sumisión. En esas comunidades la violación se considera un motivo de vergüenza e incluso una forma de adulterio.

En 2000, el Fondo de Población de Naciones Unidas estimaba que cada año eran asesinadas cinco mil mujeres y niñas en los «crímenes de honor», no solo a raíz de una violación, a menudo también simplemente por haber intentado elegir ellas mismas a sus parejas en vez de a los hombres escogidos por sus progenitores. Muchos otros asesinatos se hacen pasar por suicidios o accidentes, de modo que es probable que las estadísticas se queden cortas, como ocurre tan a menudo cuando se trata de la violencia contra las mujeres.

Las cifras totales de asesinatos de mujeres en todo el mundo también cuentan su propia historia. La abrumadora mayoría de víctimas de homicidios en todo el mundo son hombres. La mayor parte son asesinados por desconocidos. Pero habitualmente las mujeres, en cambio, son asesinadas por una persona cercana.

El *Estudio Global sobre el Homicidio*, un informe publicado en 2019 por la Oficina de Naciones Unidas contra la Droga y el Delito, revelaba que de las ochenta y siete mil mujeres asesinadas en todo el mundo, el 58 por ciento habían muerto a manos de su pareja o de un familiar. El continente más peligroso para las mujeres era África, seguido de las Américas.[3]

Los denominados crímenes de honor y todas las demás formas de violencia e intimidación doméstica contra las mujeres tienen un efecto escalofriante en las supervivientes que quieren hacerse oír y denunciar a sus agresores.

El caso de una muchacha de diecisiete años que fue violada en el estado de Uttar Pradesh, al norte de la India, en 2017, en lo que vino en llamarse el escándalo de Unnao, es otro relato descorazonador de cómo la denuncia pública a menudo entraña un enorme coste personal.

La India ha empezado a abordar los problemas endémicos que hacen del país uno de los lugares más peligrosos del mundo para las mujeres. En 2012, las protestas masivas en Nueva Delhi y en otras ciudades que se desencadenaron a raíz de la violación en grupo y el asesinato de una estudiante de Fisioterapia de veintitrés años a bordo de un autobús, fueron un hito para el país en términos del reconocimiento público del problema y de las dificultades a las que se enfrentan las mujeres. Pero los avances han sido irregulares.

Fuera de las zonas relativamente ricas y privilegiadas de clase media de las ciudades, en la India la sociedad sigue siendo sumamente patriarcal, con un fuerte concepto del «honor» femenino. Además, el sistema de castas hace especialmente vulnerables a las mujeres con un estatus más bajo. Los cuerpos y fuerzas de seguridad, y los sistemas judiciales, que tienen un desempeño deficiente, y a menudo son corruptos, hacen sumamente difícil recurrir a la ley.

El caso de Unnao, cinco años después de las protestas de Nueva Delhi, vino a ilustrar cuánto trabajo queda por hacer. En junio de ese año, la víctima, una niña de una casta inferior procedente de un pueblo de Uttar Pradesh, el mayor estado indio, fue engañada con la intención de que viajara a la vecina ciudad de Kanpur, donde existe una importante industria del cuero. Una vecina de su pueblo le había dicho que allí iba a encontrar trabajo. Por el contrario, acabó encerrada, violada en grupo y vendida. Uno de sus violadores era Kuldeep Singh Sengar, un político del mismo pueblo que la joven, de una casta superior, que había ido ascendiendo durante su carrera de veinte años hasta llegar a ser diputado del Parlamento regional.

Cuando la joven escapó de sus captores, volvió con su familia e hizo lo que muy pocas mujeres en su situación se atreven a hacer por miedo a las represalias o a las presiones para que guarde silencio por parte de sus familias: denunció a Sengar en la comisaría de policía.

El caso de violación de Nueva Delhi en 2012 había puesto de relieve que muy a menudo la policía india hacía caso omiso o no investigaba a fondo los casos de agresión sexual. Tal vez la joven daba crédito a quienes afirmaban que durante esos años el país había cambiado. Pero la policía se negó a admitir su denuncia contra el político, y un médico que la examinó le aconsejó que renunciara a pedir justicia.

Haciendo un gran alarde de valentía y de coraje, la joven insistió. Al ver que los policías de su pueblo no hacían nada, pasó por encima de sus cabezas y lo denunció ante el juzgado local, después ante la policía regional, y por último ante otros políticos. Su familia estuvo recibiendo amenazas durante todo ese tiempo. La policía local detuvo al padre de la joven con una acusación falsa. La paliza que le dieron fue tan brutal que murió en la comisaría.

Varios días después de la detención de su padre, en un estado de desesperación absoluta, la joven intentó prenderse fuego delante de la oficina del gobernador del estado. Aunque la policía intervino para impedírselo, el intento de autoinmolación llamó la atención de los medios de difusión nacional sobre la difícil situación de la joven. Enviaron a la policía federal para investigar el caso, y finalmente Sengar fue interrogado y detenido.

Sin embargo, aquello no fue el desenlace de su terrible experiencia, ni el precio final que tuvo que pagar por desafiar a un hombre poderoso. Unos meses después, mientras iba en coche con su abogado y con dos tías suyas, un camión invadió su carril y chocó frontalmente contra su vehículo.

Sus tías fallecieron. Una de ellas era una testigo crucial en el caso. La joven estuvo ingresada en la unidad de cuidados intensivos, pero sobrevivió.

Cuando finalmente Sengar fue condenado por violación a cadena perpetua a finales de 2019, más de dos años después de atacar a la joven, la víctima había sufrido años de amenazas y había tenido que soportar que la llamaran mentirosa en público. Había perdido a su padre, y ella misma había resultado gravemente herida. Sus actos demostraron que poseía una fuerza extraordinaria, pero es probable que la lección, para muchas otras mujeres que siguieron las noticias sobre los sacrificios de la joven a través de la prensa o la televisión, sea que habría sido mejor que se callara.

Esa es la forma en la que se mantiene el silencio. En muchas partes del mundo, las mujeres están en un estado de temor constante. Desde pequeñas les dicen que la esencia y el valor de su condición de mujer radica en su «honor», es decir en su pureza sexual. Saben que perderla puede ser un motivo de vergüenza desastroso, y probablemente incluso una condena a muerte.

Obligar a las mujeres a pensar ante todo en su «honor» y no en su derecho a una vida libre de violencia es el instrumento más generalizado y poderoso de los que se utilizan en todo el mundo para que guarden silencio cuando son víctimas de abusos sexuales. Las amenazas, las palizas, las burlas, y a veces el asesinato, contra las que tienen el valor de levantar la voz sirven de refuerzo a las normas. Dicho lisa y llanamente, denunciar la violencia sexual resulta peligroso en muchas partes del mundo porque va en contra de los intereses personales de los hombres.

A partir del momento en que decidí ampliar mi tarea y convertirme en portavoz de las mujeres de mi hospital, y no limitarme a ser su médico, yo mismo empecé a ser objeto de distintas formas de intimidación. El desaire que sufrí durante mi primer discurso ante Naciones Unidas en 2006 formaba parte de esa pauta. Las amenazas han adoptado diferentes formas a lo largo de los años. A veces es una llamada telefónica amenazante por la noche, o un mensaje de texto anónimo. Las peores me advierten del peligro que corren mi esposa o mis hijas. He oído tiros al aire con armas automáticas delante de mi casa. Incluso con motivo del funeral de mi madre, en diciembre de 2019, me amenazaron con atacarme durante el trayecto hasta Kaziba, nuestro pueblo natal. Es imposible saber quiénes son los autores. La amenaza es constante, pero también tan difusa que resulta imposible protegerme de ella. Cualquiera que tenga interés en ocultar la verdad sobre el conflicto en el Congo oriental y en acallar a las mujeres me ve como un enemigo.

No siempre se trata de personas relacionadas con el Gobierno. Algunos de mis enemigos son hombres acusados de violación por las mujeres que reciben tratamiento en el hospital. En Panzi ofrecemos servicios jurídicos gratuitos para animar a las pacientes a demandar a sus agresores ante la justicia. A veces los acusados son hombres poderosos con empresas, carreras políticas y una reputación que deben proteger.

Los caudillos, los políticos y los altos mandos del Ejército que tienen interés en que se perpetúe la violencia en el Congo oriental para poder encubrir su saqueo y su contrabando de minerales y metales preciosos también consideran que mi tarea de difundir y arrojar luz sobre sus actividades supone una amenaza para sus ingresos.

Y mi insistencia en que algún día se haga justicia por los muertos y desaparecidos, que se han estimado en cinco millones, por los crímenes de guerra y por los cientos de miles de violaciones en el Congo a consecuencia de la Primera y la Segunda guerras del Congo, supone una amenaza para todos los que tienen las manos manchadas de sangre, incluidos nuestros países vecinos Ruanda, Uganda y Burundi.

He sufrido varios atentados desde el ataque contra mi primer hospital de Lemera. En 2004, durante la ocupación de Bukavu por varios generales desertores del Ejército, unos pistoleros acribillaron a balazos mi despacho privado en el centro de la ciudad. Una bala atravesó mi silla de oficina vacía. Yo habría estado sentado en ella de no ser porque un amigo que trabajaba para una organización humanitaria internacional me llamó e insistió en que nos viéramos para tomar una taza de té tan solo unos minutos antes.

También tengo una deuda de gratitud con la fuerza de pacificación de Naciones Unidas y con los altos funcionarios de la ONU, que han ordenado que un pelotón de cascos azules monte guardia delante de mi casa las veinticuatro horas del día. Llevan brindándome protección de forma casi ininterrumpida desde 2013, y me han acompañado en mis escasos viajes. Sin ellos, me habría visto obligado a abandonar el Congo.

Aunque vivo con un sentimiento constante e insidioso de inseguridad, también soy consciente de mis privilegios. Puedo contar con el apoyo de numerosas ONG, con la solidaridad de un puñado de funcionarios de Naciones Unidas y con mis amigos en el extranjero. A través de mi trabajo, he llegado a conocer a personalidades del Gobierno y de las Fuerzas Armadas. La mujer de Unnao (India), no tenía nada de eso. Se enfrentó a los poderosos ella sola. En todo el mundo, cuando las mujeres denuncian, a menudo lo hacen sin protección y solas.

El desaire que sufrí en 2006 a raíz de mi intervención en Naciones Unidas me dejó claro que el nuevo Gobierno de Joseph Kabila me veía como un adversario, no como un aliado en la lucha por la dignidad y la seguridad de nuestras conciudadanas. Durante los años siguientes, me han reiterado el mensaje con una claridad y un tono amenazador cada vez mayores.

Incluso después de mi primer discurso ante Naciones Unidas, yo seguía pasando la mayor parte de mi tiempo en el hospital, trabajando como médico y cirujano, pero empecé a hacer un esfuerzo consciente para viajar y difundir más mi mensaje. Empezaba a sentirme cada vez más asqueado e indignado: con nuestro propio Gobierno, con nuestros países vecinos, con las empresas que explotaban nuestra miseria, con la comunidad internacional por no actuar más enérgicamente. Por cada mujer que tratábamos, yo sabía que había otras miles que nunca conseguirían llegar al hospital.

Me sentía abandonado por las potencias occidentales –Estados Unidos y el Reino Unido seguían protegiendo a Ruanda– pero también por la Unión Africana, la asociación regional de Estados africanos. Su silencio y su debilidad son una mancha en la organización, que se parece más a un club sindical de líderes que defienden sus intereses mutuos. En vez de trabajar para poner fin a la matanza de africanos, se protegen unos a otros. Mi tarea de cabildeo empezó a dar frutos en términos de reconocimiento personal en el extranjero. En 2008 me concedieron el Premio de Derechos Humanos de Naciones Unidas, y el Premio Olof Palme, un galardón sueco al trabajo en derechos humanos, y acepté ambos en nombre de mis pacientes. La única alegría que sentí fue por el hecho de que sus voces empezaban a abrirse paso.

Además, ese mismo año empecé a trabajar en mi tesis doctoral, primero en la Universidad de Gante (Bélgica) y después en la Universidad Libre de Bruselas. Mi intención era compartir todo lo que había aprendido a través de mi amarga experiencia, con la esperanza de que contribuyera a prevenir el sufrimiento en otras partes del mundo y a concienciar a los círculos médicos. El tema de mi tesis doctoral –el tratamiento de las fístulas traumáticas urogenitales y genitointestinales bajas– es un triste resumen de las habilidades que he ido adquiriendo a lo largo de los años.

En 2011 tuvimos un caso que me asqueó y me indignó tanto que llegué a la conclusión de que todavía no estaba haciendo lo suficiente. Fue un punto de inflexión, cuando tomó impulso mi transición de médico a activista. Mi misión de denunciar la situación en el Congo pasó a ser aún más apremiante.

Un día llegó al hospital una madre con su hija, de unos once años. Me pareció que la madre me sonaba de algo. Caminaba cojeando, probablemente porque contrajo la polio de niña. Provenían de Mwenga, una zona al suroeste de Bukavu.

La madre me confirmó lo que me temía: ya la habíamos tratado en Panzi en 2000. Había formado parte de las primeras oleadas de pacientes con lesiones por violación que recibieron trata-

miento en los años siguientes a la inauguración del hospital. La
habían atacado en su hogar y posteriormente su marido la abandonó.

Entonces acudió al hospital porque necesitaba que la tratára-
mos sus heridas –lesiones genitales y una infección–, pero para
colmo uno de sus agresores la había dejado embarazada. Estaba
extremadamente traumatizada y necesitó lo mejor que pudimos
ofrecerle en aquella época en materia de apoyo psicológico.
Al igual que muchas mujeres en esa situación, le aterraba la
idea de dar a luz a un bebé que cada día le recordara su sufrimiento. Cuando parió a su hija, a la que llamó Wakubenga (que significa «la despreciada»), la rechazó y se negó a darle de mamar.
Muchas mujeres en esa situación no logran aceptar jamás a sus
hijos. El tormento cotidiano del recuerdo de su concepción y el
desgarro de las emociones contradictorias sencillamente resultan
insoportables. Y, además, saben que la criatura supondrá una
sangría para sus limitados recursos. ¿Qué posibilidad tienen de
casar bien a un hijo o una hija así, o de que encuentre un buen
empleo en una sociedad que los estigmatiza y los excluye?

He tenido casos de pacientes que depositaban sus bebés a la
puerta de mi despacho. Hemos visto constantemente cómo aban-
donaban a los recién nacidos delante de la puerta de seguridad del
hospital. Otras madres llegan llorando, confesando que habían
llevado a su bebé hasta la orilla de un río y habían estado a punto
de arrojarlos al agua.

Actualmente tenemos un equipo especial para ayudar a madres y bebés en esas circunstancias. Gran parte de esa tarea corre
a cargo de nuestras extraordinarias *mamans chéries*, las enfermeras que se han convertido en trabajadoras sociales y que acompañan a cada paciente. Apoyan a las madres y también trabajan con
las familias de las pacientes, a veces yendo a visitarlas en persona
para resolver las tensiones con los maridos y los progenitores.

Como media, en el hospital asistimos aproximadamente a
3.000 partos al año. Algunos años los bebés nacidos de una violación suponen hasta un 15 por ciento, es decir 450. Nuestro centro
especializado, Maison Dorcas, ahora ofrece alojamiento, atención médica y apoyo psicológico para esas nuevas madres.

Con el tiempo, y con el asesoramiento del personal, la madre de Wakubenga había sido capaz de ver que su hija era tan inocente como ella, que ambas eran víctimas de sus agresores. Si la repudiaba, lo único que conseguiría era agravar la tristeza y el sufrimiento que sentía. Hace falta una fuerza extraordinaria para llegar a ese punto: la capacidad de amar incondicionalmente. En Panzi, la mayoría de mujeres que dan a luz a hijos que son fruto de una violación logran aceptarlos. Pero hay muchas que no lo consiguen. Algunas simplemente se marchan o aceptan a sus hijos, pero después los desatienden cuando crecen. Los niños son repudiados por sus progenitores, sus hermanos y sus compañeros, a menudo se les niega una educación y la gente los insulta en público. Tuvimos a una mujer que se refería a su hijo, en su presencia, con la palabra *interahamwe*, un término muy habitual para designar a los extremistas ruandeses.

No tenemos ni idea de cuántos niños y niñas están en esa triste situación, pero yo los considero una «bomba de relojería», unas criaturas que son fruto de la violencia y que crecen hasta llegar a ser adultos sin haber conocido nunca el amor ni el afecto. En 2008 se hizo una encuesta tan solo en la ciudad de Shabunda que concluía que había tres mil niños nacidos de una violación entre una población de medio millón de personas.

Poco más de diez años después de dar el alta del Hospital de Panzi a Wakubenga y a su madre, ambas regresaron. Ahora Wakubenga era una preadolescente. Y para mi espanto, me dijeron que también la habían violado y que además estaba embarazada.

Me resultaba demasiado bárbaro y retorcido como para comprenderlo: una niña fruto de una violación a su vez había sido violada y esperaba un hijo. El problema se estaba haciendo multigeneracional.

Unos meses más tarde, en 2011, fui invitado a pronunciar un discurso ante otro comité sobre la violencia sexual en la sede de Naciones Unidas en Nueva York, pero esta vez no ante la Asamblea General, la reunión anual de los líderes mundiales. Me había invitado la Oficina del Representante Especial del Secretario General sobre la Violencia Sexual en los Conflictos, un mandato de

Naciones Unidas creado en 2009 y dirigido por Margot Wallström, una sueca valiente y dinámica. Partí hacia Nueva York pensando en Wakubenga. En comparación con 2006, aquella ocasión iba a ser diferente. Cinco años antes yo había ido a pedirle su opinión al embajador de la República Democrática del Congo, pensando que tal vez me ayudaría. Pero en 2011 ya sabía que lo único que podía esperar eran impedimentos por parte de mi propio Gobierno. Por consiguiente, fue una sorpresa que, por el contrario, un ministro quisiera verme a mí.

Poco después de llegar, me reuní con un viejo amigo mío que se había marchado del Congo unos años antes para ocupar un alto cargo en la sede de Naciones Unidas de Nueva York. Nos tomamos una copa en mi hotel, en el centro de la ciudad, e intercambiamos noticias. Le hablé de Wakubenga y de mi desesperación por la pasividad de la comunidad internacional. Cuando nos despedimos me deseó suerte con mi conferencia.

Sin embargo, unas horas después volvió a telefonearme. Dijo que había recibido un mensaje del gabinete del ministro de Sanidad del Congo en aquel momento, un aliado del presidente Kabila, que quería invitarnos a los dos a cenar, y me preguntó si estaba interesado en aceptar la invitación.

Me quedé sorprendido, por no decir más, pero teniendo en cuenta mis tensas relaciones con el Gobierno, acepté. Me imaginaba que podía ser una oportunidad de aclarar algunas cosas, sobre todo con un ministro que podía ser más empático que sus colegas del Gobierno, teniendo en cuenta la cartera que ocupaba. Le dije a mi amigo que aceptaba encantado, y al día siguiente por la noche nos invitaron al hotel del ministro.

El ministro se alojaba en el Waldorf Astoria, de cinco estrellas, al igual que muchas otras delegaciones extranjeras durante el periodo de sesiones de la Asamblea General. Cuando llegué, el vestíbulo de entrada era un hervidero de gente que pululaba en todas direcciones. El personal del hotel, los diplomáticos y los empresarios entraban y salían por la puerta principal, donde unos conserjes vestidos con libreas acompañaban a los huéspedes hasta las limusinas negras que esperaban a la puerta.

Me dirigí a un comedor reservado donde íbamos a cenar los tres. Me llevaron hasta una mesa ante la que ya estaban sentados el ministro y mi amigo. Era una cena muy privada, estábamos los tres solos. Recuerdo los cumplidos de rigor que intercambiamos al principio. Yo comenté la impresionante actividad que había en la zona de recepción y el gran lujo que nos rodeaba. El ministro parecía muy familiarizado con él. Me imaginé al presidente Kabila en una de las *suites* de las plantas superiores. Una vez que el camarero anotó nuestra comanda, el ministro entró en materia.

«Bueno, doctor ¿qué hace usted aquí, en Nueva York?», me preguntó.

«La Fundación Clinton va a entregarme un premio», le expliqué. Era cierto, pero también una evasiva. La Fundación Clinton había decidido concederme su Premio Ciudadano del Mundo en una ceremonia posterior a las reuniones de la Asamblea General. No me pareció oportuno sacar a relucir de inmediato mi discurso en Naciones Unidas.

«Muy bien. ¿Eso es todo? Me han dicho que también va a hablar ante Naciones Unidas, ¿no? –dijo fingiendo desconocerlo–. ¿A qué hora es?»

«Me ha invitado la representante especial para que hable sobre la situación en Kivu del Sur mañana –respondí–. Estoy pensando en...»

Estaba a punto de contarle lo que pensaba decir. Quería darle las últimas cifras de ingresos de Panzi, e incluso mencionarle el caso de Wakubenga. Yo ya suponía que él querría saber lo que yo pensaba decir, para asegurarse de que no iba a atacar públicamente a su Gobierno. Me cortó a mitad de la frase.

«El presidente va a pronunciar mañana su discurso ante la Asamblea General. Doctor, le he pedido que venga a verme para darle un consejo –dijo, haciendo una pausa e inclinándose sobre la mesa hacia mí–. Si yo fuera usted, no pronunciaría ese discurso.»

Dijo aquellas palabras con calma, pero con intención. Yo observé su rostro de arriba a abajo para asegurarme de que había comprendido correctamente el mensaje, y solo vi un semblante serio y amenazador.

«Si lo hace, ya sabe que resultará imposible garantizar su seguridad cuando vuelva al Congo», prosiguió misteriosamente, haciendo gestos con la mano en el aire como señalando a nuestro país, a miles de kilómetros de distancia, un mundo distinto de aquel comedor con el suelo lujosamente alfombrado.

Sentí como si de repente algo se me hubiera atascado en la garganta. Sentí que me faltaba el aire. ¿De verdad me estaba amenazando allí mismo mientras cenábamos en un apacible rincón del Waldorf Astoria?

«Pero, ministro, mi... mi discurso ya está programado –dije tartamudeando–. Hay varios jefes de Estado que han dicho que tienen intención de asistir. Necesitamos que haya una mayor conciencia. Es algo que deberíamos...»

«Déjeme que se lo diga un poco más claro. Si lo hace, estará tomando una decisión, porque después no podrá regresar al Congo. Sería demasiado peligroso para usted –añadió–. ¿Lo entiende?»

Sentí que las paredes se me venían encima. Había estado varios días imaginándome mi vuelta a Naciones Unidas, viendo a los diplomáticos y los políticos delante de mí con sus auriculares puestos. Esta vez me sentía más envalentonado, más seguro de mí mismo, dispuesto a proclamar mi frustración y mi enfado. Sentía que me estaban arrebatando toda aquella escena.

«Entiendo su preocupación –le contesté–. Pero ¿qué le parece si antes le enseño mi discurso? Podría cambiar algunas cosas. Estoy seguro de que podemos llegar a un acuerdo.»

Yo sabía que aquello era dar marcha atrás, pero la única solución era intentar negociar. El ministro no estaba interesado.

Era evidente que le habían enviado para entregar un mensaje. No parecía que hubiera la más mínima posibilidad de conectar con él. Era impermeable a cualquier argumento o a cualquier llamamiento a su conciencia que yo pudiera hacer. Me hablaba con la superioridad que podría sentir un ministro en compañía de un médico pueblerino y presuntuoso de un hospital provincial, que sin duda era como me veía él.

Llegó la comida y el camarero depositó suavemente un plato

delante de mí. Yo me quedé mirando mi ensalada, y de repente ya no tenía apetito y sentía unas ganas irresistibles de marcharme y de encontrar un lugar donde pensar y planear lo que iba a hacer. Tengo un recuerdo borroso de cómo transcurrió el resto de la cena. El ministro recuperó su pose jovial de la charla intrascendente de antes del almuerzo, ni incómodo por la amenaza que acababa de proferir ni molesto por mi evidente malestar. Cuando terminó su plato principal, y una vez cumplida su misión, se disculpó y se marchó. Regresé caminando a mi hotel con la cabeza llena de preguntas apremiantes. ¿Debía, podía desobedecerle? Era escandaloso que me intimidaran de esa forma. Pero entonces, ¿cómo podía esperar vivir y seguir con mi trabajo si volvía al Congo? ¿Y qué sería de Madeleine y los niños? También los pondría en peligro.

Tomé mi decisión después de llegar a mi hotel. Era una advertencia que tenía que tomarme en serio. No era una amenaza de muerte lanzada a altas horas de la noche por teléfono. Era un ministro actuando como un mafioso, sin tomarse la molestia de ocultar su identidad ni la intención de sus palabras.

Llamé a Margot Wallström y le conté lo ocurrido. Le expliqué que, dadas las circunstancias, no tenía más remedio que cancelar mi intervención. Me dijo que comprendía mi decisión y me preguntó si me sentía seguro en mi hotel. Me dijo que iba a informar al secretario general, Ban Ki-moon.

Al día siguiente recibí la visita de varios funcionarios del Ministerio de Asuntos Exteriores de Estados Unidos, que me tomaron declaración sobre lo ocurrido. Me preguntaron si necesitaba protección, un ofrecimiento que decliné. Les expliqué que había cancelado mi discurso y que tenía intención de volver a mi país.

Me quedé en Nueva York para recibir el premio de la Fundación Clinton en una ceremonia que tuvo lugar en el Hotel Hilton. El expresidente estadounidense Bill Clinton me lo entregó en una sala abarrotada de donantes adinerados y de muchísimas celebridades de Estados Unidos. Yo pronuncié un breve discurso donde explicaba nuestro trabajo e instaba a todo el mundo a tomar conciencia del conflicto en el Congo. Pero mi mente estaba en otra parte.

Quería volver a casa para ver a Madeleine. Me sentía desgarrado y conmocionado por dentro. Durante el día del viaje de vuelta, sentado en mi asiento del avión, volví a repasar una y otra vez la conversación del Waldorf Astoria. El viaje se me hizo eterno.

Las amenazas e intimidaciones contra las supervivientes de la violencia sexual adoptan muchas formas diferentes: por parte de sus agresores, de las familias de sus agresores, de los líderes y las figuras públicas de sus comunidades, e incluso de sus propias familias. Quienes hablan sin rodeos a pesar de todas esas presiones necesitan nuestro apoyo. Exigen nuestro respeto. Merecen nuestro reconocimiento por la fuerza de la que hacen gala al negarse a que las acobarden.

Madeleine me estaba esperando cuando por fin aterricé en Bukavu. Me sentía culpable por ponerla en peligro. Tal vez había sido imprudente, o tal vez demasiado confiado, al querer denunciar el problema en Nueva York, cegado por mi justificado enfado. Ella me tranquilizó como de costumbre, con calma y sensatamente. Me dijo que ya habría otras oportunidades de hablar en el extranjero. Yo me había replegado, pero únicamente para poder seguir adelante con mi trabajo.

Y efectivamente hubo otras oportunidades. Me guardé la admiración que sentía por la niña que había provocado que el general se desmayara y por las mujeres que le contaron sus experiencias a Jan Egeland. Me guardé la indignación que sentía por la vida de Wakubenga.

Al año siguiente Naciones Unidas volvió a invitarme. Me pidieron que formara parte de un comité donde también estaban Michelle Bachelet, la primera mujer elegida presidenta de Chile, y William Hague, a la sazón ministro de Asuntos Exteriores de Gran Bretaña. Me sentí lo bastante audaz como para aceptar.

Después sufrí otro intento de asesinato. Todavía me vienen a la memoria los *flashbacks* del tiroteo, de los gritos en la oscuridad, del cuerpo encogido de un querido amigo que sacrificó su vida para salvar la mía. Otro crimen sin resolver, otro intento de mantener la violencia sexual en la sombra.

7

Luchando por la justicia

A principios de 2014, ya no lo soportaba más. A lo largo de los dos años anteriores habían ingresado en el hospital una serie de niñas con heridas terribles, todas ellas procedentes del mismo pueblo, Kavumu, a unos treinta kilómetros de Bukavu. Empezó como unos pocos casos aislados, pero durante los años siguientes recibimos varias docenas de casos más. Todas las niñas habían sido raptadas en circunstancias similares. Unos hombres irrumpían en sus casas a altas horas de la noche y a menudo administraban un potente somnífero a sus víctimas. Después de raptarlas las violaban y más tarde, por la mañana, las devolvían, ensangrentadas y confusas. Cada caso devastador suponía una infancia arruinada; la gravedad de las heridas y de las cicatrices implicaba que cuando fueran adultas la mayoría de ellas nunca iba a poder tener relaciones sexuales con normalidad ni tener hijos.

Durante los primeros cinco meses de 2014, ingresaron cinco niñas muy pequeñas. La gota que colmó el vaso fue una niña de cuatro años, que llegó al hospital con graves heridas rectovaginales. Resultaba repugnante, desgarrador, y a mí simplemente no me cabía en la cabeza.

La operé junto con mi amigo y socio desde hace años, Guy-Bernard Cadière, un cirujano belga especialista en laparoscopia, un tipo de cirugía abdominal que se realiza a través de una pequeña incisión, y en el tratamiento de las fístulas. Viene periódicamente a Bukavu con su equipo del Hospital universitario de la Universidad Libre de Bruselas. Además de recaudar fondos para nuestro trabajo y actuar constantemente como asesor, el doctor Cadière ha contribuido a formar a nuestros cirujanos en el uso de sus técnicas no invasivas.

Hay pocas cosas que puedan impactar a un cirujano. El interior del cuerpo no tiene misterios para nosotros, pero a aquella niña la operamos conteniendo las lágrimas. Cuando examinamos sus heridas, nos preguntábamos en voz alta cómo se las habían infligido. Trabajábamos por turnos, en silencio, traumatizados y motivados por la ira que sentíamos.

Al terminar, me quité los guantes, me cambié y me puse la bata, y volví a mi despacho, sumido en airadas reflexiones y sintiéndome asqueado y disgustado. ¿A cuántas niñas más iban a mutilar antes de que les pararan los pies?

Después de tranquilizarme, decidí visitar Kavumu en persona. Necesitaba ver con mis propios ojos y escuchar de boca de la comunidad lo que estaba ocurriendo. ¿Por qué las familias no eran capaces de proteger a sus hijas? ¿Qué estaban haciendo los progenitores cuando raptaban y abusaban de sus hijas de aquella forma?

Volvía a luchar con la sensación de impotencia. Me daba la impresión de que siempre estaba recogiendo los pedazos, volviendo a coser unos cuerpos destrozados, y traumatizándome al hacerlo, pero sin ser nunca capaz de divisar el fin de la violencia. Necesitaba oír a las madres y escuchar a los padres en persona.

En colaboración con varias organizaciones humanitarias, concertamos una cita en un centro comunitario local para una semana después. Viajé con mi escolta de cascos azules de Naciones Unidas. Invitamos al fiscal jefe de Bukavu, que accedió a asistir, así como a un alto mando de las Fuerzas Armadas congoleñas y a un representante de la policía. El gobernador de la provincia y el secretario de Interior de la región dijeron que iban a asistir, pero se echaron para atrás en el último minuto.

Se adivinaba el grado de interés por la cantidad de personas que acudieron: había aproximadamente quinientas en total, hacinadas en una sala con una atmósfera sofocante. Algunas estaban sentadas de dos en dos en las sillas, otras permanecían de pie al fondo de la estancia. Incluso había personas pululando fuera del local por falta de espacio.

La atmósfera era tensa desde el principio. En la multitud había sobre todo mujeres, muchas de ellas abanicándose en aquel ambiente denso y caluroso. Hablaban a voces entre ellas cuando ocupamos nuestros asientos, y algunas lanzaron miradas acusadoras al fiscal y a los policías cuando se sentaron.

Pusieron un micrófono a disposición de los asistentes y los invitaron a hablar, y entonces estalló toda la frustración acumulada durante años. Contaron que la comunidad vivía en un temor constante. Todos se dormían sin saber nunca si cuando se despertaran alguna de sus hijas habría desaparecido, o si les iba a sobresaltar el ruido de unos hombres armados tirando abajo las endebles puertas de sus hogares en busca de una nueva víctima.

Algunas activistas por los derechos de las mujeres suplicaban a las autoridades presentes que hicieran más «¿No tienen ustedes piedad? –dijo una de ellas a la sala–. ¡Aquí no estamos hablando de violaciones, estamos hablando de la masacre de nuestras hijas!»

El fiscal tomó la palabra y les dijo a los asistentes que él no podía hacer nada a menos que los progenitores acudieran a las autoridades y denunciaran los hechos. «Tienen que denunciar lo que está ocurriendo –les instó–. Si no presentan una denuncia, es muy difícil que yo pueda hacer nada.» Hubo una oleada de comentarios indignados. Algunas de las madres que estaban cerca de mí pusieron los ojos en blanco.

Cuando terminó, el fiscal se encontró en el punto de mira de los asistentes. La gente se burlaba de él llamándole «Monsieur Hundred Dollars», porque tenía fama de aceptar sobornos. Nunca detenían a los culpables, dijo un coordinador comunitario local, lo que provocó los aplausos del público. Y aunque los detuvieran, podían comprar su libertad.

«Siguen haciéndolo porque pueden salir impunes. Saben que nadie les va a dar problemas», explicó.

Además de la serie de violaciones, en Kavumu y sus alrededores se habían registrado asesinatos, ataques incendiarios y palizas. Un activista local que había empezado a investigar las violaciones había sido asesinado a tiros en su casa delante de su hija. Como muestra de la inseguridad generalizada, los bandidos habían atacado incluso un campamento militar cercano.

Varias personas insinuaron que sabían quién estaba detrás de aquella ola de actos violentos, pero nadie estaba dispuesto a mencionar nombres. «Sabemos que si decimos algo también nos matarán —dijo el coordinador comunitario—. Puede que esta sea mi última noche simplemente por haber hablado aquí», añadió. El fiscal y el policía intentaron defenderse. Acabaron echándole la culpa a una milicia de la zona. Dijeron que estaban trabajando para detener a sus miembros. Pero sus palabras sonaban huecas. Cada vez que intentaban defenderse, los asistentes se mofaban de sus explicaciones.

Estaba claro que el problema no era la falta de valentía entre la comunidad, y mucho menos falta de vigilancia por parte de los progenitores. Las madres y los padres contaron que se pasaban toda la noche en vela. Algunos estaban agotados porque tenían que dormir por turnos, alternándose para velar por sus hijas. Me impresionó la fuerza con la que muchas madres denunciaron la situación.

El problema era la ausencia total de un sistema judicial eficaz. Y aquel pueblo de las afueras de Bukavu era un microcosmos de nuestro mundo. Puede que a primera vista pareciera un lugar muy remoto, con sus chozas de madera y sus caminos embarrados. Sin embargo, el problema al que se enfrentaban las madres de aquellas niñas era el mismo al que se enfrentan las mujeres de todos los lugares del mundo: que incluso cuando levantan sus voces y denuncian los crímenes que se cometen contra ellas, muchas veces el sistema de justicia penal les falla.

Los abusos sexuales prosperan en el silencio, pero también cuando los hombres tienen las manos libres para actuar con impunidad. Aristóteles, el padre de la filosofía occidental, escribió que «el hombre perfeccionado es el mejor de los animales, pero cuando se aparta de la ley y de la justicia es el peor de todos». Después de lo que he visto, no podría estar más de acuerdo.

En Kavumu no había leyes; el hombre estaba en su peor versión. Pero en última instancia, fui testigo de lo poderoso que puede ser el sistema judicial cuando se aplican los recursos y la determinación suficientes.

Al final de la reunión vinieron a verme varias mujeres y el coordinador comunitario que había hablado ante los asistentes. En voz baja, para que nadie que estuviera cerca pudiera oírlos, me dijeron quién era el responsable en última instancia.

La milicia que actuaba en la zona estaba controlada por un diputado local, miembro de la Asamblea Regional de Kivu del Sur: «Frederic Batumike. Es todopoderoso. Nadie se atreve a tocarlo», dijo una de ellas.

Después de la reunión intensificamos nuestros esfuerzos para intentar poner fin a una de las más repugnantes series de ataques que habíamos conocido nunca. En total, por lo menos cuarenta y seis niñas de entre dieciocho meses y diez años de edad fueron violadas en Kavumu entre 2012 y 2015.

Nos unimos a un amplio colectivo de activistas, entre los que figuraban la ONG Physicians for Human Rights, con sede en Nueva York, con la que llevo colaborando más de diez años, así como con TRIAL International, una ONG con sede en Ginebra dedicada a apoyar a las víctimas a lo largo del proceso judicial. Nuestro equipo jurídico y nuestros médicos especializados fueron esenciales.

En 2009, la Fundación Panzi creó un nuevo servicio jurídico como parte de nuestro programa de «atención holística» para las supervivientes. Fue una evolución natural de nuestro trabajo, que venía a sumarse a la atención médica, al apoyo psicológico y a los programas de inserción socioeconómica gestionados a través de la Ciudad de la Alegría y de la Maison Dorcas.

Constatamos que muchas de las supervivientes que pasaban por esos programas superaban sus lesiones, recuperaban la confianza en sí mismas y estaban listas para enfrentarse a la estigmatización de sus pares. Una vez restablecida su sensación de autoestima, querían saber cómo podían exigir reparación y justicia, no solo para ellas mismas, sino también para que otras mujeres no corrieran la misma suerte que ellas.

Cuando veo a una mujer dispuesta a demandar a sus agresores, a pesar de las escasas probabilidades de éxito y del riesgo de sufrir intimidaciones, sé que el trabajo de nuestros equipos está surtiendo efecto: hace falta fuerza, fe en los propios derechos, y autoestima, y esas son las cosas que intentamos fomentar.

El departamento jurídico del hospital se conoce como la «clínica judicial», y fue creado por una enérgica abogada, Thérèse Kulungu. Thérèse procede del Congo occidental, pero después de leer en la prensa un reportaje sobre nuestro trabajo, se prestó a volar más de mil quinientos kilómetros, hasta el otro extremo del país, para unirse a nosotros a pesar de que nunca había puesto el pie en Bukavu.

Su compromiso ha sido emulado por todas sus sucesoras, que dirigen un equipo de seis abogados que contribuyen a asesorar a las supervivientes sobre sus derechos legales. Las ayudan a presentar demandas judiciales y las acompañan durante los juicios. Además, colaboran con otros abogados y dirigentes comunitarios de toda la provincia, y contribuyen a informar a la ciudadanía, y a las mujeres en particular, sobre el sistema de justicia penal.

Se trata de una tarea esencial y a menudo peligrosa, que cuenta con el apoyo de varios socios extranjeros, como, por ejemplo, la ONG Eastern Congo Initiative, fundada por el actor Ben Affleck y la empresaria y política estadounidense Whitney Williams.

La colaboración entre la clínica judicial y los médicos del hospital, que han recibido formación de la ONG Physicians for Human Rights en materia de informes médicos forenses, fue crucial a la hora de reunir las pruebas contra los perpetradores de Kavumu. Recogimos declaraciones detalladas de las víctimas y sus familias, grabamos entrevistas en vídeo, e hicimos fotografías.

Además, yo contribuí a ampliar la cobertura de los medios del Congo y de otros países. La periodista belga Collette Braeckman utilizó su influencia en Europa, mientras que la periodista estadounidense Lauren Wolfe escribió un reportaje detallado y conmovedor sobre Kavumu, titulado «A Miserable Mystery in Congo» («Un triste misterio en el Congo») para la revista estadounidense *Foreign Policy*.

La presión sobre las autoridades congoleñas para que tomaran medidas palpables fue en aumento. Para entonces, el Gobierno de Kabila había nombrado a una representante especial contra la violencia sexual, una medida de cara a la galería, más que un paso real para afrontar el problema. Cuando nos pusimos en contacto con ella por los sucesos de Kavumu, nos dijo que no podía hacer nada debido a la inmunidad parlamentaria de Batumike como diputado de la Asamblea de Kivu del Sur en representación del distrito de Kavumu y alrededores.

No obstante, a principios de 2016, la fiscalía civil y la policía recibieron órdenes de intensificar sus deslucidas investigaciones. Sus esfuerzos no duraron mucho. El ímpetu se agotó muy pronto cuando ambos organismos también llegaron a la conclusión de que era imposible procesar a Batumike.

Afortunadamente, el sistema judicial militar demostró ser un aliado más eficaz y menos propenso a la corrupción. En marzo, los investigadores del tribunal militar de Bukavu asumieron la jurisdicción sobre los casos, argumentando que la serie de violaciones constituía un crimen contra la humanidad, que el tribunal sí tenía la potestad de enjuiciar.

Tres meses después, Batumike fue detenido junto con docenas de cómplices. Lo detuvieron en su casa, donde la policía encontró una pistola Colt semiautomática, vieja pero que aún funcionaba, que llevaba grabado «U.S. Army», un arma que sin duda su dueño había comprado en el enorme mercado negro de armamento retirado del servicio. Eso significaba que podían acusarle de posesión de un arma de guerra.

Además, en su historial de llamadas telefónicas los investigadores encontraron la prueba de que había contactado reiteradamente con varios matones de la milicia que habían sido sorprendidos en el acto de violar a una niña. Descubrieron más vínculos entre Batumike y los jefes operativos de aquel grupo armado, que se hacía llamar Jeshi la Yesu (Ejército de Jesús). Con aquellas pruebas, pudieron demostrar que él era quien controlaba a aquellos hombres.

La historia completa de su reinado de terror salió a la luz cuando el Tribunal Militar Supremo juzgó a Batumike y a otras diecisiete personas en diciembre de 2017. Su dominación sobre la comarca había comenzado cuando Batumike ordenó el asesinato de un expatriado alemán que era dueño de una plantación en la zona de Kavumu. Después, el diputado intentó infructuosamente adueñarse de la hacienda. Cuando le negaron la escritura de la propiedad, él sencillamente ordenó a un grupo de hombres armados con fusiles Kalashnikov que ocuparan la zona.

Después utilizó a la milicia para hostigar y silenciar a cualquiera que pareciera ser un adversario político del jefe, como, por ejemplo, para asesinar a un coordinador comunitario que había empezado a investigar. Batumike pudo utilizar su cargo, su influencia y su dinero para bloquear las investigaciones policiales y judiciales contra sus compinches.

La investigación arrojó luz sobre los ataques contra las niñas. El tribunal concluyó que los combatientes estaban bajo la influencia de un hechicero que les suministraba unas pociones que supuestamente los protegían de sus enemigos. Aquellos brebajes requerían la sangre del himen de una virgen.

Ese tipo de curanderismo ritual y esas supersticiones tienen una larga historia en el Congo, aunque normalmente no conllevan violencia sexual. El caso más famoso fue en tiempos de la rebelión simba contra Mobutu en los años sesenta, cuando a los jóvenes combatientes les suministraban un polvo negro hecho de huesos de león y de gorila molidos y les proporcionaban unos amuletos mágicos que ellos creían que convertían las balas enemigas en agua.

Durante las tres semanas que duró el juicio, el tribunal militar organizó una serie de vistas en Kavumu donde prestaron declaración docenas de testigos y de víctimas, muchas de ellas ocultas tras una mampara y con tecnología para distorsionar las voces a fin de proteger su identidad –unas medidas que por desgracia son una rareza en el Congo–. Las madres de las niñas resultaron cruciales. La inmensa mayoría acudió a declarar, y todas ellas contaron su horror y su congoja, y manifestaron su ferviente deseo de que se castigara a los culpables. En la sentencia final, Batumike fue condenado a cadena perpetua y otros once miembros de la milicia fueron declarados culpables de crímenes contra la humanidad. Fue la primera vez en la historia del Congo que un diputado en activo era declarado culpable por los delitos de sus milicianos, y la primera condena por violencia sexual como crimen contra la humanidad en un tribunal nacional. Posteriormente, los recursos de los condenados fueron rechazados.

Estábamos exultantes. Los habitantes de Kavumu pudieron por fin pasar aquella página de cinco años de terror. Los progenitores pudieron dormir en paz al lado de sus hijas. Las violaciones cesaron tan repentinamente como empezaron.

Desde entonces no he vuelto a operar a ninguna niña de Kavumu. No puede haber una demostración más elocuente del impacto de la justicia.

Los abogados, los médicos y los psicólogos del hospital siguen emprendiendo misiones arriesgadas en las zonas del Congo oriental afectadas por las violaciones masivas a fin de tomar declaración a los testigos y preparar querellas criminales. Esos viajes son difíciles y a menudo peligrosos.

En una ocasión, un equipo se quedó varado varios días en una carretera de la selva esperando ayuda porque su vehículo se había averiado. A veces tienen que viajar en lancha remontando los ríos y después caminar durante un día entero por los senderos de la selva para llegar a los pueblos más remotos. En todas partes encuentran supervivientes que sueñan con que el peso de la justicia caiga sobre sus agresores, pero se muestran escépticas acerca de las posibilidades de lograrlo, y temen por su propia seguridad.

A finales de 2019 nuestros equipos se apuntaron otro importante éxito, pues contribuyeron al procesamiento de un caudillo de la región de Shabunda llamado Kokodikoko. Era el jefe de más de doce milicias de la zona denominadas Mai-Mai, unos grupos que supuestamente defienden a la población local contra los militantes ruandeses, pero que en la práctica son mafias brutales que se dedican al negocio de la minería y a la extorsión.

Los investigadores militares, con la ayuda de Naciones Unidas, volaron hasta allí en helicóptero para juzgar a Kokodikoko en el escenario mismo de muchos de sus crímenes, y utilizaron una iglesia local y un edificio público como juzgados improvisados. En la zona se habían registrado 175 casos de violación. En colaboración con nuestras ONG asociadas y con Naciones Unidas, contribuimos a conseguir medidas de protección para los testigos, lo que fue crucial para garantizar a las mujeres que estarían seguras si testificaban.

En total acudieron a testificar cincuenta víctimas, entre las que había ocho que habían sido raptadas y retenidas por los milicianos como esclavas sexuales en una cueva. Ellas conocían el riesgo de represalias si alguna vez las identificaban. Pero también sabían que estaban luchando por algo más grande que exigir justicia para ellas. Su disposición a revivir sus experiencias en aras de la justicia contribuyó a proteger al resto de la población.

Al principio, Kokodikoko, un expolicía convertido en gánster, se mostró arrogante y despectivo hacia el tribunal. Caminaba con aire jactancioso y presumía de que el juicio le estaba haciendo famoso en todo el Congo y en el extranjero. Parecía deleitarse con la atención que le prestaban los medios. Pero fue perdiendo la compostura a medida que se acumulaban las pruebas contra él. El tribunal escuchó cómo en una ocasión Kokodikoko mató a patadas a un hombre, y que a las mujeres, cuando las raptaban, las violaba él primero, y después se las entregaba a sus hombres. En un momento dado, Kokodikoko se puso a gritar a los jueces, con los ojos fuera de las órbitas de ira y el rostro desencajado por la furia.

Las declaraciones de los testigos y las supervivientes, respaldados por el trabajo del equipo de Panzi, volvieron a ser cruciales para asegurar una sentencia a cadena perpetua, para él y otros dos combatientes, por crímenes contra la humanidad. Cuando lo condenaron, empezó a sollozar irrefrenablemente mientras se lo llevaban esposado.

En este caso, también por primera vez, el tribunal condenó al Estado congoleño por incumplir su deber de proteger a los ciudadanos que le habían pedido auxilio. El Gobierno tuvo que pagar una indemnización por daños y perjuicios a las víctimas.

Esta es la historia de algunos de nuestros éxitos. Viene a demostrar que es posible impartir justicia con la ayuda de un colectivo de colaboradores bien dispuestos –médicos, jurídicos y administrativos– y también gracias a una autoridad judicial competente y capaz de reaccionar. Ambos juicios enviaron un mensaje a los comandantes, a los políticos y a los humildes soldados de a pie: puede que algún día tengan que pagar muy caro sus actos. Esas victorias habrían sido imposibles sin la valentía y el arrojo de las supervivientes.

Sin embargo, por desgracia, son la excepción.

Durante más de veinte años, el mensaje a los criminales de guerra del Congo ha sido que pueden seguir masacrando, torturando, violando y saqueando sin miedo a la ley ni a las sanciones. En muchos casos, ese tipo de conductas son el camino al poder. En el Congo hay un dicho: para llegar a ser general del Ejército es necesario haber matado a mil personas. Sigue siendo un país de una impunidad casi total.

En nuestra clínica judicial estamos constantemente desbordados por la acumulación de casos, y los resultados a menudo son desalentadores. En un caso reciente, un alto funcionario de Bukavu violó a una chica en su coche después de una fiesta. A pesar de las pruebas abrumadoras en su contra, él se las ingenió para que le absolvieran –se dice que a cambio de 10.000 dólares.

El sistema judicial civil está plagado de este tipo de corrupción cuando tramita casos individuales, incluso en una ciudad como Bukavu. Las condenas son para los pobres; los poderosos casi siempre pueden comprar su libertad. Y en las zonas más recónditas del Congo oriental, la policía y el sistema judicial casi nunca funcionan, ni siquiera en las zonas controladas por el Estado. Allí donde los grupos rebeldes son los amos, investigar resulta imposible.

Al principio el Gobierno negaba que hubiera una crisis de violaciones, y después se puso en contra de quienes intentábamos afrontarla, como yo mismo tuve ocasión de comprobar cuando me amenazaron en el Waldorf Astoria. Ha habido proclamas, investigaciones parlamentarias y grupos de trabajo para analizar el problema de la violencia sexual, pero nunca se han decretado las reformas pertinentes: financiación y compromiso con el sistema judicial nacional, y al mismo tiempo una mejora de nuestras disfuncionales fuerzas de seguridad.

Las dos condenas conseguidas para Batumike y Kokodikoko únicamente fueron posibles gracias a la extraordinaria capacidad de reacción del sistema judicial militar y a la inusitada aplicación del derecho humanitario internacional, que se ha extendido espectacularmente a lo largo de los últimos veinticinco años.

Gracias a esos avances, el derecho internacional presta una protección teórica a las mujeres de las zonas de conflicto en cualquier lugar del mundo. Eso supone un avance, pero una vez más el problema radica en su implementación. Además, el reciente recrudecimiento del nacionalismo en todo el mundo está socavando algunos de esos avances tan preciados.

Después de la Segunda Guerra Mundial, los tribunales internacionales creados para juzgar a los criminales de guerra –en Núremberg (Alemania) para las atrocidades cometidas por los nazis en Europa, y en Tokio para las cometidas en Asia– escucharon abundantes testimonios del empleo sistemático de las violaciones, pero no lo juzgaron como un crimen contra la humanidad. Los juicios de Núremberg no juzgaron ni un solo caso de violación.

En la década de 1990, los primeros tribunales internacionales desde los tiempos de Núremberg y Tokio fueron un importante paso adelante. En el Tribunal Penal Internacional para la antigua Yugoslavia, cuyas sesiones se celebraron en La Haya (Países Bajos) a partir de 1993, los fiscales demostraron por primera vez que la violación podía considerarse un crimen de guerra y un crimen contra la humanidad.

En febrero de 2001, con una sentencia histórica, el Tribunal consiguió condenar a tres militares y paramilitares serbios que habían violado a mujeres no serbias y musulmanas en la ciudad de Foča y sus inmediaciones, en la actual Bosnia y Herzegovina. Fueron condenados a penas de entre doce y veintiocho años de cárcel por sus violaciones como crimen contra la humanidad y por esclavitud sexual.

El Tribunal Penal Internacional para Ruanda, que se constituyó en 1995 en Tanzania (África oriental), también sentó una nueva jurisprudencia al dictaminar que las violaciones podían perseguirse en virtud del derecho internacional. El caso de Jean-Paul Akayesu, un alcalde hutu que dirigió el asesinato de hasta dos mil personas en su distrito, estableció por primera vez que la violación podía constituir un acto de genocidio.

Cabe destacar que entre las primeras acusaciones contra Akayesu no figuraba la violación. Los fiscales no identificaron su práctica generalizada, o bien la pasaron por alto. La jueza sudafricana Navi Pillay, la única mujer que entendía del caso, fue determinante para que se admitieran nuevas pruebas contra el acusado después de que una superviviente prestara un atroz testimonio desde el estrado de los testigos sobre la violación en grupo y los abusos contra las mujeres tutsis en el distrito de Akayesu. Pillay ordenó que se modificaran las acusaciones, un ejemplo crucial de que una mujer está en mejor sintonía con el impacto de los delitos sexuales y es más sensible a ellos, algo que se les había escapado a sus colegas varones. Akayesu fue condenado a cadena perpetua en 1998.

Esas sentencias históricas –que dictaminan que la violación premeditada como táctica militar constituía un crimen contra la humanidad y un crimen de guerra, y podía considerarse un método para perpetrar un genocidio– se incluyeron en el tratado fundacional del Tribunal Penal Internacional (TPI). La creación del TPI, que también tiene su sede en La Haya, fue el cénit del desarrollo del derecho humanitario internacional. Fue un hito para la humanidad, fruto de la cooperación mundial, y la afirmación de que ya no podían tolerarse los actos más viles de la guerra.

El TPI fue creado para poder enjuiciar los delitos más graves del mundo –los crímenes de guerra, los crímenes contra la humanidad y el genocidio– para las atrocidades cometidas a partir de 2002, cuando entró en vigor el tratado. El Tribunal tenía la potestad de iniciar investigaciones en los países que no estaban dispuestos a perseguirlos, o que no eran capaces de hacerlo. El mensaje a los caudillos, a los dictadores, y a todos aquellos que pisotean los derechos humanos era que ningún lugar les garantizaba su seguridad. Ni siquiera los estados fallidos podían seguir siendo territorios sin ley.

El Congo fue uno de los más de 120 países firmantes del tratado fundacional. Esa fue la base jurídica para que nuestros tribunales militares procesaran a Batumike y a Kokodikoko. Sin el derecho humanitario internacional, es muy posible que yo siguiera operando a niñas pequeñas de Kavumu.

En 2004, el Gobierno trasladó el conflicto en el Congo oriental al TPI, donde su fiscal jefe, Luis Moreno-Ocampo inició la investigación correspondiente. Allí donde el sistema jurídico nacional había sido incapaz de castigar a los delincuentes, ¿tal vez los fiscales internacionales lograrían hacerlo?

El Congo fue uno de los ocho países, todos ellos africanos, donde el TPI puso en marcha otras tantas investigaciones durante sus primeros diez años de funcionamiento. A algunos críticos –en su mayoría personas con un interés ideológico o personal en soca-

var su tarea–, la decisión de Moreno-Ocampo de centrarse en
África y no en otras zonas del mundo les parecía un error de apre-
ciación.

Hubo algunos éxitos aislados. En 2012, Thomas Lubanga, comandante de una milicia que actuaba en el estado de Ituri, en el
Congo oriental, y que tenía vínculos con Uganda, fue declarado
culpable de crímenes contra la humanidad por reclutar niños soldados de hasta once años de edad para su grupo. Fue la primera
condena que conseguía el tribunal, y un motivo para celebrar.
Pero los fiscales pasaron por alto las pruebas generalizadas de
crímenes sexuales que habrían podido agravar la condena, relativamente benévola, a catorce años de cárcel. Lubanga ya ha sido
puesto en libertad.

En 2014, otro comandante de una milicia que actuaba en Ituri,
Germain Katanga, fue condenado a doce años de cárcel por una
masacre cometida en una aldea. Por desgracia, fue absuelto de las
acusaciones de violación y esclavitud sexual.

En julio de 2019 hubo una tercera victoria: el TPI condenó a
Bosco Ntaganda, un exgeneral del Ejército congoleño convertido
en rebelde. Estaba al mando de dos milicias de mayoría tutsi apoyadas por Ruanda. El tribunal tuvo que escuchar cómo sus hombres destripaban a los bebés, retenían a las mujeres como esclavas
sexuales y decapitaban a los civiles. Fue juzgado culpable de dieciocho crímenes de guerra, entre ellos violación, y condenado a
treinta años de cárcel.

Sin embargo, esos éxitos se parecían mucho a los nuestros, a
nivel local, en los tribunales militares: una prueba de concepto,
una demostración de que el sistema podía producir resultados.
Pero eran totalmente insuficientes a la hora de generar la disua-
sión necesaria.

Hay cientos de hombres como esos tres condenados de alto
nivel, que han sembrado el terror entre los hombres, mujeres y
niños del Congo oriental. Algunos de ellos están en el Ejército o
trabajan como empresarios en el Congo, o bien, como ocurre con
Laurent Nkunda, viven en Ruanda, sin que la ley los importune.

Y el TPI ha sido objeto de incesantes ataques desde su creación, por ejemplo, desde Estados Unidos, que se sumó a China y a

Israel y votó públicamente contra la creación de este vital organismo judicial supranacional.

Por ser la democracia más poderosa del mundo, Estados Unidos debería defender siempre el imperio de la ley. Fue la fuerza que impulsó las instituciones internacionales multilaterales que se crearon tras la Segunda Guerra Mundial. Pero Estados Unidos nunca se ha adherido al TPI, a diferencia de todos sus socios occidentales, lo que lo sitúa en un club de Estados, en su mayoría autoritarios, que se oponen a él porque tienen miedo de la transparencia y por la posibilidad de tener que rendir cuentas por sus actos.

En 2019, cuando el fiscal jefe del Tribunal intentó abrir una investigación por los crímenes de guerra cometidos en Afganistán, un país miembro del TPI, la administración del presidente estadounidense Donald Trump reaccionó airadamente. La investigación se centrará en los crímenes cometidos por el Gobierno afgano y por los talibanes, pero también en las acusaciones bien documentadas de torturas y abusos sexuales contra las fuerzas estadounidenses durante la invasión del país en 2003 y después. Trump anunció sanciones contra el fiscal jefe y contra otro alto funcionario.

Además, el TPI ha sido objeto de amenazas de retirada por parte de varios países africanos, entre ellos Uganda, Gambia y Sudáfrica, que han intentado acusar al Tribunal de conspiración contra el continente debido a que inicialmente centró sus trabajos en África.

No niego que existen motivos para cuestionar la efectividad del TPI o su enfoque. A cambio de mil millones de dólares en contribuciones, desde 2002 tan solo ha conseguido nueve condenas, y en el momento de escribir estas líneas solo ha dictado treinta y cinco órdenes de detención. Ha echado a perder o gestionado mal numerosos procesamientos contra personalidades de alto nivel. Sin embargo, esos fracasos deberían llevarnos a reflexionar sobre cómo reformar y mejorar la institución, no a ceder al pesimismo y la desesperación, ni a concluir que el proyecto está abocado al fracaso. A muchas personas les resulta difícil entender la importancia de instituciones multilaterales como el TPI. Les parecen distantes y complicadas. Son objeto de constantes ataques por parte de los políticos nacionalistas. No son perfectas, y deben ponerse al día y mejorarse constantemente. Pero sus normas y ordenanzas ofrecen protección. Aunque a los occidentales, con sus sistemas judiciales adecuadamente financiados, pueda parecerles irrelevante, el TPI podría ser la única esperanza de reparación para una madre congoleña que fue violada a diario en un campamento de la selva o cuyos hijos fueron masacrados delante de ella. Esos son los rostros humanos que hay detrás de los laboriosos argumentos jurídicos y de los juicios de lenta tramitación de los juzgados de La Haya.

Sin el miedo a tener que pagar por sus actos, nunca se disuadirá a los hombres de ver los cuerpos de las mujeres como objetos que secuestrar, violar y desechar en las zonas de conflicto. No tendremos ninguna esperanza de lograr que un comandante, ya sea de un grupo rebelde o del Ejército, instruya y castigue a sus soldados. Y yo tampoco tendré la mínima esperanza de ver el fin del constante flujo de víctimas que llegan al Hospital de Panzi con el cuerpo desgarrado y mutilado.

La impunidad total con la que se han cometido todo tipo de crímenes en el Congo explica por qué siguen produciéndose hoy en día. Ese es el motivo de que el antiguo niño soldado que habló con tanto descaro sobre su pasado en mi despacho no sintiera ningún temor a confesar sus crímenes.

Por esa razón, en todos mis discursos públicos, o cada vez que acepto un premio en nombre de las mujeres maltratadas del Congo, sigo suplicando a la comunidad internacional que tome medidas. Me resulta incomprensible que no haya habido iniciativas serias para llevar ante la justicia a los artífices del sufrimiento del Congo.

Los genocidios de la antigua Yugoslavia y de Ruanda dieron lugar a la creación de tribunales internacionales *ad hoc* que conjuntamente acusaron a más de 250 de los peores perpetradores. El Tribunal Especial para Sierra Leona, creado en 2002, investigó la guerra civil de ese país de África occidental durante los años noventa, y declaró a Charles Taylor, su antiguo presidente, culpable de crímenes de guerra en 2012.

En 2003 se creó un tribunal penal con la ayuda de la comunidad internacional para perseguir a los líderes de los Jemeres Rojos de Camboya, que causaron la muerte de más de un millón y medio de personas a lo largo de cuatro años durante la década de 1970.

La cifra de muertos en el Congo durante los últimos veinte años es gigantesca. Una vez más, como sucede demasiado a menudo, carecemos de datos exactos. Utilizando las cifras de exceso de mortalidad, la organización sin ánimo de lucro International Rescue Committee calculó que han muerto nada menos que cinco millones de personas directamente a causa de los combates, o por las enfermedades y la malnutrición provocadas por la guerra, tan solo en la primera década de conflicto, entre 1998 y 2008. Sin embargo, aparte de las limitadas investigaciones del TPI y de los esporádicos juicios militares en el Congo, no ha habido ningún intento serio de llevar ante la justicia a los que nos ocasionan tanto sufrimiento.

Y no será por falta de pruebas. La Oficina del Alto Comisionado de Naciones Unidas para los Derechos Humanos emprendió un estudio detallado de los crímenes de guerra cometidos entre 1993 y 2003, un periodo que abarca las dos invasiones del Congo por grupos rebeldes apoyados por los Ejércitos de Ruanda, Uganda y Burundi. Un equipo de más de veinte expertos en derechos humanos entrevistó a más de mil doscientos testigos oculares.

El resultado fue lo que vino en llamarse *Mapping Report*,[1] un grueso tomo de más de quinientas páginas que contiene el resultado de un riguroso trabajo de investigación. El informe detalla 617 incidentes graves de abusos contra los derechos humanos que podrían constituir crímenes contra la humanidad y posiblemente genocidio, y donde a menudo los autores tienen dificultades para encontrar las palabras adecuadas con las que describir lo que ellos califican de «crueldad inefable».

Algunos de esos incidentes me afectaron personalmente: el ataque contra mi hospital de Lemera figura en la página 75; una masacre cometida en Kaziba, mi pueblo natal, aparece sesenta páginas más adelante. Poco después, el informe describe la masacre, las violaciones en masa y las mutilaciones perpetradas en la aldea de Kasika, que fueron organizadas como venganza por un ataque contra un grupo de oficiales rebeldes y ruandeses en agosto de 1998. Una de las mujeres asesinadas fue la esposa del jefe de la tribu, que estaba embarazada. La había examinado en mi consulta tan solo dos semanas antes, y le había informado de que estaba esperando gemelos. Los perpetradores la destriparon y le rajaron el útero para sacarle los fetos. En esa misma región, en el centro de la ciudad de Mwenga, los investigadores descubrieron que los perpetradores violaron a quince mujeres, las hicieron desfilar desnudas por las calles, y después las enterraron vivas. En todas y cada una de las páginas del informe hay horrores.

La alta comisionada de Naciones Unidas responsable del *Mapping Report* fue Navi Pillay, la exjueza sudafricana que formó parte del tribunal encargado de juzgar el genocidio de Ruanda y que contribuyó de manera crucial a la definición de la violación como crimen de guerra. La jueza Pillay es una de las muchas mujeres fuertes que me han inspirado.

Navi Pillay procede de una familia inmigrante india de Durbán, y se crio en medio de la pobreza, para después unirse a la lucha contra el *apartheid*. Gracias a su determinación y a su potente intelecto, llegó a ser la primera magistrada no blanca del Tribunal Supremo de su país. Es una persona humilde e intransigente en la búsqueda de la verdad, y desarrolla su trabajo sin temor ni favoritismos, por lo que a lo largo de los años ha ido haciéndose muchos enemigos poderosos.

El *Mapping Report* fue el primer intento de rendición de cuentas por los estragos del Congo. En 2010, cuando lo hizo público, Pillay dejó bien clara la vinculación de las violaciones masivas y la violencia en curso con los defectos del poder judicial. «La cultura de la impunidad en la República Democrática del Congo –que subsiste hoy en día– ha fomentado la creación y evolución de grupos armados y el uso de la violencia para resolver las disputas y hacerse con el control de los recursos naturales», afirmaba.

A raíz de sus esfuerzos para arrojar luz sobre esa vergonzosa situación, se le denegó un segundo mandato como alta comisionada, y los Estados hostiles al informe, sobre todo Ruanda, la pusieron en la picota. Alguien filtró a la prensa un borrador del informe antes de su publicación, y las noticias de los medios se centraron en el papel que desempeñaron las tropas de Ruanda en las atrocidades y en apuntar que la masacre que llevaron a cabo contra los refugiados hutus en territorio congoleño podía constituir genocidio.

El Gobierno ruandés «lo rechazó categóricamente» y sostuvo que era un intento de «validar la teoría del doble genocidio», que afirma que se produjo un segundo genocidio dentro del Congo contra los hutus. El presidente Paul Kagame, un antiguo comandante militar, amenazó con sacar a los tres mil cascos azules ruandeses de las operaciones de Naciones Unidas. El secretario general, Ban Ki-moon, se apresuró a hacer una visita a Ruanda para destensar las relaciones.

Al final, se suavizó la versión final del informe que se publicó. La palabra «presuntamente» aparecía más a menudo, como para dar a entender que existían dudas. Y después de su publicación, el informe fue archivado en un estante o en un cajón, en algún lugar de la sede central de Naciones Unidas, donde todavía permanece hoy, más de diez años después, como un colosal trabajo condenado a la irrelevancia.

El informe hacía una serie de recomendaciones, como, por ejemplo, que el Gobierno creara un mecanismo de «verdad y reconciliación» creíble para posibilitar que el país se enfrentara a su pasado y curara sus heridas. También sugería la creación de un tribunal especial formado por jueces congoleños e internacionales para juzgar los casos más graves de abusos de los derechos humanos. Originalmente algunos sugirieron que se ampliaran las atribuciones del Tribunal Penal Internacional para Ruanda a fin de perseguir los crímenes cometidos en el Congo.

No se dio continuidad a ninguna de dichas recomendaciones. El presidente Joseph Kabila quería que se ignorara el informe, lo que se explica por la sencilla razón de que él mismo había prestado servicio en el grupo rebelde de su padre, al lado de los soldados ruandeses cuyos crímenes habían sido documentados. Y las potencias mundiales tampoco tenían ganas de seguir adelante con el trabajo del *Mapping Report*. En particular, Estados Unidos y el Reino Unido siguieron apoyando y protegiendo a Ruanda. Después de las críticas que recibió por no prever ni evitar el genocidio de Ruanda, desde 1994 Estados Unidos ha enviado al país decenas de millones de dólares en ayuda humanitaria para contribuir a financiar su reconstrucción.

Sigue siendo muy conflictivo, e incluso peligroso, mencionar siquiera el informe y sus recomendaciones a nivel internacional. A finales de 2020, con motivo del décimo aniversario del *Mapping Report*, fui objeto de una ruin campaña de difamación a manos de los medios de comunicación ruandeses de titularidad estatal, y volví a recibir un aluvión de amenazas de muerte después de denunciar la situación.

En el caso del Congo, la comunidad internacional sigue mirando para otro lado. Ha habido muchos otros informes de Naciones Unidas, por ejemplo, sobre la explotación de las materias primas congoleñas, pero muy pocas medidas sustanciales, salvo enviar más y más cascos azules para intentar contener la violencia. A partir de 1999 se desplegó una fuerza de pacificación de Naciones Unidas en el Congo que no ha parado de aumentar a medida que el conflicto se ha ido extendiendo. En la actualidad, el contingente de cascos azules asciende a aproximadamente dieciséis mil personas, con un coste de más de mil millones de dólares al año, sufragados con unos fondos de Naciones Unidas cuya aportación principal procede de Estados Unidos. Es la mayor misión de pacificación de Naciones Unidas de la historia.

Los policías y soldados que prestan servicio en el Congo hacen lo que pueden, con profesionalidad y valentía. Yo mismo les estoy agradecido por protegerme. No obstante, en el Congo están librando una batalla imposible de ganar, pues son demasiado pocos para conseguir resultados, y sus normas para entablar combate les impiden emprender hostilidades contra los grupos rebeldes.

Únicamente la justicia y la rendición de cuentas pueden llevar una estabilidad duradera al Congo, y en vez de limitarse a financiar misiones de paz, la comunidad internacional podría utilizar toda su capacidad de influencia para llevar a los perpetradores ante la justicia. En total, el presupuesto anual de la misión de pacificación es ocho veces mayor que el presupuesto del Tribunal Penal Internacional, con todas las investigaciones que realiza en numerosos países. Es un caso grave de mala asignación de las prioridades.

La comunidad internacional nunca ha utilizado adecuadamente todos los recursos que tiene a su disposición –jurídicos, económicos y diplomáticos– para poner fin al conflicto en el Congo. El país está lleno de personas dispuestas a testificar y que anhelan el día en que la ley desbanque a las armas como fundamento de la autoridad. Las mujeres que reciben tratamiento en mi hospital no son víctimas anuladas ni mudas, silenciadas por las heridas que les han infligido. Son supervivientes valientes y fuertes, dispuestas a alzar su voz para ayudar a proteger a los demás.

Sin embargo, es imprescindible que haya un sistema judicial que funcione, que sea capaz de escucharlas, de poner a sus torturadores entre rejas, y de enviar a los demás el mensaje de que la era de la impunidad se ha terminado. Por supuesto, el Estado congoleño es el que tiene que tomar la iniciativa. Desde 2019 tenemos un nuevo presidente que ha prometido reformas. Pero si el Congo es incapaz de actuar, el TPI se creó para intervenir con ese propósito.

Hasta aquí he hecho hincapié en los mecanismos concebidos para llevar a los perpetradores ante la justicia en las zonas de guerra en las que a menudo los Estados carecen de medios para llevar a los violadores ante los tribunales. Ahora consideremos cómo se persigue la violencia sexual en los países en paz. ¿Están más protegidas las mujeres allí donde existen unos tribunales y unas fuerzas policiales que funcionan?

Por desgracia, la realidad no es muy diferente.

La organización sin ánimo de lucro Rape, Abuse & Incest National Network (RAINN) estima que de cada mil casos de agresión sexual, solo se denuncian a la policía 230.[2] En 2014, un importante estudio de la Agencia de los Derechos Fundamentales de la Unión Europea, basado en entrevistas a cuarenta mil mujeres, concluía que en los veintiocho países que formaban la UE tan solo se denunciaba a la policía el 14 por ciento de los delitos sexuales.[3] En Canadá, ese mismo año, el Estudio Social General sobre Victimización concluía que solo se denunciaba el 5 por ciento de los casos.[4]

Los delitos sexuales son los que menos se denuncian y, a diferencia de otras formas de violencia, no tienden a disminuir en los países desarrollados, como han mostrado reiteradamente las encuestas. Es más, de la exigua minoría de casos que se denuncian a la policía, tan solo una pequeña parte acaba en una condena. Es lo que se denomina «tasa de deserción»: el gran número de casos que no acaban en una declaración de culpabilidad o en una condena.

Las organizaciones feministas y los gobiernos llevan décadas instando a las víctimas de violencia sexual a encontrar el valor para hablar y denunciar los crímenes. Ese era el tema del capítulo anterior. Romper el silencio y acabar con los tabúes son esenciales si queremos afrontar eficazmente el problema de las violaciones.

La tragedia es que mientras que en la mayoría de los países las mujeres están siguiendo ese consejo, las condenas no han aumentado en consonancia. Cada vez más mujeres están dispuestas a denunciar. El movimiento #MeToo ha potenciado significativamente esa tendencia.

Dos investigadores de la Universidad de Yale analizaron las cifras de casos denunciados en los treinta países más desarrollados del mundo durante los seis meses posteriores a las primeras acusaciones públicas contra Harvey Weinstein. Los datos revelaban un aumento de las denuncias por agresión sexual de un 13 por ciento de media en todos los países.[5]

No obstante, en el Reino Unido el número de procesamientos ha disminuido en términos absolutos en los últimos años. En 2018, la Fiscalía General de la Corona para Inglaterra y Gales formuló acusaciones en tan solo 1.758 casos de violación, una disminución del 38 por ciento respecto al año anterior.[6]

En Francia, el movimiento #MeToo dio lugar a un espectacular aumento del número de casos que se denunciaban, con un incremento anual del 11 por ciento en 2017, del 19 por ciento en 2018, y del 12 por ciento en 2019, según las cifras del Ministerio del Interior. Sin embargo, la tendencia del número de condenas ha ido en declive durante la última década. Entre 2007 y 2017, el número de personas condenadas por violación disminuyó en un 40 por ciento.[7]

RAINN estima que en Estados Unidos solo se denuncian a la policía 230 violaciones de cada mil. De los casos denunciados, 46 dan lugar a una detención, y solo cinco acaban en una condena. Eso significa que en 995 de cada mil casos de violación, el perpetrador sale impune.

Un análisis del *New York Times* un año después del estallido del #MeToo en octubre de 2017, revelaba que un total de 201 hombres que ocupaban cargos destacados se habían visto obligados a dimitir a raíz de las acusaciones públicas contra ellos. De ellos, más de la mitad, 124, fueron sustituidos por mujeres, lo que contribuyó a compensar el enorme desequilibrio de género en los empleos de alto nivel. Eso es un avance. Pero el número de procesamientos seguía siendo irrisorio. Al margen de un puñado de nombres muy famosos –Weinstein, el actor Bill Cosby, el cantante R. Kelly–, muy pocas figuras influyentes han sido importunadas por el brazo de la ley, tan solo once, según un análisis de la web de noticias *Axios* con datos de marzo de 2020.

Para que más mujeres se decidan a hablar y denuncien sus experiencias a la policía, tienen que poder confiar en que su decisión valdrá la pena. Habitualmente el problema no es la ley en sí. Los avances en las legislaciones nacionales sobre delitos sexuales se remontan a un periodo muy anterior a los recientes cambios en el derecho internacional, pero todos tienen el mismo defecto: solo ofrecen una protección teórica.

El problema son los sesgos sistémicos en contra de las mujeres en el sistema de justicia penal. Gran parte de ese problema se remonta a la forma en que tradicionalmente se han perseguido los casos de violación.

En las primeras civilizaciones, una violación se consideraba un delito de adulterio o de fornicación. En la Europa medieval, las leyes evolucionaron hasta considerar que la violación era un delito por derecho propio contra las mujeres, pero solo si se había puesto en entredicho su «honor». Casi todos los sistemas jurídicos incluían ese concepto como idea central.

Para empezar, únicamente las mujeres que tenían honor –lo que excluía a las mujeres pobres, a las prostitutas y a las minorías, por ejemplo– podían ser víctimas de una violación. Y los tribunales, formados íntegramente por hombres, exigían que las mujeres demostraran que eran honorables.

Su historial sexual pasó a ser una prueba relevante, lo mismo que cualquier cosa que insinuara que la víctima había alentado de alguna forma a sus agresores. Las mujeres tenían que haberse resistido al ataque, porque se presuponía que todas las mujeres «honorables» intentarían repeler a sus agresores para defender su reputación. Por consiguiente, la ausencia de heridas, o de pruebas de que habían gritado pidiendo auxilio, se consideraban indicios sospechosos y descalificantes.

Las mujeres solteras tenían que demostrar que eran vírgenes antes del ataque. Cualquier experiencia sexual previa las descalificaba como víctimas. Las denominadas pruebas de virginidad, que no eran ni remotamente fiables –y que consistían en introducir dos dedos en la vagina de una mujer para comprobar su elasticidad– eran habituales en la mayoría de los países europeos durante los siglos XVIII y XIX.

Las querellantes eran consideradas intrínsecamente sospechosas porque la suposición generalizada –entre los juristas varones– era que las mujeres eran propensas a inventarse historias sobre agresiones sexuales contra los hombres para obligarlos a casarse, o para justificar un embarazo, o simplemente porque eran débiles de mente y dadas a la histeria.

En Inglaterra, durante el siglo XVII, esos prejuicios se institucionalizaron con algo denominado la «instrucción cautelar», que se leía en voz alta a los miembros del jurado antes de un juicio, para informarlos de que era fácil formular una acusación de violación, pero que resultaba difícil defenderse de ella. La instrucción cautelar se difundió por todo el Imperio británico y permaneció arraigada en los sistemas jurídicos de lugares tan alejados como Australia, Estados Unidos, Canadá, numerosos países africanos e Irlanda hasta hace relativamente poco. Hasta las décadas de 1970 y 1980, los jueces siguieron informando a los jurados de que la violación es una acusación «fácil de formular y, una vez hecha, resulta difícil defenderse de ella».

Esta brevísima lección de historia sobre cómo se ha considerado y perseguido la violación es esencial para entender los sesgos y los problemas que se dan hoy en día en los sistemas jurídicos de Occidente. Subsiste el concepto de honor –un prejuicio burdo y caduco de una era diferente–. Ese concepto explica por qué los fiscales no están dispuestos a asumir un caso a menos que la mujer sea la «víctima perfecta», es decir que no tenga características «descalificantes», y por qué los jurados son tan reacios a condenar.

Los casos recientes más sonados de culpabilización de las víctimas, donde se intenta presentar a las mujeres como las responsables de las agresiones, son un recordatorio de que las viejas costumbres y actitudes no desaparecen así como así. En 2016, durante el juicio contra Brock Turner, un estudiante de la Universidad de Stanford y miembro de su equipo de natación, su abogado defensor interrogó a la víctima, Chanel Miller, sobre su forma de vestir, su relación con su novio y su historial sexual.

En 2018, durante el juicio contra dos jugadores de *rugby* por un delito de violación en un tribunal de Irlanda del Norte, se mostró en la sala la ropa interior, de tipo tanga, de la querellante, lo que para las activistas suponía una táctica para desacreditarla y una forma de arrojar dudas sobre su carácter. A pesar de que un testigo declaró que vio a la víctima sollozando cuando volvía a casa, y de que un médico observó un desgarro en su vagina, los dos deportistas fueron absueltos.

En España, durante el procesamiento en 2018 contra cuatro hombres que se hacían llamar «la manada», el juez de primera instancia admitió como «prueba» unas imágenes aportadas por un detective privado contratado por uno de los acusados en las que se veía a la víctima, una adolescente, sonriendo en compañía de unas amigas suyas varias semanas después de la agresión, como queriendo demostrar que no estaba traumatizada.

Todos estos casos provocaron protestas, tanto por el manejo de los casos y por el trato que se dio a las víctimas como por su resultado final. Venían a demostrar que, incluso en los países con la legislación más garantista, el sexismo y la intolerancia arraigados en siglos de trato discriminatorio contra las víctimas de agresiones sexuales siguen teniendo consecuencias.

En otros países, se sigue obligando a las supervivientes a someterse a «pruebas de virginidad», basadas en el presupuesto de que únicamente son testigos de fiar si conservan su pureza sexual. Según ONU Mujeres, en más de veinte países las querellantes deben someterse a ese tipo de pruebas, pese a que el procedimiento carece de fundamento médico. En la India, la prueba de «los dos dedos» formaba parte de las investigaciones por violación hasta que el Tribunal Supremo indio la prohibió en 2013.

La idea de que las mujeres son propensas a mentir sigue profundamente arraigada, aunque no hay pruebas que apunten a que las acusaciones falsas de violación sean un problema generalizado. Se trata de unos de los muchos «mitos» sobre las violaciones que las feministas llevan décadas combatiendo. Sin embargo, todo el mundo –desde los agentes de policía, pasando por los fiscales y los jueces, hasta los jurados– siempre está en guardia para detectar a la mujer supuestamente artera.

A pesar del intenso interés mediático en los raros casos en los que se demuestra o se reconoce una acusación falsa, todos los estudios apuntan a que son una exigua minoría. Las cifras que se citan más habitualmente, basadas en tres estudios realizados en Estados Unidos, cifraban el número de casos «falsos» entre el 2 y el 10 por ciento, según el National Sexual Violence Resource Center de Estados Unidos. En 2005, un importante estudio del Ministerio del Interior británico examinó 3.527 casos de violación denunciados a la policía y concluía que solo el 9 por ciento eran «demostradamente falsos».[8]

Debemos ser conscientes de estos sesgos históricos contra las supervivientes de las agresiones sexuales para poder entender por qué, tras cincuenta años de enormes avances en materia de ampliación y mejora de la legislación, el número de denuncias y de condenas sigue siendo tan escandalosamente bajo.

Desde los años setenta las leyes contra las agresiones y el acoso sexual se han ampliado enormemente, gracias a los esfuerzos de las organizaciones feministas. Se ha eliminado el lenguaje sexista que habla del honor, la castidad o la modestia de una mujer. La violación conyugal ha pasado a ser un delito, invalidando el concepto de que el contrato matrimonial equivalía a dar un consentimiento sexual permanente.

El concepto de lo que constituye una violación se ha ampliado hasta incluir la penetración no deseada de cualquier orificio, no solo la de la vagina, lo que teóricamente también protege a las víctimas de sexo masculino. La penetración no deseada con los dedos o con cualquier otro objeto puede perseguirse de la misma forma que una penetración con el pene.

Las leyes de protección a las víctimas de violación han limitado mucho el empleo del historial sexual de estas con el fin de desacreditarlas. Ya no se hace hincapié en la necesidad de que haya lesiones físicas para demostrar una acusación, lo que supone reconocer que muchas víctimas simplemente se quedan paralizadas por el miedo, o que pueden ser coaccionadas para mantener relaciones sexuales contra su voluntad. Y ahora tampoco es obligatorio que las víctimas denuncien la agresión inmediatamente después –otro aspecto discriminatorio de la anterior legislación sobre violación.

Hoy en día, la legislación más avanzada del mundo se basa en el consentimiento. Elimina la necesidad de que un jurado o un juez tengan en cuenta si hubo o no violencia física. Simplemente exige que ambas partes den su libre consentimiento, y establece que determinadas personas –por ejemplo, en estado de inconsciencia o de vulnerabilidad, o las que son amenazadas o coaccionadas– son incapaces de darlo.

En 2018, Suecia apareció en los titulares de las noticias porque fue más allá que la mayoría de los países, al promulgar una nueva legislación sobre violación que exige que ambas partes den su aprobación explícita para mantener relaciones sexuales, ya sea de forma verbal o física. Se trata del modelo «sí es sí», a diferencia de otras legislaciones que exigen que una de las partes se haya negado a dar su consentimiento («no es no») para que la penetración se considere una violación.

La iniciativa de Suecia dio lugar a noticias exageradas y a las burlas de algunos conservadores, que decían que ahora, en Suecia, los amantes iban a tener que firmar un contrato antes de acostarse, o que debían dejar momentáneamente al margen su pasión para debatir si ambos consentían. El aspecto clave y admirable de esta ley es el mensaje que envía: que ambas partes, pero sobre todo las mujeres, tienen que demostrar activamente, o verbalizar, su aprobación en todo momento. El problema es que muchísima gente sigue sin entender lo que es el «consentimiento».

En otros países, los avances en materia de derechos de las mujeres se han estancado, o nunca se han producido. No se trata de un cuadro simple de lo atrasados que son los países en vías de desarrollo y de lo avanzados que son los países occidentales. Por ejemplo, Malta, un pequeño pero próspero país mediterráneo, miembro de la Unión Europea, siguió considerando la violación como un delito que «afectaba al buen orden de las familias» hasta 2018. Desde 2006, el Congo cuenta con una excelente ley contra las violaciones, pero el problema, como ocurre con la mayoría de la legislación congoleña, es la implementación.

En un importante estudio de la legislación sobre agresiones sexuales en 82 jurisdicciones, publicado en 2018, la organización Equality Now, con sede en Estados Unidos, destacaba que por lo menos en nueve países, entre los que figuran Irak, Kuwait y Filipinas, seguía existiendo la posibilidad de evitar el castigo por violación si el perpetrador se casaba con la víctima. Líbano, Jordania y Túnez tenían leyes parecidas, que no se modificaron hasta 2017.

Las mujeres casadas de países tan diversos como Singapur, la India y Sri Lanka no podían ser víctimas de la violación de sus maridos porque la violación conyugal no estaba tipificada como delito. Y muchísimos otros países utilizaban un lenguaje anticuado o exigían que se presentaran pruebas ante el tribunal, lo que hacía prácticamente imposible conseguir una condena. En Senegal (África occidental) la violación no se consideró un delito grave hasta enero de 2020, cuando se clasificó como crimen y no como falta.

El primer paso para afrontar la epidemia mundial de violaciones es disponer de una legislación clara, que utilice el concepto de consentimiento, y que reconozca plenamente a las mujeres como personas autónomas e independientes. Unas leyes estrictas contra las agresiones sexuales, con graves penas de cárcel para los violadores, son al mismo tiempo un elemento disuasorio y una oportunidad, cuando se redacten, de informar a los hombres y a las mujeres de sus derechos y responsabilidades.

Sin embargo, eso es solo el principio, como demuestra la ley del Congo de 2006. A menos que forme parte de un conjunto de reformas mucho más amplio, lo que requiere recursos y educación, la ley por sí sola nunca podrá tener un efecto sustancial.

Se pueden hacer muchas cosas. Las activistas más radicales han sugerido invertir el principio de la «presunción de inocencia» en los casos de agresión sexual, lo que significaría que el acusado sería considerado culpable a menos que lograra demostrar su inocencia. Eso daría lugar a muchas injusticias, no cabe duda, pero tal vez con menor frecuencia que en la actualidad, cuando la mayoría de violadores salen absueltos.

Yo entiendo el atractivo de los argumentos, pero no estoy de acuerdo. Tenemos que fijarnos en cómo mejorar el sistema actual, hacerlo más justo y más equilibrado a la hora de responder a las acusaciones de violación, no darles la vuelta a los fundamentos del derecho.

El aspecto más importante en el que deberíamos centrarnos es en la dotación de personal con la formación necesaria para poder orientar a las víctimas cuando pidan ayuda o asesoramiento. Por regla general, esas primeras conversaciones tienen lugar en los hospitales o en las comisarías de policía, y son absolutamente cruciales a la hora de determinar si una mujer presenta o no una denuncia.

Es necesario que las enfermeras, los médicos y los agentes de las fuerzas de seguridad sepan cómo buscar y custodiar las pruebas que podrían emplearse en un futuro procesamiento. Eso supone realizar pruebas de ADN de las muestras halladas debajo de las uñas, sobre la piel o dentro del cuerpo de la víctima, así como examinar a la persona en busca de indicios de lesiones compatibles con una violación. Es necesario que hagan una detallada declaración por escrito y elaborar un certificado médico que pueda ser admitido ante los tribunales.

Todo eso es lo que hacemos, por la fuerza de la costumbre, en el Hospital de Panzi cada vez que recibimos a una nueva paciente, pero esas rutinas y prácticas no son la norma en los centros médicos ni entre las fuerzas policiales que no han sido concienciadas de los requisitos específicos en el manejo de los delitos de agresión sexual. Es necesario un gran cambio cultural, sobre todo en los lugares de trabajo donde la ignorancia, el sexismo y la misoginia son la norma. Esa tarea es procedimental y administrativa, pero también hay una importante dimensión psicológica y social.

Es vital que un policía o una enfermera que atienda a una víctima de una agresión sexual comprenda su sensación de vulnerabilidad, y posiblemente de vergüenza, por lo que le ha ocurrido. Una pregunta mal formulada («¿Está usted segura de que es verdad que...?») o una actitud poco empática («¿Por qué accedió usted a quedar con él?») puede reforzar la sensación, frecuente entre las víctimas, de que esa persona ha sido de alguna manera responsable del delito que se ha cometido contra ella.

Además, el personal médico y policial también debe comprender las consecuencias del trauma, que a menudo puede tener efectos en la capacidad de la víctima para recordar los detalles y relatar lo ocurrido en orden cronológico. Muchas pacientes me han contado que perdieron el conocimiento, o que simplemente se quedaron paralizadas y sintieron una experiencia casi extracorporal, lo que provoca que solo tengan un recuerdo impreciso de su agresor. Son unos síntomas que no deberían levantar sospechas.

La dotación de mujeres policías especializadas y formadas en el manejo de las agresiones sexuales puede contribuir a que aumenten las denuncias de los delitos sexuales y las condenas. En general, al hablar de sus experiencias sexuales íntimas, las mujeres se sienten más cómodas haciéndolo con otra mujer, un problema de las fuerzas policiales, en las que predominan los hombres en todo el mundo.

Además, ha ido ganando impulso la idea de los centros de «atención integral» para las víctimas de una agresión sexual, donde tengan a su disposición personal policial y sanitario, así como asesores psicológicos las veinticuatro horas del día. Los primeros centros de ese tipo se inauguraron en Estados Unidos en los años setenta, y han ido aumentando desde entonces. El Reino Unido y Canadá disponen de iniciativas parecidas, financiadas con dinero público, mientras que Bélgica y Francia están ampliando sus propias versiones de ese mismo concepto. También el Gobierno indio creó centros de crisis contra las violaciones como parte de su respuesta a la violación en grupo de 2012 en Nueva Delhi, que desencadenó tantas protestas.

Ese tipo de centros son un recurso crucial para quienes recurren a ellos, y podrían desempeñar un importante papel a la hora de difundir conocimientos entre la población y entre la comunidad de los cuerpos y fuerzas de seguridad. Sin embargo, a menos que se publicite ampliamente su existencia, esas ventajas servirían de poco. El otro problema es de escala: normalmente son viables únicamente en los centros de población más grandes, y a menudo no cuentan con los recursos necesarios.

La solución a largo plazo consiste en concienciar a todos los servicios policiales y sanitarios, desde las zonas rurales hasta las grandes ciudades, a fin de que estén al corriente y preparados cuando una mujer se decida a denunciar una agresión sexual. Debido a la absoluta omnipresencia del mito que afirma que las mujeres son propensas a inventarse agresiones sexuales con el propósito de vengarse, los funcionarios de los cuerpos de seguridad a menudo no actúan o llevan a cabo una investigación deficiente donde pasan por alto algunas pruebas. Es algo que sigue ocurriendo casi por doquier. Todavía hay demasiados policías a los que no les importa la cultura de la violencia contra las mujeres o que incluso la defienden activamente.

Debido a mi competencia en la materia, ocasionalmente me piden que asesore sobre algún caso en el extranjero que requiere una operación de cirugía reconstructiva particularmente compleja, y hace unos años operé a una paciente en Bélgica. La paciente sufría una fístula traumática, que le fue infligida durante una violación en grupo, y la mujer había recaído a pesar de haber pasado varias veces por el quirófano.

Logramos tratarla con éxito, pero después me quedé horrorizado al enterarme de la experiencia de aquella mujer con la policía. Cuando acudió a la comisaría de su barrio en un estado de *shock* profundo para denunciar el delito, la trataron como si estuviera borracha. La llevaron a una celda para que se despejara. Los policías no se dieron cuenta de que estaba sangrando hasta pasado un tiempo, y solo entonces la llevaron al hospital.

La ciudad de Detroit nos brindó un trágico ejemplo de lo que ocurre cuando una fuerza policial no se toma en serio la investigación de los delitos sexuales. En 2009, aparecieron en un almacén municipal destartalado más de once mil «kits de violación» que se habían utilizado para recoger muestras de ADN después de otras tantas agresiones. Las muestras nunca se habían analizado.

Una reciente investigación del *New York Times* revelaba que el mérito de la invención del primer kit de violación, que consiste en una serie de viales y bastoncillos de algodón para recoger pruebas forenses, le correspondía a una activista completamente ignorada y olvidada llamada Marty Goddard, que desarrolló su actividad en Chicago en la década de 1970.

A Marty le indignaba la falta de interés en investigar los casos de violación y el hecho de que los policías, por regla general, destruyeran las pruebas. En aquellos tiempos, el manual de instrucción de la Policía de Chicago informaba a los nuevos agentes de que «muchas denuncias de violación no son legítimas» y que «generalmente, una víctima de una violación real da la impresión de una persona que ha sido deshonrada».[9]

El hallazgo de los kits abandonados en Detroit provocó un gran escándalo y dio lugar a que se iniciaran cientos de investigaciones sobre delitos sexuales cometidos a lo largo de los diez años anteriores. En la base de datos forenses del FBI se detectaron varios miles de coincidencias. A partir de ahí se identificó a más de ochocientos sospechosos de violación, lo que a su vez dio lugar a casi doscientas condenas (hasta finales de 2019).[10] Durante los años en que los kits de violación estuvieron almacenados sin que se analizaran sus muestras de ADN, muchos de los violadores que se identificaron habían seguido agrediendo a más víctimas.

Cuando los activistas hablan de la necesidad de un cambio «sistémico» en el sistema de la justicia penal se refieren a esto: a menos que se modifique todo el sistema para que cada parte funcione, no es posible obtener resultados. Un eslabón débil en la cadena puede echar a perder las probabilidades de que una mujer consiga que se haga justicia y, por consiguiente, condenar a otras mujeres a ser víctimas en el futuro.

Basta con que nos fijemos en el ejemplo de Detroit: la ciudad estaba amparada por la estricta legislación sobre violación del estado de Míchigan, una legislación basada en el consentimiento que castiga las agresiones sexuales hasta con cadena perpetua; la policía había sido equipada con kits de violación para recoger las pruebas; muchas mujeres hicieron caso de los activistas y se decidieron a presentar una denuncia y a aportar muestras de ADN. Consideremos la cantidad de trabajo necesaria para llegar hasta ese punto. Era, literalmente, el resultado de décadas de inversiones por parte de los legisladores y de las organizaciones de la sociedad civil. Pero sus esfuerzos fueron en balde porque los policías que estaban en primera línea no quisieron tomarse la molestia de analizar las pruebas y de investigar adecuadamente.

Por desgracia, la mayoría de las mujeres de todo el mundo no tienen acceso a un kit de violación y deben vérselas con unos policías que o bien carecen de formación sobre cómo conservar las pruebas en un caso de violación o son reacios a hacerlo. Y a menos que una víctima pase por un reconocimiento médico en el plazo de setenta y dos horas desde una agresión sexual, es muy probable que se haya perdido cualquier tipo de evidencia física que pudiera recogerse.

La comprensible reacción de muchas víctimas es eliminar todo recuerdo de su encuentro con el violador. He conocido a mujeres que han quemado su ropa, y otras me han contado que se ducharon varias veces después de la agresión para intentar quitarse de encima el olor de su agresor.

Otro ámbito que exige atención es el de la prescripción de los casos de agresión sexual. Varía de un país a otro, y a veces dentro de un mismo país. La idea de poner un límite al plazo en que puede perseguirse un delito después de los hechos pretende encontrar un punto de equilibrio entre la necesidad de hacer cumplir las leyes y el peligro de que se acuse a alguien sobre la base de unos recuerdos que han ido desvaneciéndose y cambiando con el tiempo.

Sin embargo, en la mayoría de los países, el delito de asesinato, el crimen que se considera más grave, no prescribe. ¿Por qué la violación recibe un trato diferente, cuando conocemos sus devastadoras consecuencias? Por ejemplo, en Estados Unidos, Alaska no contempla un límite de tiempo para perseguir una violación, mientras que en Massachusetts el delito prescribe a los quince años.[11] Los crímenes sexuales son distintos del resto de delitos. Pueden pasar varios años hasta que una víctima asimile una violación y se sienta lo bastante cómoda y segura de sí misma como para denunciarla, sobre todo si los abusos se produjeron durante su infancia o fueron perpetrados por un familiar suyo. Esos factores son un argumento de peso a favor de un plazo de prescripción muy largo.

Y en los casos en que después del delito se recogen muestras de ADN, ¿por qué deben considerarse prescritas esas pruebas si veinte, o incluso treinta años después se encuentra una coincidencia?

La magnitud de los abusos sexuales, durante los conflictos y en tiempos de paz, sumada a la dificultad para recoger pruebas y a la falta de testigos, hace que algunos caigan en la tentación de pensar que se trata de un problema que nunca podrá erradicarse. Los pesimistas dicen muy a menudo que los delitos sexuales son imposibles de perseguir, que los casos se reducen a la palabra de una persona contra la de otra –«ella dijo frente a él dijo»– y que además habitualmente son crímenes que se producen a puerta cerrada.

No tienen razón. Hay infinidad de vías para que los gobiernos mejoren la forma de recoger las pruebas y de llevar a cabo las investigaciones. Eso exige unas inversiones constantes y muchos recursos, no voy a negarlo.

Sin embargo, intentemos imaginar un tipo de delito contra los varones que fuera perpetrado en su inmensa mayoría por mujeres. Supongamos, en aras de la argumentación, que se produjera una oleada de agresiones dolorosas y violentas contra los penes de las víctimas que les provocaran graves trastornos psicológicos y a veces lesiones físicas.

Supongamos que el problema llegara a ser tan grave que miles de hombres se decidieran a denunciarlo, y que sin embargo la policía no mostrara el mínimo interés en investigar; que unos pocos casos llegaran a los tribunales, pero que las acusadas salieran absueltas; que los jueces o los jurados concluyeran que esos hombres se habían autolesionado. Al enterarse de más y más casos de ataques de ese tipo, todos los hombres empezarían a sentirse vulnerables.

Sería inconcebible que no se considerara un escándalo. Habría manifestaciones por las calles. Los políticos competirían entre sí con sus promesas de una «justicia ejemplarizante» para las culpables, de sentencias más severas, y de más recursos para la educación y la investigación. Los periódicos publicarían campañas exhortando a que se tomaran medidas. En el Capítulo 3 he hablado del caso de un joven paciente al que le amputaron el pene en 2008. El extraordinario interés de la prensa por aquel caso, a pesar de que los pabellones de mi hospital estaban repletos de mujeres heridas, no habría podido ser una demostración más clara de los sesgos de género en la cobertura de los medios.

El nivel de criminalidad sexual contra las mujeres en todo el mundo es un escándalo real, no imaginario. Está ocurriendo ahora mismo. Y continúa por culpa del sexismo y del escaso valor que se concede a la vida de las mujeres. Debería ser una prioridad de seguridad nacional en todos y cada uno de los países.

A todos aquellos que duden de que es posible hacer justicia, los remito a nuestro caso contra Frederic Batumike en Kavumu. Los fiscales y la policía insistían en que era intocable, que no se podía hacer nada. Ahora está entre rejas, y ahí seguirá, Dios mediante, durante el resto de su vida.

Necesitamos más victorias como esa en el Congo, en Myanmar, en Sudán, en Siria, en Irak, en Yemen y en Afganistán, no menos. Necesitamos más justicia internacional y mayor cooperación entre los países para defender el imperio de la ley. Necesitamos que más hombres como Harvey Weinstein vayan a la cárcel.

Castigar a los violadores y a los agresores sexuales envía el mensaje de que las agresiones sexuales son inadmisibles. Las condenas aleccionan y disuaden. Dondequiera que los hombres se comporten como «el peor de todos» los animales, en los campos de batalla o en los dormitorios, tienen que saber que se arriesgan a acabar ante un tribunal.

8

Reconocimiento y recuerdo

No podemos ignorar la importancia de mejorar la forma en que nuestro sistema de justicia penal y nuestros organismos judiciales internacionales afrontan las denuncias sobre violencia sexual. Queda mucho por hacer hasta lograr que sean más reactivas, más sensibles hacia las víctimas y más eficaces a la hora de poner a los violadores entre rejas. Sin embargo, en algunos casos, cuando identificar al agresor es prácticamente imposible o no se pueden reunir las pruebas –por ejemplo, en una zona de guerra– tenemos que pensar en cómo podríamos reconocer o compensar a las mujeres por otros métodos.

En 2010 volé hasta una región de la que había oído hablar mucho, pero que nunca había visitado. Me la habían descrito mis pacientes durante mis visitas a las convalecientes del hospital o en mi sala de consulta, a menudo entre lágrimas. Era un lugar que en mi fuero interno había acabado asociando con los peores tipos de abusos, con la pobreza, y con el abandono oficial, que son tan habituales en la vida en el Congo oriental.

Desde la inauguración de nuestro hospital de Panzi, en 1999, había habido un constante flujo de niñas y mujeres procedentes de la región de Shabunda. Algunas habían realizado por sus propios medios el trayecto de más de trescientos kilómetros, y a otras nos las habían traído en estado de semiinconsciencia o de agonía sus familiares o las organizaciones de ayuda humanitaria. En conjunto, las mujeres y niñas de Shabunda habían dejado una marca en el hospital y en mí, pero ninguna como lo hizo Wamuzila, a la que he descrito en el Capítulo 4, o como la niña que provocó que en 2006 se desmayara el general que vino al hospital, de la que he hablado en el Capítulo 6.

A las comunidades de Shabunda, igual que a todos los que viven en el Congo oriental, les ha fallado el Ejército, que ha sido incapaz de erradicar los grupos armados que provocan un pavor y un dolor incesantes. Les ha fallado el sistema judicial, lo que significa que los violadores y los asesinos siguen actuando sin miedo a la ley. Y el Estado los ha dejado en la estacada, al no suministrarles servicios básicos como el agua, la electricidad o el mantenimiento de la única carretera que conecta la región con el mundo exterior.

En conjunto, la región tiene más o menos el mismo tamaño que el estado de Vermont, o un poco menor que el de Bélgica, y una población de aproximadamente un millón de personas. Está cubierta por una densa selva ecuatorial, como la mayor parte del Congo. Durante mi vuelo desde Bukavu a bordo de un helicóptero de Naciones Unidas estuve observando y admirando la cubierta vegetal.

Vista desde el aire, nuestra jungla tiene el aspecto de un campo de floretes de brócoli densamente apiñados, apretujados hasta donde alcanza la vista, una inmensidad de verdor que oculta la tierra y el terreno que hay debajo. Yo me imaginaba la maleza que hay debajo de esa capa de hojas y de ramas y se debate buscando algo de luz, la sombra moteada, los senderos abiertos a través de los arbustos, y el sonido del canto de los pájaros. Era el tipo de bosque por el que antiguamente me encantaba caminar, pero que actualmente casi nunca puedo apreciar.

Era fácil entender por qué Shabunda se había convertido en un reducto tan temible de los grupos guerrilleros que llevan aterrorizando la región y a sus habitantes desde finales de los años noventa. La selva inhóspita, sus cuevas, y los afloramientos rocosos proporcionan un escondite perfecto para quienes están dispuestos a soportar las penalidades de una dieta insuficiente, de los mosquitos y las picaduras de las serpientes.

Allí, por debajo del follaje, yo sabía que estaban los campamentos de los rebeldes, donde pululaban los milicianos, acaso planeando otra incursión nocturna, con el consiguiente derramamiento de sangre. ¿A cuántas mujeres retenían a punta de pistola justo en el momento que yo pasaba volando por encima de sus cabezas?

Durante el vuelo hacia la principal ciudad de Shabunda vimos los indicios de las actividades ilícitas que alimentan los combates. De vez en cuando se veía algún claro entre el denso follaje, como si una garra gigantesca hubiera arrancado la espesura de un zarpazo, dejando ver profundas cicatrices rojas de barro y montones de tierra. Habían talado los árboles, no de una sola vez, sino con miles de pasadas de sierra manual, abatiendo una selva inmemorial con cuerdas y resoplidos.

En las zonas donde el suelo era visible, yo divisaba hombres y niños trabajando, unas figuras diminutas, casi desnudas, entrando en unas minas que parecían ratoneras, o picando la superficie, con sus palas y sus palanganas de plástico en la mano, buscando el coltán, el oro o el estaño enterrado bajo sus pies. ¿En qué producto, en qué lugar del mundo, acabaría el fruto de su trabajo? Ellos miraban al cielo sin comprender.

En otros puntos, en las orillas poco profundas de los arroyos y los ríos, podían verse pequeños grupos de personas agachadas, con el agua turbia y marrón hasta los tobillos, bateando los sedimentos en busca de pepitas de oro. Se los señalaba con el dedo a mis compañeros de viaje, haciendo gestos con la mano, y gritando todo lo que podía para que me oyeran por encima del estruendo de los rotores.

Yo formaba parte de una misión de investigación financiada por la Oficina del Alto Comisionado de Derechos Humanos de Naciones Unidas. La encabezaba la alta comisionada adjunta Kan Kyung-wha, de Corea del Sur, e incluía a Elizabeth Rehn, exministra de Defensa de Finlandia y alta funcionaria de Naciones Unidas en Nueva York, y a la activista por los derechos de las mujeres Jessica Neuwirth, con la que trabé una sólida amistad durante el tiempo en que trabajamos juntos. Nos habían pedido que visitáramos a las víctimas de la violencia sexual en el Congo y analizáramos sus necesidades en materia de reparaciones.

Nos habían encomendado evaluar el desempeño del sistema judicial, que yo sabía que era prácticamente inexistente, pero también, lo que era más importante, que estudiáramos la manera de compensar de alguna otra forma a las víctimas por su sufrimiento.

La tarea a menudo resultaba desgarradora, pero me reveló una importante verdad: no es solo que el sistema judicial le esté fallando a las supervivientes de la violencia sexual, sino que además los gobiernos agravan esa deficiencia al no reconocerlas de diferentes formas que pueden paliar su sufrimiento.

Aterrizamos en un aeródromo de la principal ciudad de la región de Shabunda, que también se llama Shabunda. Casi todos los productos que necesita la población local llegan hasta allí a través de ese aeródromo repleto de baches, y de una longitud que solo permite el aterrizaje de aviones pequeños, cargados de refrescos, utensilios de cocina, pilas o medicamentos. Debido a la escasez, en Shabunda una botella de agua o de Coca-Cola puede costar lo mismo que en una capital de Occidente.

Habían organizado una fiesta de bienvenida con docenas de personas, a las que ya podíamos oír cantando a lo lejos mientras se detenía el motor del helicóptero. La mayoría eran mujeres, que corrieron a recibirnos cuando nos apeábamos del aparato, mientras sus palas aún giraban cada vez más despacio por encima de nuestras cabezas.

Abracé a todas las mujeres que pude. Fue un emotivo reencuentro con todas las pacientes que habían estado algún tiempo en el hospital, a muchas de las cuales había operado yo mismo. Reconocí unos cuantos rostros. Nunca había puesto el pie en Shabunda, pero las amplias sonrisas y los abrazos hicieron que me pareciera que volvía a casa.

También había venido a recibirnos un alto funcionario local, así como el comandante del batallón de cascos azules de Naciones Unidas de la zona. Entre los dos nos pusieron al corriente de la situación en materia de seguridad, y nos explicaron que los alrededores de la ciudad, en la que vivían aproximadamente veinte mil personas, eran seguros; pero, más allá de ese perímetro, el Ejército y las fuerzas de Naciones Unidas no podían garantizar la seguridad de la población.

Nos contaron que durante el último mes se había producido un drástico aumento de los ataques en ese territorio. Los cascos azules viajaban al lugar de las incursiones cuando podían, pero incluso a ellos les resultaba difícil llegar hasta algunas aldeas. Había grandes zonas que sencillamente eran inaccesibles por carretera, y demasiado peligrosas para desplazarse por vía aérea.

Acompañados por una multitud de mujeres locales y por el funcionario, y escoltados por los cascos azules, nos llevaron hasta una estatua erigida en el centro de la ciudad en homenaje a las supervivientes de la zona. Para mí fue algo totalmente inesperado e inspirador.

Era una estatua de bronce colocada sobre una peana de hormigón que representaba a una mujer en cuclillas. La figura tenía un brazo extendido hacia atrás, con la mano apoyada en el suelo para soportar su peso; con la otra mano se agarraba la frente. Tenía la cabeza echada hacia atrás, el rostro inclinado hacia el cielo, y sus rasgos presentaban la expresión acongojada de una mujer que tiene que asumir un dolor repentino e imprevisto. En su pose, la mujer parecía abatida por el dolor físico, pero a pesar de todo, a mi juicio, con fuerza suficiente como para volver a ponerse en pie.

Contemplarla producía desasosiego, pero lo que plasmaba y simbolizaba era inmensamente elocuente. Nuestros guías nos explicaron que la estatua había sido colocada mirando al este, a los vecinos del Congo, y a Ruanda en particular, un país que la comunidad consideraba el origen de sus desgracias y su miedo.

A continuación, nos llevaron a un edificio de la ciudad donde habíamos organizado una reunión con algunas supervivientes que habían accedido a hablar con nosotros sobre sus experiencias en esa etapa de nuestro viaje. En total, celebramos reuniones en siete lugares diferentes por todo el país, y cada una de ellas fue una lección sobre la barbarie del conflicto y el valor de sus víctimas.

Aunque a todas las asistentes se les había comunicado que no estaban obligadas a describir su experiencia y que nuestra intención era averiguar cuáles eran las necesidades de las mujeres, todas nos contaron sus historias personales *motu proprio*, y a menudo explicaban que querían que el mundo supiera lo que estaba ocurriendo.

Conocimos a una pareja que había sido atacada por militantes Mai-Mai en 2005 en su pueblo. Violaron en grupo a la mujer y le dejaron unas profundas cicatrices rosadas que le desfiguraban la pierna en el punto donde le prendieron fuego. A su marido, que había intentado ir en su auxilio, lo habían apaleado casi hasta matarlo, y a consecuencia de ello perdió doce dientes y casi toda su audición.

El hombre contaba que después del ataque sus amigos y familiares lo instaron a abandonar a su esposa, pero él había decidido quedarse con ella y con sus seis hijos. Era consciente de que no era culpa de ella, y con ello daba un raro y alentador ejemplo de una pareja que afronta solidariamente las adversidades. La mayoría de las demás mujeres no había gozado del apoyo de sus cónyuges.

Las siete supervivientes hacían hincapié en que la respuesta más importante a su sufrimiento sería llevar la paz y la seguridad a la región para que nadie más tuviera que correr su misma suerte. «Lo que más me preocupa es que nuestros enemigos siguen ahí –nos dijo una de ellas–. Aunque nos presten ayuda a título individual, si nuestros enemigos siguen por aquí, nuestros problemas no tendrán fin.» Otras hacían sugerencias prácticas, como crear puntos de abastecimiento de agua más cerca de las aldeas para que las chicas no tuvieran que aventurarse muy lejos para ir a buscar agua a los pozos o a los arroyos. La justicia también era importante, aunque muy pocas expresaron la mínima esperanza de ver a sus torturadores ante un juez.

Sin embargo, nuestro último encuentro de aquel día me causó un profundo efecto. Hizo que me diera cuenta de que no reconocer públicamente la violencia sexual en los conflictos tiene consecuencias en las víctimas. Nuestra última entrevista fue con la mujer de más edad que conocimos en Shabunda, una viuda de sesenta y un años que había sido raptada, retenida en la selva y violada en grupo durante seis días.

Era una mujer de complexión fuerte y llena de vida. Estaba sentada con nosotros, vestida con un *pagne* bellamente estampado, con la cabeza alta y actitud desafiante. Empezó contándonos su experiencia, y cuando terminó le preguntamos qué necesitaba.

«No necesito nada –contestó. Su mirada reflejaba un destello de indignación–. Pero sí quiero una cosa. Las mujeres nos merecemos respeto.»

«Damos a luz, criamos a los hijos, trabajamos. Pero nos están humillando. A mí me humillaron unos niñatos de la misma edad que mis nietos. Nada podrá borrar esa vergüenza, nada.

Pero lo que quiero es que el presidente venga aquí y pida disculpas públicamente.»

«Quiero que venga y reconozca nuestro sufrimiento y los crímenes que se han cometido contra nosotras. Eso me ayudaría a sanar, haría que me sintiera respetada de nuevo por la gente de aquí», dijo. Yo la miraba con profunda admiración. Había mucha sabiduría y mucha fuerza en lo que decía. Al igual que casi todas las supervivientes que conocimos, no tenía ansias de revancha. En la abrumadora mayoría de los casos, las mujeres querían paz, colegios para educar a sus hijos o iglesias nuevas que ayudaran a cohesionar de nuevo la comunidad.

No obstante, la viuda mayor había dado con algo esencial que a menudo se les niega a las mujeres que siguen sufriendo las secuelas de la violencia sexual: reconocimiento. Ella quería que la reconocieran y escuchar una disculpa por el hecho de que nadie la hubiera protegido. No lo quería solo para ella: lo quería para todas las mujeres como ella que seguían sufriendo en silencio.

Sin embargo, raramente se les concede ese tipo de reconocimiento. En el Congo, el presidente Kabila hizo justamente lo contrario durante su mandato, de 2001 a 2019. Negó y confundió; amenazó a las personas, como yo mismo, que intentábamos llamar la atención sobre la crisis. Se negó a financiar planes de indemnizaciones públicas con las que se habría pagado una reparación a aquellas mujeres.

La estatua de la superviviente en cuclillas en el centro de la ciudad formaba parte del proceso de reconocimiento a las mujeres de Shabunda. Era la primera vez que yo veía un homenaje público a las mujeres víctimas de las guerras del Congo. En Bukavu no existe nada parecido.

Las mujeres que entrevistamos decían que admiraban el monumento. Contribuía a aliviar la sensación de vergüenza que seguían sintiendo algunas de ellas. Su existencia enviaba el mensaje de que eran dignas de admiración y de empatía, y no de la estigmatización que sufrían tan a menudo.

El monumento hizo que me preguntara cuántas estatuas u homenajes a las víctimas de violación en otros conflictos se han erigido en todo el mundo. En el caso de la Primera y la Segunda

Guerras Mundiales, casi todos los pueblos franceses y británicos
tienen algún monumento para conmemorar a los soldados muertos y heridos durante las batallas de aquellos terribles
conflictos. Los políticos rinden homenaje a su valentía en unas ceremonias
que se repiten cada año. No debemos olvidar nunca su sacrificio,
le dicen a la gente –y con razón.

Sin embargo, ¿quién recuerda a los cientos de miles, acaso millones, de mujeres que también fueron víctimas, violadas a punta
de pistola por las tropas alemanas, soviéticas o aliadas, o que se
vieron obligadas a mantener relaciones sexuales para salvar su
vida o las vidas de sus familias? ¿Quién recuerda a los hijos nacidos de aquellas relaciones forzosas?

La reacción instintiva de encubrir los abusos a nivel individual, por la que a una mujer se le insta a no armar un escándalo,
y se le dice que su experiencia es algo vergonzoso, también funciona a nivel institucional y gubernamental. La experiencia de las
mujeres en las guerras y los conflictos es distinta. Raramente son
combatientes, y casi nunca inician las hostilidades, pero el precio
que tienen que pagar no es menos sustancial.

A mí me parece que una parte del problema es la forma en que
se escribe la historia de los conflictos armados, que a su vez influ-
ye en cómo los recordamos y conmemoramos. El primer borrador de la historia lo escriben los periodistas, lo que provoca que
la desigualdad de género en los medios de comunicación de todo
el mundo, tradicionalmente y aún hoy en día, sea una parte del
motivo por el que las mujeres quedan tan a menudo literalmente
borradas del pasado.

Desde 1995, el Global Media Monitoring Project ha llevado a
cabo una serie de análisis de los medios impresos y audiovisuales
de todo el mundo para verificar la representación de las mujeres.
Desde entonces ha realizado cinco estudios, el último en 2015, y
en todos ellos se aprecian poquísimos cambios a lo largo de ese
periodo de veinte años. Tan solo el 24 por ciento de los protago-
nistas de las noticias –las personas que aparecen entrevistadas o
sobre las que tratan las noticias– son mujeres.

La mayor parte de los periodistas de todo el mundo son hombres, y su predominio es particularmente acusado en los cargos de

alta dirección que establecen la agenda de las noticias. También tienen prácticamente el monopolio en el ámbito especializado del periodismo de guerra. Como enviadas, las periodistas se enfrentan al peligro adicional del acoso y las agresiones, pero su punto de vista y su capacidad de hablar con otras mujeres y de ganarse su confianza a menudo son esenciales a la hora de recoger sus historias.

Una vez que los periodistas han hecho su trabajo, los responsables de crear los sucesivos borradores de la historia también tienden a ser hombres. Los departamentos de Historia tienen un claro sesgo masculino en la mayoría de las universidades, y los historiadores veteranos más conocidos –los que escriben los estudios de referencia y los libros más vendidos sobre los conflictos– son, en su mayor parte, también hombres.

Las crónicas de las guerras tienden a centrarse en quienes toman las decisiones estratégicas, en las acciones sobre el campo de batalla, en los avances tecnológicos, en las bajas mortales y los heridos entre las tropas y en los actos de valor individuales. En todos los ámbitos, los políticos, los estrategas y los soldados son hombres. Así es como se cuentan las guerras en las películas y en los libros de texto para los niños. Las mujeres raramente son objeto de atención, salvo como daños colaterales.

Hace unos años leí un libro cuya coautora era Rochelle G. Saidel, una académica estadounidense y fundadora del Remember the Women Institute, un libro que contribuyó a modificar mi punto de vista sobre la Segunda Guerra Mundial. A finales de los años setenta, Saidel se interesó por los abusos sexuales cometidos durante el Holocausto a raíz de una vista contra un criminal de guerra nazi que tuvo lugar en la ciudad estadounidense de Albany (Nueva York), donde ella vivía en aquella época.

Seidel conoció a algunas de las mujeres que el Gobierno de Estados Unidos había traído en avión desde Israel para que testificaran en una vista sobre la posible deportación de Vilis Hāzners, un letón que había sido oficial de las Waffen-SS de Adolf Hitler. Al escuchar sus historias, Seidel se animó a estudiar la incidencia de la violencia sexual durante el Holocausto, algo de lo que casi nunca se hablaba.

Empezó a investigar, a analizar los escritos y documentos en los archivos, y a entrevistar a las supervivientes. Visitó Ravensbrück, un campo de concentración nazi para mujeres en Alemania oriental. Además, se asoció con Sonja Hedgepeth, una colega académica interesada en los mismos temas que Seidel. Había una gran escasez de documentación sobre los crímenes sexuales durante el Holocausto, pero no porque no existiera. Las leyes raciales de los nazis prohibían terminantemente las relaciones sexuales y el contacto físico con mujeres judías. Por consiguiente, en los archivos no constaba casi nada. Sin embargo, en los campos de detención y de trabajos forzados se desarrolló un sistema de burdeles y de esclavitud sexual. A medida que iban descubriendo más pruebas de los abusos sexuales generalizados, Saidel y Hedgepeth empezaron a dar seminarios para divulgar las experiencias de las mujeres judías. Durante uno de aquellos seminarios, en Yad Vashem, el Centro Mundial para el Recuerdo del Holocausto, en Jerusalén, entre los asistentes había un prestigioso experto israelí sobre aquel periodo.

Durante la presentación, cuando Saidel mencionó las violaciones masivas, el experto se levantó y las interrumpió, visiblemente enfadado. «¡Las mujeres judías no fueron violadas durante el Holocausto! ¿Dónde están los documentos?», gritó.[1] Las investigadoras se dieron cuenta de que estaban poniendo en tela de juicio uno de los últimos tabúes del periodo más infame del siglo xx.

Las dos catedráticas decidieron que había llegado la hora de escribir un libro para cuestionar el punto de vista ortodoxo, que afirmaba que durante el Holocausto no hubo violencia sexual. Al negarlo o ignorarlo, los historiadores estaban privando a las mujeres del reconocimiento que merecían. El resultado de su trabajo, el primero de ese tipo, se publicó en 2010 con el título *Sexual Violence Against Jewish Women During the Holocaust* («La violencia sexual contra las mujeres judías durante el Holocausto»).

El motivo de que se hubiera escrito tan poco sobre los abusos sexuales contra las mujeres judías era el mismo por el que se sabe tan poco sobre la violencia sexual en todo el mundo. Las supervivientes tenían miedo del coste personal que entrañaba denunciarla, temían ser estigmatizadas por sus comunidades.

Cuando se produjeron los abusos, muchas de ellas eran mujeres jóvenes, y les preocupaban sus posibilidades de contraer matrimonio una vez acabada la guerra en caso de que se supiera que eran supervivientes de una violación. Pero además tenían una presión adicional que es exclusiva del Holocausto: dada la embrutecedora magnitud de las matanzas y las torturas, aquellas mujeres sentían que mencionar la violencia sexual podía desmerecer de alguna forma las pérdidas que sufrieron los demás. Si vivían para denunciar los delitos sexuales a manos de los soldados nazis o de otros prisioneros, significaba que ellas habían tenido más suerte que los seis millones de judíos que habían sido asesinados.

Otro de los motivos por el que muchas supervivientes no habían hablado, y que es sumamente relevante para mi argumento sobre la representación de las mujeres en los medios y en la historia, era que nadie había dedicado tiempo a localizarlas y a convencerlas de que compartieran sus recuerdos hasta que Rochelle Saidel y Sonja Hedgepeth llamaron a su puerta.

Ninguno de los periodistas, historiadores y fiscales (casi todos hombres) que contribuyeron a sacar a la luz la verdadera magnitud de los campos de concentración y de las matanzas propiciadas por el Estado alemán fue a buscar jamás pruebas de la violencia sexual. Nunca las encontraron porque nunca preguntaron, o nunca lo hicieron de una forma que tuviera posibilidades de suscitar una confirmación personal. Como ya he mencionado en el capítulo anterior, en los juicios de Núremberg contra los criminales nazis no se procesó a nadie por violación ni por delitos sexuales.

Podemos hacernos una idea del coste emocional que tuvo para las supervivientes el hecho de reprimir sus recuerdos por una entrevista que le hizo Seidel a una trabajadora social de una residencia de ancianos de Toronto que cuidaba de los supervivientes del Holocausto. La trabajadora social le contó que muy a menudo las mujeres moribundas necesitaban desahogarse y contarle una cosa a alguien antes de exhalar su último suspiro.

«Necesito contarte algo –decían cuando sentían que estaban a punto de morir–. Me violaron, pero no se lo digas a mi familia.»[2]

Al leer las historias de aquellas mujeres se me parte el corazón. Estuvieron toda la vida ocultando su dolor, el daño que habían sufrido por dentro, sintiéndose avergonzadas o no merecedoras de atención y empatía. No se liberaban de la carga de su secreto hasta que se encontraban en el lecho de muerte. A raíz del trabajo de Seidel y Hedgepeth, las actitudes empezaron a cambiar. Los eruditos ya no interrumpen sus discursos ni sus seminarios. En 2018 ambas organizaron una exposición pionera titulada *VIOLATED: Women in Holocaust and Genocide*, en la Galería Ronald Feldman de Nueva York, donde se exhibían obras de arte que representaban los abusos sexuales durante la Segunda Guerra Mundial, en Ruanda y en Bosnia.

Admitir la existencia de la violencia sexual no ha desmerecido la escalofriante realidad de los guetos o de las cámaras de gas. Ha contribuido a un relato más inclusivo de lo que ocurrió. El reconocimiento llegó demasiado tarde para las pobres mujeres de la residencia de ancianos de Toronto cuyas últimas palabras fueron una confesión en voz baja, pero eso debería hacernos reflexionar sobre los sesgos de género que contiene la historia de la humanidad que compartimos.

En 2018 viajé hasta el otro extremo del mundo para conocer a un grupo de mujeres cuya lucha por el reconocimiento las ha convertido en heroínas en su país y en otras partes del mundo. Han conseguido más logros que nadie a la hora de educar al mundo sobre el daño que ocasiona la violencia sexual en los conflictos y sobre la importancia de expresar arrepentimiento. En mis conversaciones con ellas encontré resonancias de lo que le oí decir a la viuda mayor con la que me reuní en Shabunda, y cuyo máximo deseo era una disculpa del presidente Kabila.

Se trata de las «mujeres de solaz» de Corea del Sur, y representan a las aproximadamente doscientas mil niñas y jóvenes, según las estimaciones, que fueron reclutadas a la fuerza y vendidas como esclavas sexuales para el uso del Ejército Imperial japonés durante sus campañas militares en Asia desde principios del siglo XX hasta la derrota de Japón en 1945. Yo prefiero su denominación en coreano, *halmoni*, que significa «abuelas».

Su historia –la de unas vidas destrozadas y muchas décadas de silencio– inspira lástima, pero su campaña para lograr una disculpa oficial y la aceptación de responsabilidades por parte del Estado japonés merece nuestra profunda admiración. Llevaron adelante su lucha con discreta dignidad y una determinación de hierro hasta los últimos años de sus vidas, movidas por el deseo de curar sus heridas, pero también por su convicción de que así ayudarían a las demás.

A consecuencia de su campaña, que provocó graves tensiones diplomáticas con Japón, Corea del Sur es probablemente uno de los países más concienciados del mundo en materia de violencia sexual en los conflictos. Su sufrimiento ha sido reconocido en reiteradas ocasiones por el Gobierno de su país, y hay estatuas y un museo dedicados a sus vidas.

El Museo de la Guerra y los Derechos Humanos de las Mujeres fue una de mis primeras escalas en Seúl, el primer museo de ese tipo que había visitado en mi vida. Es un edificio modesto situado en una calle secundaria de un barrio residencial cuya construcción se demoró varios años debido a las disputas sobre su ubicación. Algunas asociaciones de veteranos de guerra coreanos se opusieron a los planes iniciales de construirlo en un parque de Seúl donde se honra a los «mártires» de la lucha por la independencia del país, como si las mujeres violadas pudieran mancillar de alguna forma el recuerdo del movimiento de liberación de Corea del Sur.

Lo que le falta al edificio en tamaño lo compensa por su impacto. A lo largo de sus dos plantas, y de un sótano de hormigón escasamente iluminado y vacío, concebido para transmitir las deprimentes y desorientadoras condiciones del cautiverio en que vivían muchas de aquellas mujeres, los visitantes van conociendo los auténticos horrores que sufrieron después de ser raptadas y seguidamente encarceladas en los burdeles promovidos por el Estado.

Me impresionó una pared donde se veían algunos moldes de cemento de los rostros y las manos de algunas *halmoni*. Parecían

estar abriéndose paso a través de la superficie, lo que venía a sim-
bolizar la dificultad de romper el velo de silencio y hacer públicas
sus experiencias. Otra de las paredes está hecha de ladrillos, cada
uno con una foto y un mensaje de una superviviente, y donde
quedan huecos vacíos para las mujeres que nunca fueron capaces
de contar lo ocurrido.

Me paré a contemplar la fotografía de una joven con aspecto
triste, en los huesos, a la que está examinando un médico japonés
con una bata blanca. Me pregunté cómo era posible que aquel
médico hubiera podido traicionar su educación y la ética de mi
profesión y ponerse al servicio de una crueldad tan abominable.
Después de ser raptada, cada una de aquellas mujeres tenía que
someterse a una humillante revisión periódica para detectar posibles enfermedades de transmisión sexual.

Salí de allí indignado y con la sensación de haber aprendido
una lección de humildad mientras me dirigía a una residencia de la
capital donde convive un grupo de *halmoni*, cada vez más reducido, y en la que recibe cuidados. Conocí a Kim Bok-dong, que a la
sazón tenía noventa y un años, una elegante pero frágil superviviente con un cabello canoso que enmarcaba su amable rostro. Me
habló en voz baja y con gravedad de sus experiencias, así como de
sus esperanzas para el poco tiempo de vida que le quedaba.

Kim tenía catorce años cuando unos soldados se presentaron
en su casa de Yangsan, al sur del país, durante la ocupación japonesa de Corea del Sur. Les dijeron a sus progenitores que el Ejército Imperial necesitaba a Kim para que trabajara en una fábrica
como parte del esfuerzo bélico, una exigencia a la que ellos sabían
que no podían negarse. Dado que entonces Japón estaba en guerra con China, las Fuerzas Armadas reclutaban a la fuerza a los
coreanos.

Kim fue arrancada de su hogar e integrada en un grupo de mujeres de entre dieciocho y veinte años, donde ella era la más joven.
Las apretujaron en un camión y se las llevaron a un puerto cercano, donde comenzó un periplo en el que fueron transportadas
como ganado, a bordo de distintos buques, hasta su destino en la
provincia de Guangdong, en el sur de China, también ocupada
por los japoneses. Durante el trayecto, Kim no tenía ni idea de

adónde se dirigía. Se sentía como lo haría cualquier chica de catorce años –insegura y echando de menos a su familia– y desconocía las intenciones de sus captores.

Cuando desembarcó en Guangdong la llevaron a una instalación militar japonesa, una fábrica ocupada, donde le hicieron un reconocimiento físico y la pusieron a trabajar. El primer soldado que la violó le dio una paliza. Fue una experiencia desgarradora.

Intentó suicidarse junto con otras dos mujeres. Su madre le había dado algo de dinero como regalo de despedida, y ella había logrado ocultarlo durante su viaje hasta China. Le dio el dinero a una limpiadora del campamento a cambio de una botella de alcohol fortificado, que le abrasó la boca cuando intentó tragárselo a la fuerza. Se desmayó.

Lo siguiente que recordaba fue que despertó en un hospital militar donde los médicos le habían hecho un lavado de estómago. Aquella experiencia le provocó problemas digestivos durante el resto de su vida.

«Yo estaba sola en una habitación, y llegaban de uno en uno. Apenas te miraban, y si te hacían daño no les importaba –me decía sobre sus experiencias–. Y en cuanto terminaban, le tocaba al siguiente.» Vivió ocho años así, hasta los veintidós años de edad.

Después de Guangdong, la trasladaron a Hong Kong y, de ahí a otras bases por todo el Pacífico. Acabó en Singapur, donde, tras la liberación de la ciudad por las tropas estadounidenses y británicas, la pusieron en libertad y finalmente pudo tomar un barco para regresar a su casa.

Delante de su familia, Kim siguió fingiendo que había trabajado en una fábrica, pues no se atrevía a contar la verdad. No encontró el valor de contárselo a su madre hasta que esta le insistió tras las reiteradas negativas de Kim a contraer matrimonio. Su madre falleció poco después, de un ataque al corazón, y Kim estaba convencida de que su muerte había tenido que ver con su disgusto.

Nunca se casó y nunca le contó a nadie más su experiencia en la guerra. Estaba sola. Bebía y fumaba mucho. No rompió su silencio hasta pasados los sesenta años, cuatro décadas después, inspirada por los grupos de defensa de los derechos de las mujeres que habían empezado a hacer campaña en Corea del Sur.

Hubo que esperar hasta 1991, cuarenta y seis años después del final oficial de la Segunda Guerra Mundial, para que las primeras «mujeres de solaz» hablaran públicamente y sin rodeos en Corea del Sur. La mujer que rompió el silencio, Kim Hak-sun, decidió testificar en público debido a la furia que sentía, y a los arrebatos incontrolables de llanto que sufría cada vez que oía al Gobierno japonés negar la existencia del sistema de esclavitud sexual. Su decisión de alzar su voz y posteriormente presentar una demanda judicial contra Japón animó a docenas de mujeres de Corea, Filipinas, China, Australia y Países Bajos a contar sus propias historias. Fue como un momento #MeToo de la era anterior a internet, donde cada nuevo testimonio convencía a otras mujeres para dar el paso y denunciar. En total hubo más de doscientas mujeres, una minúscula fracción del número total.

Una de ellas fue Kim Bok-dong. Denunció su caso en 1992. Ese mismo año se sumó a las protestas que se celebraban todos los miércoles a mediodía delante de la embajada japonesa en Seúl para exigir una disculpa oficial y una compensación.

Las protestas prosiguen hoy en día, y ahora son las hijas y las nietas de las supervivientes quienes mantienen viva la campaña. Enarbolan pancartas y mariposas amarillas, un símbolo del derecho a vivir libre de violencia. Frente a la embajada hay una estatua de una niña vestida con el atuendo tradicional de Corea, sentada en una silla, sola y erguida, con los puños cerrados para expresar su determinación. Su mirada se dirige impasiblemente al complejo diplomático. Junto a ella hay una silla vacía que invita al espectador a ponerse en su lugar.

«Queremos que reconozcan que fuimos víctimas —me dijo Kim suavemente, levantando la mirada desde detrás de sus gafas—. Sé que lo único que me mantiene con vida es escuchar sus disculpas. Quiero oírlas en nombre de todas las que han muerto antes que yo.»

Más de veinticinco años después de denunciar públicamente lo que le ocurrió, Kim decía que estaba cansada de tener que seguir haciendo campaña, seguir hablando sobre las violaciones a los periodistas y al público. Nunca esperó que la lucha durara tanto tiempo.

En 1993, tras una primera investigación, el secretario general del Gobierno japonés hizo pública una declaración por escrito reconociendo que los «centros de solaz» existieron y expresando «disculpas y remordimientos sinceros». Pero Kim y muchas otras víctimas lo consideraron insuficiente y siguieron presionando para conseguir una disculpa oficial y una compensación del Estado japonés.

Incluso hoy en día algunos políticos de la derecha nacionalista de Japón insisten en que aquellas mujeres fueron prostitutas por voluntad propia. En 2007, más de cuarenta parlamentarios pagaron un anuncio a toda página en el *Washington Post* afirmando falsamente que «nunca se ha hallado documento histórico alguno» que demuestre que las mujeres fueran obligadas a prostituirse contra su voluntad. En 2014, el Gobierno japonés llevó a cabo una revisión de la disculpa original, y con ello reabrió las heridas de las *halmoni* supervivientes.

El asunto todavía no está zanjado, en parte por culpa de la actuación de la anterior presidenta de Corea del Sur, Park Geun-hye, que posteriormente ha sido condenada a una pena de cárcel por soborno y abuso de poder. En 2015 Park negoció lo que vino en llamarse un acuerdo «final e irreversible» con el Gobierno japonés, por el que Tokio accedió a pedir disculpas y a pagar mil millones de yenes (aproximadamente diez millones de dólares de la época) a una fundación de apoyo a las supervivientes. A cambio, Japón exigió la retirada de la estatua que hay delante de su embajada en Seúl.

Sin embargo, aunque el acuerdo fue en nombre de las víctimas, la presidenta Park no consultó con ninguna de las supervivientes. Ellas se sintieron traicionadas e ignoradas en aras de una mejora de las relaciones diplomáticas. Rechazaron el acuerdo, que quedó en suspenso por decisión del sucesor de Park.

En enero de 2019, cinco meses después de conocerla, *halmoni* Kim falleció en Seúl. Cuando fui a verla estaba enferma de cáncer. Ella se aferró al sueño de recibir una disculpa en toda regla hasta su último suspiro, y tenía intención de dedicar el dinero de su posible indemnización a un fondo para la escolarización de las niñas, ya que a ella le arrebataron gran parte de su educación. Sus últimas palabras fueron una expresión de su indignación por el trato recibido.

No solo Japón ha tenido problemas para asumir el legado y la responsabilidad de sus actos en tiempos de guerra. Los vencedores de la Segunda Guerra Mundial también tienen sus puntos flacos.

En 2014, el presidente ruso Vladímir Putin firmó la entrada en vigor de una ley que penaliza «la difusión de información falsa sobre las actividades de la URSS durante los años de la Segunda Guerra Mundial», por la que ahora resulta peligroso mencionar siquiera las violaciones masivas cometidas por los soldados del Ejército Rojo en Alemania, cuya existencia ha sido negada oficialmente.

La historia de los actos de violencia sexual cometidos por las fuerzas aliadas en Japón después de su derrota –por los soldados estadounidenses, británicos, australianos e indios que formaban parte de la Fuerza de Ocupación de la Commonwealth Británica– sigue siendo otro capítulo bastante desconocido de la guerra. En poco más de una semana, entre el 30 de agosto y el 10 de septiembre de 1945, las fuerzas aliadas cometieron 1.336 violaciones tan solo en la provincia de Kanagawa, situada al sur de Tokio.[3]

El Gobierno japonés, presa del pánico, estableció un sistema de burdeles por todo el país denominado «Asociación para el Recreo y la Diversión», y obligó a las prostitutas y a otras mujeres víctimas de trata a «prestar servicio» a las tropas extranjeras. Aunque oficialmente las fuerzas aliadas tenían prohibido el uso de prostitutas, los comandantes miraban para otro lado.

En Francia, la Secretaría Jurídico-Militar del Teatro de Operaciones Europeo concluyó que «el número de delitos sexuales violentos aumentó enormemente con la llegada de nuestras tropas a Francia» tras los desembarcos aliados en Normandía en 1944.

Lo que quiero decir no es que todos los soldados sean violadores, ni que tengamos que dejar de rendir homenaje a los sacrificios y a los actos de valor que llevan a cabo durante los conflictos armados. Eso sería absurdo e injusto. Pero no debemos olvidar que hay soldados valientes y soldados depredadores. Y es preciso recordar, atender y compensar a las mujeres agredidas en la misma medida que a los veteranos heridos o a los prisioneros de guerra. Tal vez sus heridas no sean visibles, pero pueden durar toda una vida.

En Corea siguen vivas menos de dos docenas de *halmoni* para enarbolar la llama de su movimiento. El trabajo de *halmoni* Kim no fue en vano, por mucha amargura y desilusión que sintiera al final de su vida. En Estados Unidos se han erigido por lo menos diez estatuas y monumentos dedicados a las «mujeres de solaz», a menudo a pesar de las protestas oficiales de Japón. En Vietnam y en Filipinas también hay monumentos públicos.

El espíritu de *halmoni* Kim pervive en las protestas semanales, en esos monumentos, en el documental titulado *Mi nombre es Kim Bok Dong* (2019), y en el premio anual que lleva su nombre y que reconoce a otras mujeres que siguen sus pasos.

En 2019, la galardonada fue Vasfije Krasniqi-Goodman, una mujer extraordinaria que encabeza una organización de defensa de los derechos de las mujeres en Kosovo, y es una enérgica miembro de SEMA, nuestra red mundial de supervivientes de la violencia sexual en tiempos de guerra. En 1999, Vasfije tenía dieciséis años, era la hija menor de una gran familia que se vio atrapada en la guerra en la que Kosovo, de mayoría musulmana y de etnia albanesa, se escindió de Yugoslavia, un país cristiano y dominado por los serbios.

Un día, un policía serbio se presentó en el hogar de Vasfije preguntando por su padre y su hermano. No estaban en casa, pero el policía insistió en que ella lo acompañara, arrancándola de los brazos de su madre y amenazando con disparar contra otros familiares que intentaron intervenir.

La señalaron simplemente por ser musulmana. El policía, que llevaba una mano vendada, había recibido recientemente un disparo de las fuerzas de etnia albanesa. Él y otro hombre de más edad la violaron.

A Vasfije le llevó diecinueve años denunciarlo. Cuando lo hizo, se convirtió en la primera mujer kosovar que acusaba públicamente a sus agresores. Desde entonces se ha convertido en la defensora de las veinte mil mujeres que, según las estimaciones, corrieron su misma suerte, y que en su mayoría siguen sufriendo en silencio, pues sienten vergüenza o temor al estigma que tendrían que soportar.

No obstante, el policía y el hombre mayor que violaron a Vasfije quedaron impunes, como sucede tan a menudo. A pesar de las declaraciones de los testigos oculares de su familia sobre su rapto, en 2014 el Tribunal Supremo de Kosovo revocó las conclusiones de culpabilidad de un juzgado de primera instancia contra ambos hombres debido a un tecnicismo jurídico. Nadie ha sido condenado ni en Kosovo ni en Serbia por las violaciones cometidas durante la guerra.

Sin embargo, Vasfije convirtió su ira y su decepción en la energía que ahora impulsa su activismo. Habló ante el Consejo de Derechos Humanos de Naciones Unidas, ante la Cámara de Representantes de Estados Unidos, y en numerosos congresos en nombre de otras supervivientes. Ahora es una diputada del Parlamento democráticamente elegido de Kosovo y se dedica a defender los derechos de las mujeres.

Y gracias al trabajo de cabildeo de las organizaciones feministas, y al apoyo explícito de la presidenta del país, Atifete Jahjaga, Kosovo tiene un fondo de indemnización para las supervivientes pionero en la región. El programa ofrece una compensación mensual vitalicia de hasta 275 dólares –aproximadamente el 90 por ciento del salario medio de las mujeres kosovares–. La burocracia para su tramitación es complicada, y exige que las mujeres demuestren que cumplen los requisitos, lo que puede resultar frustrante y provocar una segunda ola de traumas. Conocí a varias supervivientes desesperadas cuyas solicitudes habían sido rechazadas.

Sin embargo, el programa supone un auténtico avance: el hecho de que se reconozca públicamente el daño causado por una violación, la existencia de las supervivientes, y la necesidad de recordarlas y atenderlas, igual que a los soldados heridos durante los combates. También contribuye al proceso de curación, y en parte también a compensar la incapacidad del sistema judicial para perseguir a los perpetradores.

A pesar de su cultura enormemente patriarcal, Kosovo está luchando contra el estigma y también ayudando a las supervivientes de otras formas. En el centro de la capital, Pristina, se alza un monumento titulado *Heroinat* («Heroínas»). Está formado por veinte mil pernos de metal, todos ellos rematados por una medalla de estilo militar donde figura el rostro de una mujer, una por cada víctima de violación durante la guerra. Yo deposité un ramo de flores allí cuando fui de visita a finales de 2019 y me alegró ver que se había convertido en una atracción turística.

Quizá sea un signo de progreso el hecho de que aparentemente a las supervivientes de la violencia sexual ahora les resulte más fácil hacerse oír y exigir reconocimiento para ellas y el resto de víctimas, el «bien que viene» por el mal causado a raíz de la sucesión de guerras que siguen desfigurando nuestro planeta.

Después de la Segunda Guerra Mundial, a *halmoni* Kim y a sus compañeras, que rompieron los tabúes en Corea, les llevó más de cuarenta años decidirse a hablar sobre sus experiencias. Vasfije necesitó diecinueve años para desafiar el asfixiante silencio que rodeaba las violaciones de la guerra en Kosovo. Pero cuando el Estado Islámico creó su sistema de esclavitud sexual con las mujeres yazidíes a partir de 2014, las mujeres lo denunciaron casi inmediatamente después de huir de sus captores, hablaron con los periodistas e informaron al mundo desde los campos de refugiados del norte de Irak.

La más extraordinaria de esas mujeres es Nadia Murad, que se convirtió en el rostro visible del sufrimiento de las mujeres yazidíes. Al cabo de un año, Samantha Power, embajadora de Estados Unidos en Naciones Unidas, invitó a Murad a pronunciar un discurso ante el Consejo de Seguridad en Nueva York. La rapidez con la que le llegó el reconocimiento fue un indicio de que nuestros mecanismos institucionales para identificar y condenar la violencia sexual masiva están mejorando.

Nadia contó a Naciones Unidas que sus seis hermanos fueron fusilados por los combatientes del Estado Islámico, y que ella fue vendida, humillada, violada y apaleada. Pronunció cada palabra de su discurso con una enorme fuerza, al tiempo que las manos le temblaban por la dificultad de contar unas revelaciones tan personales ante un auditorio de extraños en un entorno desconocido para ella. Cuando terminó, los diplomáticos, normalmente impasibles, prorrumpieron en aplausos.

Una y otra vez, igual que *halmoni* Kim, Nadia evocó en público y ante los periodistas los dolorosos recuerdos de su apacible vida familiar en Irak antes de la guerra, el asesinato de sus hermanos y familiares, y los detalles íntimos de sus experiencias a manos de los combatientes del Estado Islámico. No debemos olvidar nunca los sacrificios realizados por las mujeres como Nadia, Vasfije, *halmoni* Kim, o como Tatiana Mukanire, Bernadette y Jeanne, mis queridas antiguas pacientes en el Congo, que alzan sus voces en nombre de las demás.

En 2018, el Comité Noruego del Nobel reconoció la heroica labor como activista de Nadia concediéndole el Premio Nobel de la Paz, *ex aequo* conmigo. El galardón nos brindó la mayor plataforma que ambos habíamos tenido para denunciar la violencia sexual. Debería verse como parte de la alentadora tendencia a reconocer la gravedad del asunto, aunque siga sucediendo con una impunidad casi absoluta hoy en día en las zonas de conflicto, en el Congo, en Libia, Siria, Myanmar o Nigeria.

Yo estaba en Bukavu cuando el Comité del Nobel hizo su anuncio. Era viernes, y en aquel momento me encontraba en el quirófano, operando un perineo, rodeado de colegas que hacían su tarea con la sosegada concentración y profesionalidad de siempre. Cuando estábamos terminando nos dimos cuenta del revuelo que se había formado a las puertas del edificio.

Lo primero que pensé es que debía de haber un incendio o algún problema de seguridad. Pero las voces se hicieron más claras, y podía oír vítores, y después gritos de celebración. Nuestra anestesista salió de la sala para investigar, mientras yo daba los últimos puntos de sutura. Instantes después volvió, me echó el brazo al cuello y me abrazó.

«¡Papá, has ganado el Premio Nobel!», gritó.

Yo estaba atónito, mientras todos los miembros del equipo me felicitaban. Terminé mi tarea con la paciente y salí a trompicones del quirófano con mi bata y mi mascarilla. Fuera, en el pasillo, podía oír a la multitud. A la entrada del complejo quirúrgico se habían congregado docenas de pacientes de nuestro pabellón de supervivientes y muchos trabajadores del hospital.

Salí para saludarles, entrecerrando los ojos porque me deslumbraba la luz del sol. Ellos me ovacionaban y empezaron a cantar.

Yo intentaba encajar la noticia, al tiempo que sentía brazos que me rodeaban y movimiento a mi alrededor. Me recordaba a cuando todos bailamos juntos con V durante su primera visita al hospital, allá por 2007.

Entonces se trataba de una manera de aliviar la tensión. Esta vez era una celebración por algo que iba más allá de mis logros personales. Representaba algo mucho más grande. Estábamos celebrando que el mundo parecía por fin estar prestando atención a las mujeres del Congo. Después de veinte años de sentirme ignorado, de que me trataran como un ser insignificante, el premio era el reconocimiento de que las vidas de mis pacientes sí importaban.

¡Cuántas veces a lo largo de los años las supervivientes han dado un paso al frente para hablar con los periodistas extranjeros, con los funcionarios de Naciones Unidas y con los diplomáticos en Bukavu, y les han confiado sus devastadoras historias personales a fin de informar al mundo de lo que estaba ocurriendo! Después, a menudo se sentían abatidas, al ver que parecía que nada había cambiado. Yo intentaba tranquilizarlas, y les decía que cada aportación servía para cambiar las cosas.

El Premio Nobel era el reconocimiento de que su trabajo y su sacrificio no habían sido en vano.

La multitud fue creciendo y creciendo, al tiempo que los coches y las motos tocaban la bocina cuando pasaban por delante del hospital. Yo me dirigí lentamente hacia mi despacho, empapándome de los rostros llenos de alegría en un lugar que ha conocido tantas lágrimas. Pasé por delante de las salas de consulta donde se han volcado tantas historias espantosas a lo largo de los años; por delante de la puerta metálica de entrada y su amenazador alambre de espino, del que siempre he deseado que pudiéramos prescindir; por delante de los arriates de rosales rojos y rosas en flor que me levantan el ánimo cada mañana cuando acudo a mi trabajo.

Llegué a mi despacho y di las gracias a todos los que me habían acompañado en el trayecto. Entré, cerré la puerta y me desplomé en mi fiel sillón marrón. Me sentía feliz, encantado, casi loco de alegría, orgulloso, sorprendido, abrumado. Era un caleidoscopio de emociones.

En seguida me vinieron a la mente dos conclusiones: que para mí era un gran honor compartir el premio con Nadia, con la que ya me había reunido varias veces; y que aquello únicamente significaría algo y serviría para algún fin en la medida que contribuyera a acabar con el sufrimiento en el Congo, que era lo que en un principio había llevado a que me nominaran.

He recibido distintos premios a lo largo de los años, y he intentado utilizar cada uno de ellos como plataforma para promover las ideas que usted ha leído en este libro. En cada ocasión, el reconocimiento público me ha infundido esperanzas, que casi siempre iban seguidas de desilusión por las condiciones de vida cada vez peores en el Congo oriental y por una violencia aparentemente interminable.

Durante los dos meses siguientes estuve trabajando en mi discurso para la ceremonia de aceptación, que se celebró en Oslo en diciembre. ¿Cómo tenía que aprovechar la oportunidad de dirigirme a la realeza y a los políticos, así como a una audiencia de millones de telespectadores? Yo escribía y reescribía por las noches, o de madrugada, cuando siento que estoy más fresco, libre de las exigencias del personal, de las pacientes y de las visitas.

Los retos eran muy parecidos a los que ha entrañado escribir este libro. Sentía que debía ser explícito acerca del sufrimiento que había presenciado, sin intentar horrorizar deliberadamente. Quería obligar a pensar a los que me escucharan, sin ser excesivamente provocativo. Y, ante todo, quería recordarle a todo el mundo nuestra responsabilidad colectiva por el desastre del Congo, no solo como consumidores de productos que dependen de los minerales que se extraen allí, sino también como seres humanos, miembros de una familia que sangra y sufre igual en todas partes.

Nunca he visto la grabación de mi discurso. Nunca he sido capaz de verme en una grabación ni en televisión. Había memorizado casi todo mi discurso durante horas de ensayo, y todo transcurrió en un instante. Recuerdo el sonido de mi voz reverberando en el enorme y cavernoso salón de recepciones del Ayuntamiento de Oslo en el que tiene lugar la ceremonia cada año.

No hubo sobresaltos desagradables, como cuando vi las sillas vacías de la delegación de la República Democrática del Congo en Naciones Unidas en 2006. Podía ver a Madeleine en primera fila y a mis hijos entre los dos bloques de invitados impecablemente vestidos de gala.

Hablé sobre el ataque contra mi hospital de Lemera, el sangriento comienzo de nuestro trabajo en Panzi, nuestro horror ante el flujo de niñas que llegaban de Kavumu. Le recordé a todos los asistentes los millones de muertos y los cientos de miles de violaciones a lo largo de veinte años. Hice hincapié en que los teléfonos que todo el mundo llevaba en el bolsillo y las deslumbrantes joyas que lucían formaban parte del problema.

Mencioné el *Mapping Report* de Naciones Unidas, que enumeraba los crímenes de guerra y los crímenes contra la humanidad y que ahora estaba «acumulando moho en el cajón de un despacho en Nueva York». Esperaba que aquellas palabras despertaran un renovado interés por el informe, que los periodistas volvieran a echar un vistazo a su contenido y empezaran a cuestionar la falta de acción.

No estoy seguro de cuántas personas vieron el discurso en el Congo. Fue emitido en directo por infinidad de cadenas internacionales, pero no por la televisión estatal del Congo, la única cadena nacional de mi país. En vez de la ceremonia de entrega, programaron un partido de baloncesto.

La consecuencia más importante del premio fue que me brindó la oportunidad de expandir mi tarea. Inmediatamente después, empecé a presionar a favor de una idea que habíamos propuesto tras nuestra misión de investigación en Shabunda hacía casi diez años, cuando fuimos a entrevistar a las supervivientes.

Yo nunca había olvidado a las mujeres que nos hablaron de su deseo de reconocimiento y de las distintas formas que podía asumir: colegios para sus hijos, dinero para poner en marcha empresas o comprar tierras, fondos para atención psicológica e instalaciones sanitarias, y reconocimiento público. Nuestro informe final, que presentamos a la Oficina del Alto Comisionado de Derechos Humanos de Naciones Unidas, sugería la creación de un fondo internacional para las supervivientes, financiado por donantes, que intentara satisfacer alguna de aquellas reivindicaciones.

La idea nunca levantó el vuelo. El único Gobierno extranjero que asumió aquella iniciativa fue el de Brasil, cuya presidenta en aquel momento, Dilma Rousseff, se comprometió a aportar un millón de dólares. Ahí terminó la cosa. Ningún otro gobierno respondió.

Después de la concesión del Nobel, y en el entorno de apoyo creado por el movimiento #MeToo, sentí que tenía la oportunidad de reavivar la idea. En Alemania, el Gobierno de Angela Merkel accedió a patrocinar una propuesta para crear un fondo mundial para las supervivientes de la violencia sexual en el Consejo de Seguridad de Naciones Unidas. La propuesta fue aprobada por las potencias mundiales en abril de 2019 como parte de la Resolución 2467.

Seis meses después, Nadia y yo la pusimos en marcha públicamente. Francia inmediatamente se ofreció a aportar más de seis millones de dólares, y la Unión Europea otros dos millones. Japón ha contribuido con varios millones de dólares, mientras que el Reino Unido y Corea del Sur también se han comprometido a aportar financiación. Sigo teniendo esperanzas de que algún día Estados Unidos se sume a la iniciativa.

Nuestros primeros proyectos están en Guinea (África occidental), en la República Democrática del Congo y en Irak. El fondo hace muchas cosas, siempre con la intención de reconocer y compensar a las supervivientes. La filosofía que lo rige es que siempre lo gestionen y lo dirijan las supervivientes, para otras supervivientes. El fondo les preguntará qué necesitan, y responderá en consecuencia.

Una parte del trabajo consiste en financiar a los distintos grupos, para asegurarse de que las supervivientes puedan organizarse y de que se escuche su voz. Además, el fondo ofrecerá asesoría técnica a los gobiernos que aspiren a crear planes de compensación como los que he descrito para el caso de Kosovo. En todo el mundo hay muchísimas mujeres que libran una batalla en solitario para rehabilitarse, ante la indiferencia o el abandono deliberado de sus gobiernos.

Consideremos el caso de las mujeres rohinyá que han sido expulsadas de sus hogares en Myanmar a raíz de una campaña de matanzas y de violaciones en masa contra la población musulmana por parte de las fuerzas del Gobierno. Actualmente se encuentran hacinadas en unos inmundos campamentos de refugiados en la vecina Bangladesh. ¿Quién va a prestarles la atención especializada que necesitan, quién va a realizar la crucial tarea de cabildeo para llamar la atención sobre sus necesidades?

En 2019 viajé a Nigeria para reunirme con algunas de las víctimas de Boko Haram, el grupo extremista islámico que actúa en el norte del país y que se ha ensañado con las mujeres y las niñas. En 2014, el grupo fue responsable del rapto de casi trescientas escolares en el pueblo de Chibok, lo que desencadenó la campaña en redes sociales que vino en llamarse #BringBackOurGirls.

Desde entonces, Boko Haram ha puesto en libertad a unas doscientas prisioneras, pero en 2021 un centenar seguían en paradero desconocido. Me reuní con unas cuantas supervivientes en una asamblea donde se iban poniendo en pie para hablar de sus necesidades. Algunas de las niñas de Chibok recibieron becas del Gobierno tras su liberación, e incluso ofertas para estudiar en Estados Unidos, gracias a la campaña de apoyo. Pero hay otros muchos centenares de niñas afectadas por el conflicto, cuya escolarización se ha visto interrumpida.

Existen pocas esperanzas de justicia para ellas, y muy poco apoyo económico. El mayor deseo de las niñas que hablaron conmigo era la educación. Nuestro fondo y mi fundación están estudiando la forma de ayudarlas.

Por eso el Premio Nobel ha significado tanto para mí. Fue un reconocimiento a las decenas de miles de mujeres que han pasado por nuestro hospital de Bukavu. El premio les enviaba el mensaje de que importan. Me ofreció una plataforma para denunciar el conflicto del Congo, para hablar de la búsqueda de justicia, y de la necesidad de que las potencias mundiales utilicen su influencia para atajar la causa de los combates. Pero, más allá del gesto y de los discursos, el premio se está transformando en acción.

Estamos dando un buen uso al cheque de 500.000 dólares que me entregaron. Hemos utilizado el dinero para adquirir un solar en Kinsasa, la capital del Congo, donde vamos a abrir un nuevo centro para supervivientes, y para poner todo lo que hemos aprendido en Bukavu al servicio de otro sector de la población que hasta ahora carecía de ese tipo de atención.

Las mujeres de Shabunda siguen siendo una fuente de inspiración. Espero que algún día, por todo el país, tengamos más estatuas como la suya, en reconocimiento de la resiliencia de las supervivientes que arrastran las cicatrices de este lamentable periodo en que el Congo fue etiquetado como la capital mundial de las violaciones. Todavía puedo ver la figura de bronce de la mujer angustiada en cuclillas. Un reconocimiento público como ese contribuye a que las supervivientes puedan volver a ponerse en pie.

La tarea de reconocer y recordar a las supervivientes forma parte de la batalla, es un elemento de la respuesta colectiva que incluye denunciar públicamente la violencia sexual y mejorar el sistema de justicia penal. Pero todas esas tareas esenciales, en las que se han centrado los tres últimos capítulos, son remedios para el problema. Al igual que el tiempo que paso en el quirófano del hospital, abordan las consecuencias de la violencia sexual después de que se haya producido, no sus causas. Las mujeres nunca deberían verse obligadas a volver a ponerse en pie.

Para impedir que se produzcan violaciones, debemos preguntarnos, para empezar, por qué hay tantos hombres mal educados y por qué se portan tan mal –y por qué los hombres buenos y respetuosos han guardado silencio durante tanto tiempo.

9

Los hombres y la masculinidad

Mis reflexiones sobre los hombres y la masculinidad necesariamente tienen que empezar por una pregunta personal básica sobre mi propia identidad: ¿por qué soy el hombre que soy? No pretendo presentarme como un modelo a imitar. Tengo muchos defectos, como puede atestiguar mi esposa, Madeleine. No me criaron como un hombre feminista, un concepto que ni mi padre ni mi madre ni yo mismo habríamos sido capaces de entender. Sin embargo, de niño mi educación fue diferente de la de los demás, y eso claramente influyó en el hombre en que me convertí, en las decisiones profesionales que tomé y en mis actitudes para con las mujeres.

Crecí en una familia que cuestionaba algunas ideas, aunque no todas, sobre los roles de género que predominan en todas las sociedades patriarcales, no solo en las africanas. Fui el tercer hijo de mis progenitores, después de mis dos hermanas, y, conforme a la tradición congoleña, pasé a ser el heredero de la familia.

El nacimiento del primer varón en cualquier familia congoleña es motivo de celebración. No solo asegura la continuidad del linaje familiar –garantizando que el apellido se transmitirá a los hijos de la siguiente generación– sino que además tiene importantes implicaciones económicas. Solo los varones pueden heredar bienes y otros activos de sus padres. Por consiguiente, a los niños se los coloca en un pedestal desde el momento en que nacen, algo de lo que van haciéndose cada vez más conscientes a medida que maduran.

Una de las maneras en que ese hecho se manifiesta en las familias congoleñas, incluso hoy en día, es que se exime a los niños de las tareas del hogar, no están obligados a participar en los queha-

ceres cotidianos de la vida doméstica. Se supone que sus hermanas son las encargadas de limpiar, cocinar y lavar cuando alcan-
zan la edad necesaria. Y lo que es peor, después se espera de ellas
que atiendan a las necesidades de sus hermanos, lo que crea una
clara jerarquía que hasta las mentes más jóvenes e inexpertas son
capaces de comprender.

Salvo en casa de los Mukwege.

Por razones que no están del todo claras, mi madre tenía unas
ideas bastante progresistas sobre los papeles y las responsabilidades de sus hijos. Sospecho que era porque tuvo una infancia difícil
y precaria, debido a la muerte de su madre y al rechazo de que fue
objeto por parte de su padre. Mi madre era inusitadamente de-
pendiente de una figura masculina encargada de cuidar de ella: su
hermano mayor, que todos los días salía en busca de comida y
velaba por ella y por sus dos hermanas.

Su hermano venía a demostrar que también los hombres podían realizar las tareas domésticas que normalmente estaban reservadas para las mujeres. Y al haber experimentado la necesidad
de arreglárselas por sí solos desde tan pequeños, mi madre quería
transmitir las habilidades que habían posibilitado que ella y sus
hermanos sobrevivieran. Quería que fuéramos autosuficientes.
«Tenéis que ser capaces de cuidar de vosotros mismos sin depen-
der de nadie», solía decirnos.

Por consiguiente, mi madre me obligaba a hacer «tareas de
niña», como fregar los platos o lavar la ropa, en cuanto tuve la
edad suficiente. Me obligaba a hacerme la cama y a limpiarme los
zapatos antes de marcharme al colegio, unas tareas que tradicionalmente estarían reservadas para mis hermanas.

Al principio yo me resistía, y me parecía que mi madre era in-
justa e innecesariamente estricta conmigo. Recuerdo que, cuando
iba a casa de mis amigos, veía cómo sus hermanas los atendían.
En cuanto terminábamos de comer, volvíamos a nuestros juegos
o a hacer los deberes del colegio mientras las niñas recogían la
mesa. Cuando era niño, yo ansiaba tener esos mismos privilegios.

Sin embargo, poco a poco le tomé el gusto a las tareas domésticas y acabé disfrutando de la sensación de independencia y de
contribuir. Hubo un momento incómodo cuando tenía más o me-

nos doce años, y en mi primera adolescencia, cuando mis amigos venían a casa. «¿Por qué haces cosas de niña?», me preguntaban. Las amigas de mis hermanas mayores también se asombraban. Me consideraban una curiosidad y soltaban risitas y hacían chistes cuando me veían lavando la ropa o planchando. No obstante, todas esas habilidades resultaron muy útiles cuando, ya de adulto, viví solo en Kinsasa, en Buyumbura y en Francia. Y estoy convencido de que el planteamiento igualitario de mi madre tuvo un profundo efecto en mi forma de ver a las mujeres. Desde mis primeros recuerdos, nadie me animó a creer que yo era superior a mis hermanas ni que estaba exento de las tareas cotidianas. Por el contrario, mis progenitores tenían en una alta estima a mi hermana mayor, Elizabeth, sobre todo mi padre, y eso se me pegó a mí. ¿Cómo podemos esperar que los hombres respeten a las mujeres y las traten como a iguales si se les concede autoridad sobre sus sumisas hermanas desde sus primeros recuerdos?

Desarrollé una relación muy estrecha con mi hermana Roda, que es dos años mayor que yo. Éramos socios y cómplices en nuestras tareas y en nuestros juegos. Fue la mayor beneficiaria de mis primeras incursiones en el mundo de los negocios cuando yo era adolescente y vendía bebidas con gas desde un extremo de nuestro jardín. Con mis ganancias yo le compraba vestidos y zapatos. Cuando se los ponía, me henchía de orgullo. Otras veces le echaba una mano, hacía cosas en casa para que estuviera contenta. Éramos un equipo.

Sin embargo, la mayoría de los niños no se crían así. Se dan cuenta de los privilegios que les confiere su sexo desde muy pequeños a través del trato que reciben en casa y de sus relaciones con sus hermanas o con otras niñas de su edad. De hecho, la discriminación empieza incluso antes. En la mayoría de los países comienza incluso antes de que nazcan los hijos.

En el hospital, cuando vienen a mi consulta mujeres embarazadas que ya tienen una o dos hijas, siempre están ansiosas por averiguar el sexo de su nuevo vástago. En muchas ocasiones he tenido que consolarlas cuando les doy la noticia de que van a tener otra hija. Por esa razón, hace unos años dejé de informar a mis pacientes sobre el sexo de sus bebés.

Entiendo la importancia que le dan a tener un hijo varón. Viven en un sistema que valora mucho a los herederos varones. Su estatus depende de que den a luz hijos.

Con lágrimas en los ojos después de una ecografía, muchas mujeres me han confesado que tienen miedo de volver a casa porque sus maridos pueden darles una paliza por tener otra hija. Algunas, que ya han tenido tres o cuatro hijas seguidas, saben que corren el riesgo de que sus maridos se divorcien de ellas o que las obliguen a la poligamia, que es ilegal pero todavía se practica. En algunas comunidades sigue siendo socialmente aceptable que los maridos tomen una segunda esposa si la primera ha tenido demasiadas niñas.

Esa preferencia de género, profundamente arraigada, explica por qué se registran unos desequilibrios tan catastróficos en algunas zonas de la India y de China en particular. En ambos países, el feticidio femenino –el aborto selectivo de los fetos de sexo femenino– ha dado lugar a una población con un fuerte sesgo masculino. Se observa claramente en las tasas de natalidad, que revelan que en ambos países nacen entre 106 y 108 niños por cada 100 niñas.[1] Hay millones de hombres «de más» y de mujeres «de menos», lo que provoca infinidad de problemas sociales documentados, como, por ejemplo, el fenómeno del matrimonio por secuestro o mayores niveles de violencia.

La jerarquía de género se formula y se refuerza de otras mil maneras a lo largo de la vida de un niño y de una niña, desde sus primeros recuerdos, pasando por la adolescencia, hasta su vida adulta. Se produce desde el seno materno hasta la tumba. El mensaje es siempre el mismo: la vida de un varón vale más que la de una mujer.

Cuando falleció mi padre, mis hermanos y yo heredamos su patrimonio, mis hermanas no. Al ser el varón primogénito, en aquel momento yo asumí simbólicamente el papel de cabeza de familia en una ceremonia que tiene lugar después del funeral.

La dirige un tío materno –un vestigio de las costumbres matriarcales de la era precolonial– que, conforme a la tradición, entrega las armas familiares, como un machete o una lanza, al hijo mayor. También puede entregar pulseras de cobre o trofeos de caza, como pieles o dientes de leopardo, que se consideraban símbolos de fuerza y valentía. En la era moderna, normalmente el tío entrega pertenencias simbólicas, como una chaqueta de un traje o un reloj de pulsera.

Mi tío me entregó la Biblia más querida de mi padre, la primera que tuvo, cuyas páginas estaban amarillentas y muy desgastadas. Contenía notas a lápiz, así como la fecha en la que leyó por primera vez cada pasaje. También me entregaron su bastón –que había utilizado durante sus largas caminatas como evangelizador itinerante en los años cuarenta–. Por desgracia, la Biblia se perdió durante un viaje a París hace unos años, cuando me robaron la maleta en la cinta de equipajes del aeropuerto.

Al final de la ceremonia del funeral, mi tío invitó a mis hermanos y hermanas a presentarme sus respetos. En virtud de la tradición paternalista congoleña, a partir de ese momento me reconocían como cabeza de familia e incluso tenían que llamarme «papá». Se espera de mí que vele por ellos y administre el patrimonio de la familia. ¡Qué diferencia en comparación con la época en que lavaba los platos con mis hermanas!

Nadie puede escapar a la tradición, y tampoco debería sentirse obligado a ello. Las costumbres y ceremonias de la vida componen la gramática de nuestra existencia y son importantes a la hora de alimentar nuestra identidad y nuestra sensación de ser quienes somos. Pero es importante cuestionarlas. Debemos ser conscientes de sus consecuencias. Siempre que reforzamos el mensaje de que los niños son más capaces, que se merecen más o que son más valiosos que las niñas, estamos perpetuando la injusticia –y en última instancia la violencia– contra las mujeres.

¿Por qué digo violencia? ¿Qué relación hay entre el reparto de las tareas domésticas, las tradiciones sobre la herencia o las ceremonias de los funerales y la violación? La relación es que cuanto más se hace creer a los niños y a los hombres que son superiores, que sus vidas importan más, mayores son las probabilidades de que lleguen a la conclusión de que tienen derecho a dominar y a maltratar físicamente a las hijas y las hermanas de los demás.

No son solo los padres los que afianzan los sesgos de género en sus hijos. También las madres son responsables. Siempre me he preguntado si las madres miman tanto a sus hijos varones, si los crían como si fueran príncipes y si se enorgullecen tanto de su fuerza física y de su virilidad porque viven vicariamente a través de ellos. Educan a sus hijos para que asuman todos los privilegios y las ventajas que les negaron a ellas. Es como una especie de revancha por todas las indignidades que han padecido durante una vida de sumisión. Eso forma parte del reto que tenemos que afrontar.

Es difícil cambiar siglos de condicionamientos culturales, pero la mayoría de los países están consiguiendo avances a la hora de afrontar algunos de los sesgos institucionalizados más opresivos contra las mujeres, que han ido acumulándose como un sedimento durante siglos, debido a las leyes creadas y aplicadas interesadamente por los hombres.

En 2019 tuve el honor de copresidir un grupo de trabajo sobre los derechos de las mujeres para la cumbre del G-7 organizada por Emmanuel Macron, presidente de Francia, que puso la igualdad de género en el centro de la agenda oficial. En la cumbre de Biarritz se reunieron los líderes de las democracias más ricas del mundo: Estados Unidos, Canadá, Reino Unido, Francia, Alemania, Italia y Japón.

Durante las sesiones de trabajo analizamos el trato desigual a las mujeres y niñas de todo el mundo, y llegamos a la conclusión de que 2.500 millones de mujeres y niñas –casi la mitad– vivían en países con una legislación discriminatoria contra ellas. Esa discriminación asumía distintas formas: en algunos países, las mujeres siguen sin poder heredar bienes ni realizar un trabajo comercial ni acceder a un empleo sin permiso de sus maridos. Algunas legislaciones no permiten que una mujer abra su propia cuenta bancaria ni pida un crédito para poner en marcha una empresa. Hay múltiples ejemplos de leyes discriminatorias en materia de divorcio, ciudadanía y custodia de los hijos.

Elaboramos una lista de setenta y nueve ejemplos de leyes no sexistas que podrían servir como inspiración para que los países aborden la violencia contra las mujeres, mejoren su empoderamiento económico y reduzcan la discriminación en materia de educación y sanidad. Es sorprendente todo el trabajo que queda por hacer, incluso en países que se consideran a sí mismos respetuosos con las mujeres. Por ejemplo, aproximadamente el 80 por ciento de los estadounidenses cree que la Constitución de Estados Unidos garantiza explícitamente la igualdad de derechos entre hombres y mujeres. Lo cierto es que se equivocan.

Los padres fundadores no hicieron ninguna referencia explícita a que hombres y mujeres son ciudadanos estadounidenses iguales. Se considera que las mujeres están amparadas por la decimocuarta enmienda en el apartado de su primera sección denominado la cláusula de igual protección, que se aprobó en 1868 a fin de extender los mismos derechos y la misma protección a los esclavos (varones) liberados. Desde entonces, el Tribunal Supremo de Estados Unidos ha interpretado que dicha cláusula extiende los derechos civiles a todos los estadounidenses, incluidas las mujeres. Y eso no es lo mismo que afirmar explícitamente que los hombres y las mujeres son iguales.

Para rectificar ese descuido histórico, en 1972 el Congreso de Estados Unidos aprobó lo que vino en llamarse la enmienda de igualdad de derechos (ERA), que habría añadido a la Constitución que «la igualdad de derechos ante la ley no será negada ni mermada por motivos de sexo por Estados Unidos ni por cualquiera de sus estados».

Fue enviada a los estados de la Unión para su ratificación, y treinta y cinco de ellos la aprobaron de inmediato –tres menos que los treinta y ocho estados requeridos para que se aprobara definitivamente la enmienda–. Cuando el proceso estaba a punto de finalizar, la legislación quedó empantanada a raíz de una feroz guerra cultural por el papel de las mujeres en la sociedad y por el derecho al aborto. El impulso se estancó y la enmienda nunca llegó a formar parte de la legislación.

En los últimos años, Nevada, Illinois y Virginia la han ratificado, gracias a un aumento del interés a raíz de la campaña de #MeToo, pero un recurso judicial de la administración de Donald Trump, y la oposición del Senado, controlado por el Partido Republicano, impidieron que se convirtiera en ley en 2020. Algunas organizaciones, como la ERA Coalition, cofundada por mi amiga Jessica Neuwirth, siguen haciendo campaña a favor de que se promulgue la enmienda, lo que supondría una importante victoria simbólica un siglo después de que las mujeres consiguieran por primera vez el derecho al voto.

Y el simbolismo es importante. Como individuos, estamos recibiendo constantemente mensajes sobre nuestro lugar y nuestro estatus en la sociedad. A menudo, esos mensajes son sutiles y casi imperceptibles, se transmiten a través del lenguaje y de nuestra conducta, pero vienen a reafirmar la perjudicial jerarquía de género –y de raza, por supuesto, un problema que ha puesto de relieve el movimiento Black Lives Matter.

Sin embargo, incluso cuando se promulgan leyes que garantizan un tratamiento igual para las mujeres, superar el desfase entre el cambio de la legislación y el cambio de actitudes es un proceso que suele durar varias décadas. Solo hay que fijarse en la brecha salarial en los países occidentales para apreciar el desfase entre la legislación y los avances. Al cabo de medio siglo de acción normativa concebida para erradicar la discriminación en el hogar, en el colegio y en el lugar de trabajo, los sueldos de los hombres y las mujeres siguen siendo marcadamente distintos aunque realicen las mismas tareas.

Las últimas cifras de la OCDE revelan que los hombres que trabajan a jornada completa cobran de media un 13 por ciento más que las mujeres en treinta y seis países miembros de la Organización, pero ese titular oculta importantes desigualdades.[2] La brecha era de aproximadamente un 18 por ciento en Estados Unidos y Canadá, de un 24 por ciento en Japón, y de un 16 por ciento en el Reino Unido. Los ingresos de los empleados a tiempo parcial y de los trabajadores por cuenta propia revelan una diferencia mucho mayor en el caso de las mujeres en todos los países. Por ejemplo, en Estados Unidos las mujeres propietarias de empresas ganan aproximadamente la mitad que sus homólogos varones. Y el déficit en el caso de las personas de color es aún mayor.

Las estadísticas sobre la brecha de ingresos –que mide todo tipo de ingresos, no solo los salarios– a nivel mundial entre hombres y mujeres dibujan un cuadro aún más crudo de las desigualdades. El Foro Económico Mundial, que lleva siguiendo la evolución de la brecha de género en todo el mundo desde 2004, estima que los hombres tienen casi el doble de ingresos anuales que las mujeres, a saber, 21.000 dólares frente a 11.000 a igualdad de poder adquisitivo (un indicador económico que tiene en cuenta las diferencias entre las divisas). Y aunque es posible que la brecha salarial esté disminuyendo a un ritmo lento en las democracias occidentales, lo cierto es que está aumentando en el resto del mundo.[3]

Las brechas salariales, las leyes discriminatorias, las convenciones sociales dominadas por los varones, el injusto reparto del trabajo doméstico y la infrarrepresentación de las mujeres en los puestos de autoridad, que examinaré más adelante, vienen a subrayar el corrosivo mensaje de que las vidas de las mujeres no son igual de valiosas que las de los hombres.

Hemos organizado varios programas comunitarios destinados a corregir los sesgos contra las mujeres y las niñas en el Congo. Aunque las leyes no discriminatorias son importantes, el trabajo de base de las organizaciones de la sociedad civil es esencial. A menudo, las comunidades y las personas necesitan ayuda, un empujoncito y un poco de persuasión suave, a fin de que se cuestionen su forma de actuar o de que ellas mismas experimenten las ventajas. Ese tipo de tarea resulta laborioso y requiere mucho tiempo. Exige energía e inversiones durante un largo periodo. Yo he visto los resultados con mis propios ojos, pero también he tenido que enfrentarme a las dificultades que entraña.

Me gustaría contar una historia que me ayudó mucho a comprender la complejidad del asunto y el desafío al que nos enfrentamos a la hora de animar a los progenitores a que valoren a sus hijas igual que a sus hijos. El episodio me puso de relieve por qué no podemos limitarnos a condenar o a juzgar a los progenitores cuando crían a sus hijos como príncipes y tratan a sus hijas como esclavas. A menudo, esos padres están siguiendo las costumbres y las tradiciones que determinan su existencia.

Nuestra fundación de Panzi tiene un programa para animar a las niñas a ir al colegio en esa región. Como he explicado en anteriores capítulos, operamos en un barrio pobre de Bukavu, formado por una maraña de calles y caminos de tierra bordeados de chabolas y chozas. Como ocurre en todo el Congo, los colegios son privados y su gestión corre a cargo de las organizaciones religiosas.

Es frecuente que los progenitores más pobres no puedan permitirse el lujo de pagar la educación de toda su prole. En el Congo, la media de hijos por familia es de aproximadamente seis, y las familias más vulnerables suelen tener más descendencia que las más cultas y acomodadas. Una gran familia se considera una garantía a largo plazo, y para los congoleños más pobres los hijos son la única fuente de alegría fiable y gratuita.

Por consiguiente, las tasas escolares suponen una gran parte de los gastos de los hogares para la mayoría de familias de Panzi, exactamente igual que lo que ocurría en mi familia cuando yo era niño. Así pues, dado que sus recursos son limitados, muchos progenitores deciden priorizar la escolarización de los niños en detrimento de la de las niñas.

Queríamos llegar hasta las niñas más pobres de Panzi y sus inmediaciones, a las que no se les estaba brindando la oportunidad de aprender. La fundación creó un programa por el que los progenitores podían matricular a sus hijas y nosotros pagábamos las tasas y les proporcionábamos un kit escolar que incluía todo los básico, como una cartera, lápices, bolígrafos y papel.

En 2015, asistí a un acto para conocer a algunos de los progenitores que se habían acogido al programa. Previamente, al examinar la lista de progenitores y sus hijos, me llamó la atención que había un número sorprendentemente elevado de alumnas que tenían nombres de pila de género neutro. Se suponía que eran niñas, pero también podían ser niños. Era imposible saberlo.

Me picó la curiosidad. Asegurarnos de que nuestro dinero se destina a los fines adecuados, en un país donde el fraude es endémico, exige una atención constante.

Después de las formalidades de la ceremonia, me puse a hablar con los progenitores. La mayoría eran jornaleros y vendedores ambulantes de la zona de Panzi, el tipo de personas que se pasan doce horas diarias sentadas junto a sus puestos al borde de las calles, empujando sus carritos, y trabajando duramente en los solares de las obras. La mayoría había ido con sus hijas.

Empecé a charlar con una madre que estaba sola. Me dijo que su hija se llamaba Bahati –uno de los nombres neutros que aparecían en la lista de niñas matriculadas–. Le pregunté por ella. «¿Dónde está? Me gustaría conocerla», le dije.

La madre me explicó que la niña no había podido venir. Noté cierta incomodidad y azoramiento por su parte. Yo la presioné un poco más. «¿Con quién está? ¿Puede llamarla para que venga? Es importante que todas las niñas conozcan al personal de la fundación», le dije.

La mujer no fue capaz de responder y se quedó mirando al suelo. Después, sin levantar la mirada, me contó su historia.

Era viuda, y vendía plátanos en la calle, delante del hospital. Era un trabajo largo y agotador, se pasaba muchas horas sentada junto a la carretera, entre el humo de los coches y el ruido de los automovilistas impacientes que tocaban sus bocinas. Con eso ganaba menos de un dólar al día, lo que significaba que no ganaba lo suficiente para poder educar a toda su prole. Cuando se enteró de la labor que hacía la fundación, vio una oportunidad. Inscribió a uno de sus hijos.

«Si envío a una de mis hijas, en cuanto termine los estudios se casará y se irá a vivir con la familia de su marido y les ayudará a ellos –me dijo–. No se quedará conmigo. ¿De qué me sirve?»

Estaba recibiendo indebidamente unos fondos de ayuda para las niñas marginadas. Pero sentí empatía por ella. Tenía que afrontar a diario una batalla contra el hambre, las enfermedades y las molestias físicas de la pobreza extrema, así como la culpabilidad de saber que no estaba manteniendo adecuadamente a toda su prole.

Y lo que contaba era cierto. Vivimos en una sociedad donde las niñas son un bien que se traspasa de una familia a otra en el momento del matrimonio, cuando la novia deja de llevar el apellido de su padre y pasa a adoptar el de su marido. La hija de aquella mujer acabaría muy probablemente casándose al final de su adolescencia y abandonando a su madre para siempre, a menos que consiguiera unos resultados tan extraordinarios en el colegio como para poder emprender una carrera profesional y mejorar su bajo estatus social. Eso no justificaba lo que había hecho, pero sí lo explicaba.

Nuestro programa educativo sigue adelante, con comprobaciones periódicas de las niñas que reciben ayuda. Le dedicamos cientos de miles de dólares anuales, y ayudamos a entre tres mil y cinco mil niñas cada año.

Nuestro reto como sociedad consiste en convencer a los progenitores para que confíen en la capacidad de sus hijas. Como ha venido ocurriendo en Occidente a lo largo de varias décadas, cuantas más oportunidades haya de que las mujeres cumplan su potencial y encuentren una función fuera del hogar, más progenitores invertirán en su educación.

Recuerdo que hace unos años mantuve una conversación con un hombre que recibía diálisis renal en el hospital. Pasé por delante de él en una sala de espera y se puso de pie de un salto para darme las gracias por la ayuda que había recibido su familia. Me estrechó fuertemente la mano y me dijo lo mucho que le había conmovido que no le hubiéramos discriminado por el hecho de ser musulmán.

Me confesó que si la fundación no se hubiera ofrecido a pagar las tasas escolares de su hija, él no habría invertido en su educación. Ella estaba destinada a casarse y tener hijos. Él tenía varios hijos varones que eran su prioridad.

Sin embargo, nada había salido como él había imaginado. Su hija había estudiado mucho, consiguió el diploma de bachillerato y encontró trabajo en el departamento de contabilidad de una empresa local. Estaba casada, pero su sueldo le daba independencia económica. Sus hijos no habían tenido tanto éxito.

«Ahora es ella la que paga mi tratamiento –me explicó–. Estaba equivocado. Sin ella, yo ya estaría muerto.»

A lo largo de los últimos diez años también hemos trabajado con las comunidades del Congo oriental a fin de promover la «masculinidad positiva», como parte de nuestro programa de atención local llamado Badilika («Cambio»), que consiste en que nuestros voluntarios visitan los pueblos, a menudo remotos, para hablar sobre los derechos humanos, sobre la exigencia de responsabilidades a los gobiernos locales, y sobre algo que para nosotros es crucial: el papel de los hombres y padres que son cabezas de familia.

En esas comunidades rurales, las mujeres siempre se encargan de cocinar y de limpiar; crían a sus hijos y son las principales cuidadoras. Cultivan el campo para dar de comer a la familia y realizan la inmensa mayoría del agotador trabajo de sembrar, plantar y cosechar la mandioca, las batatas, los ñames, los frijoles o el maíz. Cuando terminan sus tareas en el campo, llevan a cuestas su producción hasta el mercado.

Si la familia cultiva productos comerciales, como café o frutos secos, a veces los hombres se dignan a llevarlos. Talar los árboles también se considera un trabajo de hombre, igual que la construcción y el mantenimiento de la vivienda. Los hombres ostentan el poder económico a través de la administración de la economía familiar, y destinan el dinero a lo que ellos consideran que son las prioridades del hogar.

Las responsabilidades de hombres y mujeres, y la energía necesaria para llevar a cabo sus respectivas tareas, son enormemente diferentes. Y a estas alturas, imagino que a nadie le sorprenderá que la mayor carga de trabajo recae en las mujeres. Es habitual ver a grupos de hombres jugando a las cartas en los pueblos mientras sus esposas están trabajando en el campo, o pasando por delante de ellos, dobladas bajo el peso de la carga que portan. Es algo absurdamente injusto, y verlo me resulta exasperante.

No obstante, ese cuadro es más o menos el mismo en todo el mundo, y salta a la vista en las muchas encuestas sobre la cantidad de tiempo de ocio de que disfrutan hombres y mujeres, respectivamente. Los hombres realizan mucho más trabajo remunerado, pero la carga del trabajo no remunerado –cuidar de los hijos y de los familiares ancianos, limpiar, hacer la compra y otras tareas del hogar– recae en su inmensa mayoría en las mujeres, entre las parejas heterosexuales. En las treinta y siete democracias más importantes que pertenecen a la OCDE, como media las mujeres realizan más del doble de trabajo no remunerado que los hombres. Y en todos esos países los hombres disponen de más tiempo libre.

Las diferencias oscilan desde entre treinta y cuarenta minutos más de tiempo de ocio al día para los hombres en países como Estados Unidos, Reino Unido, Australia, Alemania y Suecia, hasta aproximadamente una hora más en Francia, la India y Sudáfrica. Los hombres disfrutan de casi una hora y media más de tiempo libre en lugares como Italia, Grecia y Portugal. Sumadas a lo largo de un año, esas diferencias ascienden a cientos de horas de tiempo de ocio adicional para los hombres.

La reciente crisis del coronavirus no ha hecho más que acentuar esas tendencias. Con el confinamiento de millones de parejas bajo el mismo techo, la desigualdad entre la carga de trabajo diario de los hombres y las mujeres ha quedado más clara que nunca. Marlène Schiappa, secretaria de Estado de Igualdad de Género de Francia, habló en nombre de muchas mujeres cuando llamaba la atención sobre el «agotamiento silencioso» de las mujeres a raíz del confinamiento. Kristalina Georgieva, directora del Fondo Monetario Internacional, advertía en abril de 2021 sobre la renuncia a sus empleos de las madres con hijos pequeños, y dijo que figuraban «entre las mayores víctimas del confinamiento económico».

El problema es que a los hombres no les gusta que les digan que son machistas. Tienden a estar muy satisfechos con sus privilegios, lo que los libera de soportar la parte de las tareas más ingratas de la existencia que les corresponde. Presentarnos en una aldea del Congo y sermonear a los hombres sobre sus partidas de rummy y de *black jack* mientras sus esposas están trabajando no va a cambiar siglos de tradición.

En 2010 empezamos a trabajar con una tribu llamada los warega, que procede de una zona al este de Bukavu. En total son varios millones, y tienen su propia lengua, el kirega. Muchos han ido migrando a Bukavu a lo largo de los años en busca de trabajo y de seguridad, por culpa de la presencia de grupos armados a lo largo y ancho de su territorio.

Nos dirigimos a sus jefes tribales y les hablamos del trabajo que queríamos hacer, destinado a elevar el estatus de las mujeres, pero también a mejorar sus prácticas agrícolas. Se mostraron receptivos a nuestras ideas y, después de venir a vernos en persona al hospital para una primera reunión, nos prometieron su apoyo para nuestra campaña *in situ*.

Nuestros esfuerzos empezaron con pequeños seminarios voluntarios. Invitamos a los maridos y a los jóvenes solteros a que asistieran a las reuniones que celebramos en varios pueblos de las comunidades warega. Por supuesto, los que accedían tenían una mentalidad más abierta y estaban más dispuestos a cambiar, pero todos ellos eran trabajadores con un origen agrícola tradicional.

El trabajo empezaba con un debate sobre el papel y las responsabilidades de las mujeres. Se animaba a los hombres a evaluar todo el trabajo que realizaban sus esposas. A medida que describían las tareas diarias de las mujeres, algunos manifestaban su sorpresa, e incluso un atisbo de vergüenza, al enumerar la larga lista de trabajos que realizaban sus esposas calladamente y sin quejarse. Muchos hombres admitían que casi nunca veían a sus esposas relajándose.

Los voluntarios anotaban todas esas tareas alrededor del dibujo de una mujer con seis o más brazos, una figura muy parecida a Durga, la deidad hindú. Pero si bien Durga habitualmente se representa con armas en las manos, la mujer de nuestro dibujo está cocinando, limpiando, dando de comer, cultivando, etcétera, con las suyas.

A lo largo de una serie de reuniones sondeábamos por qué algunos trabajos estaban reservados para las mujeres y otras tareas para los hombres. Normalmente los hombres respondían que así era como habían trabajado sus progenitores y sus abuelos antes que ellos. La vida en los pueblos siempre había sido así.

Entonces los debates pasaban a examinar sus finanzas personales. Los educadores preguntaban cuánto dinero ganaban con la agricultura y si disponían de comida suficiente durante todo el año. En general, las familias de la región pasaban apuros, y la malnutrición era un grave problema a pesar de que el suelo es increíblemente fértil. Los saqueos a manos de los grupos armados y los peligros de salir a trabajar al campo podían apreciarse en los demacrados rostros de muchos habitantes del pueblo.

Los preparadores –equipos mixtos de hombres y mujeres– también abordaban asuntos tabú como la menstruación, y les explicaban sus consecuencias en el cuerpo de las mujeres y en sus niveles de energía, así como los efectos físicos del embarazo y las dificultades de trabajar justo antes e inmediatamente después de dar a luz. También les hablábamos sobre las tareas domésticas para los hijos y las hijas, así como sobre las actitudes frente a la posibilidad de educar a las niñas.

Al final, se invitaba a los hombres a identificar los trabajos en los que podían echar una mano a sus esposas. El objetivo era animarles a pensar de qué forma podían trabajar en equipo con sus esposas y realizar conjuntamente algunas tareas. A algunos hombres les preocupaba cómo podrían reaccionar los demás: si los veían cargando con los productos del campo de sus esposas, alguien podía reírse de ellos por hacer un trabajo para mujeres.

Los preparadores hacían hincapié en que, si trabajaran en equipo, podrían mejorar el rendimiento agrícola. O que, si cuidaran más de su prole, posibilitarían que sus esposas dedicaran más tiempo a trabajar en el campo. Serían más eficientes. Y estarían más contentas.

Al principio no todos hicieron caso de aquellas sugerencias, puede que solo lo hiciera una minoría. El proceso de los cambios culturales a menudo se produce a lo largo de varias generaciones, porque casi siempre solo los jóvenes están dispuestos a adoptar nuevas ideas. Pero constatábamos que muchos hombres estaban dispuestos a intentarlo, sobre todo a trabajar más en el campo junto a sus esposas.

Acabaron convirtiéndose en sus máximos defensores. A lo largo de varias cosechas, los primeros que adoptaron nuestras sugerencias volvían y les decían a los demás que habían conseguido producir más trabajando con sus esposas. Los ingresos les permitieron construir viviendas más sólidas. Algunos cambiaron su tejado de paja por uno de metal. Otros confesaban que su relación con sus esposas y sus hijos había mejorado mucho a raíz de los cambios que habían realizado.

Los resultados fueron tan positivos que los ancianos de la tribu me invitaron a visitar su región, una invitación que acepté con sumo gusto. Nos brindó la oportunidad de profundizar en nuestro programa. Desde entonces, el programa Badilika se ha ampliado a otras tres regiones, y colaboramos en régimen de asociación con quince organizaciones locales congoleñas diferentes en muchísimos asuntos.

Los métodos varían de un lugar a otro. A veces organizamos seminarios, funciones de teatro o proyecciones de películas con la intención de suscitar un debate sobre el papel y los derechos de las mujeres, así como sobre la violencia sexual. Algunos de nuestros socios organizan talleres matrimoniales en los que se invita a los cónyuges a dialogar sobre sus respectivos roles. Uno de los grupos ha conseguido cerrar un burdel local que se dedicaba a reclutar muchachas. Es un trabajo lento, a nivel comunitario, pero el verdadero cambio social siempre tiene lugar a ese nivel.

El papel de la transmisión de las ideas entre iguales del programa Badilika fue absolutamente crucial. Los educadores y las feministas solo pueden hacer una pequeña parte. En general, hemos constatado que los hombres tienden a ser más receptivos cuando los educadores también son hombres. Pero, en última instancia, el éxito de nuestro trabajo depende de unos pocos miembros de la comunidad, los que primero asumen las nuevas ideas e influyen en los demás.

Eso me lleva a la vital influencia de los modelos de conducta masculinos a la hora de cambiar las actitudes hacia las mujeres, y quisiera volver sobre mi propia infancia: el mérito de hacerme ver por primera vez la crucial importancia de la igualdad en el hogar, por la forma en que repartía las tareas domésticas entre mis hermanas y yo, le corresponde a mi madre. Pero también tengo que reconocer la influencia de mi padre.

Fue, y sigue siendo, una fuente de inspiración para mí en muchos aspectos. De niño, yo lo admiraba y lo respetaba enormemente por su compromiso, su sabiduría, su amabilidad y su generosidad. Aunque en muchos sentidos mi madre y él tenían una relación tradicional –solo vi a mi padre cocinar una vez, cuando mi madre se puso muy enferma, y nunca lo vi limpiar– él era diferente de la mayoría de los hombres en un aspecto crucial.

Papá era excepcional por el hecho de que nunca le levantaba la mano ni pegaba a sus hijos ni a mi madre. A pesar de ello, su autoridad era incuestionable, y su capacidad de castigar no se veía mermada en ningún sentido. Yo tenía mucho más miedo a que me llamara a mí solo para darme una charla, y de su mirada de profunda decepción por mi conducta, que a unos azotes.

Recuerdo que una vez me subí a la mesa de la cocina y garabateé algo en el techo. En un primer momento intenté echarle la
culpa a mi hermana, una burda mentira que en seguida quedó en
evidencia. Eso me costó una bofetada de mi madre, pero mi padre
me sentó a su lado cuando volvió a casa a la hora acostumbrada,
a eso de las cinco de la tarde, y me dio una charla sobre la santidad de nuestro hogar y sobre la importancia del respeto. Hice
todo lo posible por explicarle mi conducta y murmuré unas disculpas.

Los investigadores han descubierto que el contacto con la violencia doméstica en la infancia –por el hecho de ver como pegan a
nuestra madre o de que nos peguen a nosotros– tiene una alta correlación con la probabilidad de que una persona cometa actos
violentos cuando es adulto.[4] Eso confirma lo que sabemos a través de la experiencia: que los niños imitan a sus modelos de conducta. Dicho de otra forma, los padres que pegan a sus hijos o a
su esposa aumentan las probabilidades de que a su vez sus hijos
sean violentos con los demás de mayores.

La violencia doméstica está sumamente generalizada en el
Congo, igual que en la mayor parte de África, una parte de Asia y
Oriente Medio. El 57 por ciento de las mujeres casadas del Congo
afirmaba haber sufrido violencia de su marido actual o de un marido anterior, según un estudio del Ministerio de Sanidad de
2014. El 75 por ciento de las mujeres estaba de acuerdo con que
es aceptable que un marido o pareja pegue a su mujer en determinadas circunstancias, según datos de la OCDE.

La violencia doméstica sigue siendo extremadamente frecuente, aunque menos generalizada, en los países desarrollados. Incluso en Escandinavia, una de cada cuatro mujeres declaraba que
había sufrido algún tipo de violencia a manos de su pareja. Las
cifras son las mismas en el caso de los países europeos más grandes, como Reino Unido, Francia y Alemania. En Estados Unidos,
una de cada tres mujeres ha sido agredida por lo menos una vez.[5]

El hogar es un lugar aún más violento para los niños. En el
Congo, entre ocho y nueve de cada diez niños son sometidos a
castigos violentos, según datos de UNICEF. El cuadro es muy parecido en toda África, Oriente Medio y grandes zonas de Asia.

Durante los últimos cuarenta años se han producido avances en la legislación para prohibir los castigos corporales, ya que casi ningún Estado los prohibía del todo. Hoy hay cincuenta y ocho Estados que han ilegalizado pegar a los niños en cualquier entorno, incluso en el hogar: casi toda Europa, América del Sur y ocho países africanos, entre ellos Sudáfrica; pero a nivel mundial eso solo supone el 12 por ciento de todos los menores, según la organización Global Initiative to End All Corporal Punishment of Children.

Estados Unidos carece de ese tipo de legislación a nivel federal, y es el único gran país occidental donde el castigo corporal sigue siendo legal en algunos colegios. Durante el curso 2015-2016, en los colegios estadounidenses, sobre todo en los estados del Sur, fueron castigados físicamente un total de noventa y dos mil escolares, según la Oficina de Derechos Civiles del Ministerio de Educación.[6] El 75 por ciento de los que sufrieron golpes, bofetadas o azotes eran varones.

En el hogar, los castigos físicos son infligidos sobre todo por el padre. Los niños asimilan la lección de que de alguna manera el empleo de la fuerza es una característica de la masculinidad, un medio aceptable de castigo y de control. Cuando son adultos, los varones recurren a la fuerza o la intimidación si encuentran resistencia u oposición.

Además de reafirmar constantemente el mensaje de que la vida de un niño es más importante que la de una niña, los progenitores y la sociedad en general a menudo recalcan explícitamente el mensaje de que ser varón y masculino tiene que ver con la fuerza física y la dureza: los animamos a no llorar; les hacemos creer que manifestar debilidad o sensibilidad es de alguna manera «femenino»; les decimos que no deben mostrar miedo ni asustarse.

Los estudios han demostrado que los progenitores reaccionan de forma diferente a los llantos de sus hijos, incluso siendo bebés, dependiendo de si se trata de un niño o de una niña. La forma en que elegimos los juguetes, castigamos, animamos y queremos a nuestros hijos e hijas a menudo está condicionada por su sexo.

A consecuencia de todo ello, los niños aprenden a reprimir sus emociones, lo que da lugar a estallidos de frustración cuando no son capaces de expresarse con palabras.

Yo veo las consecuencias de ese tipo de lecciones en la práctica, en el hospital, no solo en las heridas que sufren los hombres cuando se pelean entre ellos, sino también en el cuerpo de las esposas apaleadas y, por supuesto, en los daños psicológicos y físicos infligidos a las víctimas de la violencia sexual. También lo veo en los hombres que han ido postergando acudir a la consulta de un médico, y con ello han dado tiempo a que las dolencias y las enfermedades causen estragos en su cuerpo, como si reconocer que están enfermos fuera algo poco varonil o una muestra de debilidad. Por esa razón, el cáncer de próstata causa tantísimas muertes.

Este condicionamiento machista de los hombres, por el que no deben tener miedo y han de ser valientes, también explica por qué los hombres han tendido a usar menos la mascarilla durante la epidemia de COVID-19 en 2020, a pesar de todas las evidencias epidemiológicas que demuestran que no hacerlo aumenta las probabilidades de morir.[7] Algunos políticos, como Donald Trump y Jair Bolsonaro, presidente de Brasil, consideraban una cuestión de amor propio que no los vieran con la cara cubierta. Además, un estudio diferente reveló que los hombres tenían menos probabilidades de ponerse una mascarilla durante las epidemias de SARS y de H1N1 en Asia.[8]

Nosotros, como adultos, progenitores y cuidadores, somos los responsables de proyectar sobre los niños y las niñas esos rasgos masculinos tan dañinos. Yo estoy convencido de que la «masculinidad» es algo que los niños van adquiriendo a lo largo de su existencia. No nacen con ella. Es un constructo social. Es algo que los niños van poniéndose encima, como si fueran capas de ropa, durante su desarrollo. El resultado final puede ser tan variado como lo que implica esa afirmación.

El problema es que obligamos a muchos niños a ponerse una camisa de fuerza, a interiorizar lo que *debería* ser un hombre. Les decimos que deben adoptar determinados modales masculinos. Es el estilo de una persona fuerte, física, dominante, que triunfa y sojuzga. Resistirse a esas normas se interpreta como debilidad. Y cuando un niño adopta esos rasgos caracterológicos masculinos con excesiva energía, tampoco corregimos sus excesos.

Cuando los chicos adolescentes se convierten en hombres adultos, a través de un proceso de educación y emulación, ya han desarrollado su envoltorio masculino. A menudo es un envoltorio duro y rígido, que les resulta incómodo de llevar, pero que ellos presuponen erróneamente que es superior.

Cuando pienso en los dos rasgos principales de mi crianza –una madre que insistía en la igualdad en el hogar entre mis hermanas y yo, y un padre no violento– me ayuda a comprender por qué tantos hombres se crían con un concepto alternativo, tóxico, de su masculinidad. Las lecciones que asimilan son exactamente las contrarias: desde que nacen les dicen que son superiores, y que emplear la fuerza física es aceptable, e incluso necesaria para conseguir que los respeten.

Sería ridículo negar que existen diferencias entre los niños y las niñas –yo lo he visto con mis propios ojos con mis hijos– pero los progenitores deciden qué rasgos deben fomentar o refrenar dependiendo del valor que les concedan. Y todos estamos sometidos a siglos de condicionamientos de género, incluso los que tenemos una mentalidad más abierta.

Necesitamos educar a los niños sin todas esas ideas preconcebidas de la masculinidad que se basan en la fuerza física, el poder y el dominio. Necesitamos darles libertad para expresar toda la gama de emociones, sin reprimir las que se consideran «femeninas», como la empatía, la amabilidad y la sensibilidad. Además, tenemos que hablarles mucho más sobre la igualdad de género, sobre los roles de género, sobre la importancia de respetar a las mujeres, y también –y esto es muy importante– sobre el sexo.

Se dice que los hombres están todo el rato pensando en el sexo, por lo que a mí me resulta aún más desconcertante que muchos padres sean reacios a hablar sobre sexo con sus hijos. No me refiero a hacer bromas al respecto o a mantener conversaciones frívolas sobre las chicas. Me refiero a hablar sobre el sexo en serio.

En el Congo, antes de una boda, habitualmente las familiares de la novia hacen un aparte con ella para hablarle de su noche de bodas y responder a cualquier pregunta que tenga sobre la que puede ser, o no, su primera experiencia sexual. Forma parte de nuestra cultura, es un rito de paso.

Sin embargo, no existe nada parecido en el caso del novio. Simplemente se presupone que ya lo sabe todo. Y el novio nunca pregunta nada porque eso resultaría humillante, pues equivaldría a admitir que desconoce algo que simplemente se espera que ya domine.

Es algo que también he observado en los países occidentales. En general, las madres no sienten reparos en hablar con sus hijas sobre el sexo a la edad adecuada, dado que lo consideran parte de sus responsabilidades. Los padres lo apoyan, pues quieren proteger a sus hijas, y recuerdan su propia conducta cuando eran adolescentes, así como la de los miembros de su pandilla.

Más allá de los consejos prácticos que se dan a las chicas, la conversación también versará inevitablemente sobre el peligro de los hombres y los chicos: el riesgo de que una chica se quede embarazada y de que sufra abusos. El mensaje subyacente que se le inculca a las chicas y a las mujeres es siempre el mismo: «Que no te violen». Les decimos que tengan cuidado con quién salen, que eviten las zonas peligrosas, que presten atención a cómo se visten y que sean cautas con las señales que ellas mismas transmiten. Se les insta a estar en guardia y a no ponerse en una situación de vulnerabilidad.

No obstante, se dedica muchísimo menos tiempo y atención a la lección, mucho más importante, que habría que inculcarles una y otra vez a los chicos. Deberíamos decirles: «¡No violes!». Lo cierto es que ¿cuántos padres se sientan con sus hijos para hablarles de lo que es el consentimiento?

El padre de Brock Turner, el estudiante y miembro del equipo de natación de la Universidad de Stanford condenado en 2016 por agredir sexualmente a una mujer que estaba inconsciente, se hizo tristemente famoso por calificar la conducta de su hijo como «veinte minutos de acción» que no merecían una pena de cárcel. Resulta difícil no pensar que si ese padre le hubiera dado una charla de veinte minutos a su hijo sobre lo que es el consentimiento antes de que Brock entrara en la universidad, habría podido evitar aquel perturbador suceso.

En octubre de 2015, la asociación sin ánimo de lucro estadounidense Planned Parenthood, dedicada a la salud reproductiva, financió una encuesta a escala nacional sobre el consentimiento. En todos los indicadores, como, por ejemplo, si la estimulación previa podía considerarse consentimiento para las relaciones sexuales o si un encuentro sexual anterior suponía consentimiento para volver a tener relaciones, las mujeres estaban significativamente mejor informadas que los hombres. La encuesta también revelaba que los progenitores hablaban más con sus hijas que con sus hijos sobre la cuestión.[9]

Y los padres no deberían conformarse con hablar sobre el consentimiento; tienen que ir más allá. Hay muchas cosas que los chicos desconocen, pero que de alguna manera se presupone que saben. ¿Qué son unas buenas relaciones sexuales? ¿Son conscientes de lo habituales que son los abusos sexuales? Necesitamos explicar que violar a alguien nunca puede significar «veinte minutos de acción», sino que puede condenar a una persona a una vida de sufrimiento psicológico. Necesitamos afrontar el trágico desfase entre la percepción de lo que es una violación entre los perpetradores y las consecuencias de una violación para las víctimas.

Necesitamos más chicos bien informados que actúen como modelos de conducta entre sus compañeros. Casi todos los hombres recuerdan haber presenciado alguna situación en que sus amigos, sus compañeros de equipo o sus colegas se han comportado inapropiadamente con las mujeres. No nos gusta admitirlo, pero esos actos nos involucran por asociación. Muchos hombres miran para otro lado; puede que después algunos sientan remordimientos por no haber actuado. Pero hace falta una nueva generación de chicos dispuestos a intervenir, a ser proactivos, a denunciar las malas conductas y a influir en sus compañeros.

En 2005, cuando Donald Trump hizo su infame comentario sobre las mujeres y mencionó que había que «agarrarlas por el coño» delante de Billy Bush, presentador del programa de televisión *Access Hollywood*, cuando viajaba con él y otros tres hombres en un autobús, no presuponía que ni Bush ni los demás aprobaran necesariamente sus métodos. Pero sí podía contar con que ninguno de ellos se escandalizara. Las risas de sus acompañantes dan fe de ello.

Bush, que fue despedido en 2016, cuando se hizo pública la grabación a bordo del autobús, ha hablado de su arrepentimiento y su vergüenza por haber sido cómplice. Durante el apogeo del movimiento #MeToo, Bush dijo en un artículo que el aluvión de historias sobre abusos sexuales era un «ajuste de cuentas y un despertar, y espero que alcance a todos los tipos que iban en el autobús». Eso nunca ocurrirá a menos que nos tomemos más en serio la educación sexual de nuestros chicos, no solo en el hogar, sino también en los colegios y las universidades.

Un perturbador giro de los acontecimientos de las últimas décadas es el impacto de la pornografía, que es más abundante y de más fácil acceso que nunca. Al margen de los argumentos morales sobre la pornografía, supongo que todos estaremos de acuerdo en que las páginas web más populares alojan contenidos extremos e insanos, donde se muestran actos degradantes y a menudo coercitivos perpetrados contra unas mujeres por lo general sumisas.

Pornhub, la mayor web pornográfica de libre acceso del mundo, con 42.000 millones de visitas en 2019, ha obtenido beneficios económicos de los abusos sexuales cuando en su portal se publicaron vídeos de violaciones de chicas menores de edad. Además, ha publicado vídeos de una productora *amateur* de pornografía que después fue acusada de haber engañado a muchas mujeres para que aparecieran en sus vídeos.[10]

Los defensores de la pornografía argumentan que representa las fantasías sexuales y que es un material erótico inofensivo. Algunos investigadores apuntan a que en realidad la pornografía podría contribuir a reducir la violencia sexual, al proporcionar un alivio masturbatorio a los potenciales agresores. Sin embargo, si no asumimos nuestra responsabilidad de educar a los chicos en materia de sexo, hay claras evidencias de que aprenderán viendo vídeos X.

Las jóvenes de hoy en día, que han crecido en la era moderna de la pornografía de fácil acceso a través de internet, tienen que sufrir las consecuencias. Un estudio realizado por la empresa consultora Savanta ComRes para la BBC en noviembre de 2019 revelaba que más de un tercio de las mujeres del Reino Unido había sido abofeteada, estrangulada o amordazada contra su voluntad durante una relación sexual consentida, e incluso había recibido escupitajos de su pareja.

Un metaanálisis realizado por tres académicos residentes en Estados Unidos y publicado en diciembre de 2015 en el *Journal of Communication* analizaba los efectos de ver pornografía basándose en veintidós estudios de siete países distintos.[11] Su conclusión era inequívoca: «Los datos acumulados dejan pocas dudas de que, como término medio, los individuos que consumen pornografía con más frecuencia tienen más probabilidades de asumir actitudes propicias para una agresión sexual y de cometer actos de agresión sexual reales que los individuos que no consumen pornografía o que consumen pornografía con menor frecuencia».

Un estudio más reciente, de 2019, sobre los adolescentes estadounidenses, revelaba una vez más una fuerte correlación entre el consumo de pornografía violenta y la violencia durante el noviazgo. Los autores del estudio descubrieron que los adolescentes que veían pornografía violenta tenían el triple de probabilidades de perpetrar violencia sexual durante el noviazgo.[12]

La cantidad de pornografía y la dificultad de restringir el acceso a ella hacen que resulte más necesario que nunca que hablemos abiertamente con nuestros hijos, y señalemos las distintas formas en que la pornografía reproduce experiencias sexuales a menudo insanas y no realistas.

La mayoría de progenitores y de colegios consideran que es su responsabilidad educar a los niños en los fundamentos de la cortesía: cómo debemos hablar entre nosotros y en público, cómo cultivar amistades saludables. Sin embargo, olvidamos o descuidamos, a menudo por mojigatería o por vergüenza, hablar sobre sexo. Esa tarea se la dejamos a los pornógrafos, por nuestra cuenta y riesgo.

Los modelos de conducta positivos –los hombres que están dispuestos a denunciar la masculinidad tóxica cuando se topan con ella– son esenciales. Empiezan cuando los padres hablan con sus hijos en privado, pero necesitamos que muchas más personalidades públicas se sumen a la lucha de forma relevante. Tienen que liderar a través de su ejemplo.

Por desgracia, las industrias del cine, la música y los videojuegos siguen bombardeando a los adultos jóvenes con imágenes de hombres musculosos, agresivos, viriles y, a menudo, misóginos.

Los que se benefician económicamente de esas industrias, y las estrellas que tienen millones de seguidores, deben considerar sus propias responsabilidades. Las campañas y los activistas únicamente pueden ejercer presión sobre ellos para que rectifiquen, y denunciar los peores ejemplos de una conducta que normaliza o fomenta las conductas sexualmente agresivas.

En 2008, dos años después de conocerla en Nueva York, V me invitó a un evento que había organizado en Nueva Orleans para conmemorar el décimo aniversario de su organización, V-Day. Como es habitual en ella, V quería hacer algo audaz, de modo que alquiló el estadio Superdome, que fue escenario de numerosas agresiones sexuales tras el paso del huracán Katrina, cuando se convirtió en un centro de salvamento caótico y sórdido.

V rebautizó el estadio como Superlove, y a lo largo de un fin de semana pasaron por allí treinta mil personas para escuchar conferencias, pedir consejo en los centros de curación y atención médica y disfrutar de una representación de la obra *Los monólogos de la vagina*, interpretada por Jane Fonda y Kerry Washington. Todos los asistentes entraron al estadio por una puerta con forma de vulva que parecía una obra de papiroflexia y brillaba en la oscuridad.

V me invitó a encabezar una manifestación de cientos de mujeres a través de la ciudad, que terminaba en la Plaza del Congo, antiguamente llamada Place des Nègres, que había sido la única zona de la ciudad donde los esclavos negros podían reunirse los domingos a finales del siglo XVIII y durante el siglo XIX. Pero el principal motivo de mi presencia era recibir el primer premio de una organización creada por V y denominada V-Men, que reunía a los hombres que trabajamos por los derechos de las mujeres.

La idea era crear una red de hombres a los que no les diera vergüenza promover los «asuntos de las mujeres». Tuve que salir al escenario a través de una cortina hecha de largas tiras de tela rosa que colgaban en medio de dos paneles recortados con la forma de los labios vaginales.

Naturalmente, la mayoría de los asistentes al Superlove eran mujeres, muchas de ellas mujeres de color que habían sufrido la inmensa mayoría de los efectos del huracán Katrina y de la violencia sexual que le siguió. Durante un debate posterior sobre los V-Men, en el que figuraba Bart Scott, a la sazón defensa del equipo de fútbol americano Baltimore Ravens, y otros, nos preguntamos en voz alta qué haría falta para animar a más hombres a unirse a nosotros.

Esa es la siguiente fase del trabajo a desarrollar después del movimiento #MeToo. La causa de los derechos de las mujeres no es una causa únicamente para mujeres. Es preciso que los hombres se sumen a ella. No tienen que asistir a congresos ni a centros de curación, y menos aún estar dispuestos a salir a un escenario a través de una vagina gigante de color rosa.

Pero sí que tienen que hablar sin rodeos sobre la violencia sexual. Sí que tienen que asumir modelos alternativos de cómo ser hombre, y actuar en consecuencia, demostrando que pueden ser fuertes y sensibles, valientes y empáticos, resilientes pero emotivos, y todo lo que hay entremedias. Sí que tienen que dedicar más tiempo a hablar con sus hijos adolescentes, honesta y abiertamente, sobre los derechos de las mujeres.

Nunca ha habido tantos hombres informados sobre el movimiento por los derechos de las mujeres y, en líneas generales, solidarios con él y con la campaña para acabar con la violencia sexual como hoy en día. Los hombres tienen que dar el siguiente paso, y hacer el cambio de ser simpatizantes pasivos a ser participantes activos en el cambio social que necesitamos. La responsabilidad de cambiar las leyes, de exigir justicia, de denunciar a los maltratadores, de trabajar en las comunidades y de educar a los niños de una forma distinta no puede seguir estando exclusivamente en manos de las mujeres.

Por supuesto, las mujeres continuarán liderando e impulsando ese trabajo. Yo siempre seguiré siendo la voz de otras. Pero los derechos de las mujeres son derechos universales. Cuando hay una petición, una manifestación o una campaña en las redes sociales contra la violencia sexual, o una oportunidad de hablar sobre el género, el sexo, o la desigualdad en el hogar, es necesario que los hombres se impliquen. El problema afecta a toda la humanidad, no solo a una de sus mitades.

10

Liderazgo

A lo largo de mi carrera he conocido a muchos líderes de todo tipo: políticos, personalidades religiosas, ejecutivos empresariales, organizadores comunitarios y de base. Ha habido algunos que se han cerrado en banda y no han querido comprender la cuestión de la violencia sexual debido a sus ambiciones personales o a sus convicciones erróneas, y que optan por ignorar o negar su existencia. Ha habido muchos líderes buenos, que trabajan para mejorar la vida de las supervivientes y de las mujeres en general, y que ponen los valores de la empatía y la amabilidad en el centro de sus actos. Y también he conocido a gente de toda la gama que hay entre esos dos extremos: personas que no se comprometen, que titubean, superficiales o desganadas.

Sin que todos los líderes de una determinada sociedad empujen en la misma dirección, resulta muy difícil provocar el tipo de cambios sistémicos y culturales necesarios para hacer que el mundo sea un lugar más seguro, más ecuánime y más pleno para las mujeres. Poner fin a la violencia sexual únicamente puede lograrse a través de un esfuerzo a todos los niveles. Necesitamos que los líderes sean más audaces a la hora de emplear su influencia.

En 2018 viajé a Irak para reunirme con un líder cuya comunidad había sido devastada por la violencia sexual, como en el Congo oriental. Se había visto obligado a lidiar con las consecuencias de una guerra que también era contra los cuerpos de las mujeres. En un momento de gran adversidad para él y sus partidarios, había encontrado el valor de cuestionar las tradiciones y de fomentar un profundo cambio social.

Mi viaje a Irak había sido planificado por una organización benéfica llamada Yazda, que lleva trabajando con la comunidad yazidí desde 2014, y en particular con las mujeres que padecieron el reinado despreciable y asesino del Estado Islámico. Los tres años de dominio de esos extremistas sobre el norte y el oeste de Irak dejó un rastro de destrucción física que llevará décadas reparar.

Cuando volé hasta Erbil, en el norte de Irak, ya conocía a Nadia Murad, que había estado trabajando durante los tres años anteriores para concienciar a la comunidad internacional sobre la ofensiva y la violación masiva a manos del Estado Islámico contra las mujeres yazidíes, pero mi viaje a Irak tuvo lugar antes de que nos concedieran el Premio Nobel de la Paz a ambos. Su valentía a la hora de contar su historia, primero en Naciones Unidas, después en sus entrevistas con los medios, y más tarde en su libro *Yo seré la última: historia de mi cautiverio y mi lucha contra el Estado Islámico*, ha supuesto que la infamia de ese escalofriante capítulo haya quedado registrada para la posteridad.

El Estado Islámico se formó a partir de los restos de una serie de grupos extremistas como Al Qaeda, que habían luchado contra las fuerzas estadounidenses durante su ocupación de Irak a partir de 2002. A principios de 2014, las fuerzas del Estado Islámico derrotaron al Ejército iraquí en el noroeste de Irak y poco a poco fueron extendiendo su dominio hasta controlar aproximadamente un tercio del país, incluida Mosul, la segunda mayor ciudad del país, y la zona que rodea Sinjar, que es el territorio tradicional de la comunidad yazidí.

Los yazidíes son un grupo étnico y religioso diferenciado, cuyos orígenes se remontan al siglo XII, cuando un místico islámico empezó a predicar en el pueblo de Lalish, en el territorio montañoso y de monte bajo del norte de Irak. A lo largo de los siglos, sus seguidores se apartaron del islam, y su fe se fusionó con las antiguas creencias locales, aunque también se inspiró en el cristianismo y el judaísmo. Se convirtió en una religión aparte por derecho propio, con unas escrituras, un calendario y unas ceremonias propios.

Los yazidíes estuvieron más de ochocientos años atrapados en la guerra por el dominio espiritual que aún hoy en día atenaza a Oriente Medio y a grandes zonas del mundo. Eran una minoría atacada y perseguida. Las sucesivas oleadas de opresión dispersaron a sus creyentes por todo el mundo.

Su supervivencia como comunidad, cuyos miembros hoy en día ascienden a aproximadamente quinientos mil, se debió a los fuertes lazos personales existentes entre sus creyentes, a su devoción religiosa y a lo inhóspito del territorio de su patria, que incluye las montañas Sinjar, una cordillera de 1.500 metros de altitud que a lo largo de los siglos ha ofrecido refugio a los yazidíes durante las sucesivas oleadas de persecución.

La ofensiva del Estado Islámico contra los yazidíes ha sido el último intento de borrarlos del mapa, con la diferencia de que en el siglo xxi ha ido acompañada de una moderna maquinaria propagandística que los sufridos antepasados de los yazidíes de hoy en día nunca habrían podido imaginar. Siguiendo el ejemplo de todos los ideólogos genocidas, los líderes del Estado Islámico deshumanizaron a los yazidíes a través de sus enseñanzas y sus órdenes, calificándolos de adoradores del diablo y de apóstatas en sus mensajes y vídeos de internet.

Iniciaron una campaña de exterminio masivo que afectó a la familia de Nadia. En agosto de 2014, al amanecer, los militantes, que enarbolaban la siniestra bandera negra de su organización, invadieron Kocho, el pueblo de Nadia. La población se refugió en sus casas, pero al cabo de una semana todos recibieron la orden de presentarse en el colegio local. Los militantes obligaron a los hombres a entregar todos sus objetos de valor, y después los separaron de las mujeres y los niños, los pusieron en fila delante de una zanja, y los fusilaron a sangre fría. Cuando terminó el tiroteo, cargaron a todas las mujeres y los niños, muchos de ellos llorando histéricamente, a bordo de unos camiones-plataforma y se los llevaron a Mosul, controlada por el Estado Islámico.

Nadia, que era soltera y a la sazón tenía veintiún años, fue elegida para ser *sabbiya*, es decir esposa esclava, y una noche se la llevaron en un autobús hasta un mercado. «Cada instante con el Estado Islámico formaba parte de una muerte lenta y dolorosa», decía en su libro sobre la experiencia que vivió. El trayecto en autobús hasta el mercado, donde sufrió agresiones y abusos, fue el «momento en que empecé a morir».

Al mercado –que en realidad era una gran sala de una casa saqueada– acudían unos hombres barbudos, crueles, brutales y armados, con fajos de dólares en la mano. Muchos de ellos querían saber si las chicas eran vírgenes. Nadia y sus familiares gritaban, se hacían un ovillo o intentaban repeler a base de manotazos las manos toscas y encallecidas que pretendían tocarlas. Se estima que seis mil cuatrocientas mujeres yazidíes fueron vendidas por ese procedimiento, y así comenzaron sus escalofriantes vidas en cautiverio.[1]

Nadia fue vendida a un juez del Estado Islámico que experimentaba un placer sádico denostando su religión, obligándola a convertirse al islam (algo que ella fingió hacer) y violándola reiteradamente. El juez se burlaba de ella diciéndole que, aunque lograra escapar, su vida había terminado porque su comunidad nunca volvería a admitirla en su seno. En una ocasión en que intentó huir y la sorprendieron, el juez ordenó a sus guardias que la violaran como castigo.

Posteriormente fue vendida varias veces, y ninguno de sus captores mostró la mínima empatía al ver que su salud iba de mal en peor. Al cabo de tres meses, Nadia consiguió huir, aprovechando que alguien olvidó cerrar una puerta con llave, y encontró refugio en casa de una valiente familia de musulmanes suníes.

Cuando visité Irak dos años y medio después, el Estado Islámico había perdido gran parte de su territorio en Irak y en la vecina Siria gracias a los esfuerzos del Ejército iraquí, de las milicias locales, entre ellas las de los combatientes yazidíes y kurdos, y al poder de fuego de Occidente, suministrado por Estados Unidos y sus aliados. Pero tan solo existía el principio de un intento de afrontar la crisis humanitaria que habían provocado los combates.

La primera parada de mi viaje fue un campo de refugiados de Dohuk, a dos horas y media en coche de la ciudad de Erbil, en una zona controlada por el gobierno regional kurdo que nunca había llegado a estar bajo el control del Estado Islámico. Cada pocos kilómetros teníamos que parar en un puesto de control donde enseñábamos nuestra documentación y nuestros visados a los distintos grupos de guardias kurdos armados.

En Dohuk había cientos de miles de desplazados, alojados en unas condiciones deplorables, algo que me resultaba tristemente familiar. Los combates habían provocado el éxodo de aproximadamente el 85 por ciento de la comunidad yazidí. Las colinas estaban salpicadas de campos, más áridos y secos que los nuestros en el Congo, pero donde se veían la misma arquitectura improvisada y los mismos síntomas de una catástrofe que en los campos de refugiados de todo el mundo.

La mayoría de la gente se alojaba en casas prefabricadas, no en las tiendas que se ven en los campos de refugiados del Congo, y me impresionaron los paneles solares y los depósitos de agua donados por Naciones Unidas y otras organizaciones de ayuda humanitaria. Todo lo demás ya lo conocía: la rebatiña cotidiana por la comida y el agua, los niños con la ropa andrajosa, los progenitores velando por ellos con unos ojos sin vida.

Allí había miles de mujeres como Nadia, víctimas de las atrocidades y las violaciones, que disponían de escasa o ninguna atención ni ayuda profesional. Un puñado de médicos hacían lo que podían para lidiar con la situación. La organización benéfica Yazda me había pedido que fuera a visitarlos para contarles nuestra experiencia en el Congo, con la esperanza de aprender algo de nuestro planteamiento a la hora de prestar atención médica, así como asistencia psicológica, jurídica y socioeconómica. Compartir nuestros conocimientos internacionalmente ha sido uno de los principales objetivos de mi trabajo en los últimos años.

Habían organizado una reunión en uno de los edificios más grandes con aproximadamente cincuenta supervivientes que se habían presentado voluntarias para conocerme. Previamente, mis anfitriones me habían hablado de sus esfuerzos cotidianos para ayudar a las mujeres de los campos, que padecían ataques de pánico, insomnio y arrebatos de llanto histérico. Muchas de ellas habían sido repudiadas por sus familias. Otras habían tenido hijos de sus violadores. Se habían producido intentos de suicidio.

Cuanto más viajo y aprendo, más consciente soy de que las mujeres sufren las mismas consecuencias de la violencia sexual, de idéntica forma, en las zonas de conflicto y en tiempos de paz, independientemente de su cultura, de su idioma, o de sus creencias religiosas.

La reunión me dejó clara la magnitud de las necesidades de ayuda y tratamiento psicológico cualificado. El trauma que habían sufrido aquellas mujeres estaba aún fresco y era profundo. Muchas de ellas empezaron a relatar cómo los combatientes del Estado Islámico las habían separado de sus familias y después se las habían llevado para venderlas, violarlas y maltratarlas.

Una vez liberadas, tuvieron que enfrentarse a otra serie de problemas. No podían regresar a sus casas, que habían sido destruidas, y se sentían estigmatizadas por su comunidad. Las tradiciones yazidíes consideran que una violación equivale a un adulterio. Era algo vergonzante para la víctima. Podía tener como consecuencia la flagelación pública o el asesinato a manos de sus familiares.

Nadia cuenta que el primer hombre que la compró le decía que, por ser una mujer yazidí que había sido violada y que se había convertido al islam, su vida había terminado. «Aunque consigas volver a tu casa, tu padre o tu tío te matarán», le decía con desprecio. Nadia ha contado con gran sinceridad sus sentimientos de aprensión y miedo cuando por fin viajó de regreso a su casa.

A medida que las mujeres se sinceraban conmigo, saltaba a la vista que sus palabras tenían efecto en el resto de las presentes. Es algo que vemos a menudo en Panzi durante las primeras sesiones de terapia de grupo. Las mujeres con recuerdos traumáticos no tratados y reprimidos pueden experimentar vívidos *flashbacks* de sus terribles experiencias. Por esa razón se han difundido los «avisos de contenido» –a fin de advertir a las asistentes de que se va a hablar sobre abusos sexuales– durante los debates públicos sobre la violación.

Cuatro de las asistentes se desmayaron casi simultáneamente. Yo mismo las atendí, y cuando volvieron en sí las llevamos a una sala silenciosa donde pudieran recuperarse. Le pregunté a mis anfitriones si había algún psicólogo que pudiera ir a verlas después. Me dijeron que no había ninguno.

Eso vino a demostrarme lo mucho que queda por hacer para mejorar nuestra respuesta a las emergencias humanitarias durante los conflictos o después. Por supuesto, la prioridad es el suministro urgente de alimentos, alojamiento y atención médica básica. Pero con demasiada frecuencia las heridas invisibles de la violencia sexual no reciben ningún tipo de tratamiento, aunque sepamos que existen.

Nuestra siguiente etapa fue la ciudad de Lalish, para reunirme con el líder al que aludía en la introducción de este capítulo. Su nombre era Baba Sheik, el guía espiritual del pueblo yazidí, un hombre frágil de más de ochenta años con una larga barba blanca.[2] Vivía entre los templos estriados, de forma cónica, y los manantiales naturales de la capital religiosa de su comunidad.

Todos los visitantes tienen que descalzarse antes de entrar en el pueblo. Producía una curiosa sensación caminar descalzo sobre los lisos adoquines de las calles, resguardadas de la fuerte luz del sol por la sombra de frondosas moreras.

Tenía muchas ganas de conocer a Baba Sheik porque, a finales de 2014, mientras el Estado Islámico saqueaba las aldeas yazidíes, él decidió reinventar una tradición religiosa de siglos. Llegó a la conclusión de que la compasión prevalecía sobre los dogmas teológicos, pese a que conllevaba el riesgo de contrariar a los elementos más tradicionalistas de su comunidad.

Después de reunirse con muchas mujeres que habían pasado por los mercados de esclavas del Estado Islámico, Baba Sheik promulgó un decreto para los ancianos de la comunidad donde decía que había que volver a acoger a las víctimas de los extremistas, y que no debían sufrir ningún tipo de consecuencias. Y, haciendo gala de un gran valor, declaraba que los bebés que habían tenido dichas mujeres a consecuencia de su violación deberían ser tratados como yazidíes.

Eso contradecía uno de los principios del yazidismo. Se trata de una religión cerrada. La comunidad no admite conversos, y todo el que se case con una persona de otra religión queda excluido. En el pasado, hubo casos de mujeres asesinadas por sus familiares por haber tenido relaciones con hombres musulmanes.

Después de los comunicados de Baba Sheik, las mujeres yazidíes violadas por los combatientes del Estado Islámico empezaron a peregrinar a Lalish para volver a ser bendecidas con el agua santa de una cueva donde se bautiza a todos los niños yazidíes. Les entregaron un velo blanco para la cabeza como símbolo de renacimiento. Muchas han vuelto varias veces a Lalish, pues lo consideran una forma de aceptación que las ayuda a superar su sentimiento de aislamiento y de vergüenza.

Baba Sheik estaba sentado con las piernas cruzadas y vestido con su hábito blanco cuando fui a verlo, y yo me toqué el antebrazo derecho con la palma de mi mano izquierda cuando me incliné para estrecharle la mano, un gesto de respeto en la cultura congoleña. Le expliqué por qué estaba de visita en Irak y le di las gracias por recibirme. Le conté lo mucho que admiraba su decisión y su valentía al ayudar a las mujeres a superar el estigma de sus experiencias.

Era un hombre modesto y retraído, y me insistió en que no había sido una decisión radical y que simplemente la religión estaba evolucionando dadas las circunstancias. Me explicó que repudiar a las mujeres únicamente beneficiaba al Estado Islámico, cuyo objetivo era destruir la comunidad.

Aquella decisión era sabia, humanitaria y progresista. Todos los líderes religiosos, los guardianes de las costumbres y las creencias que condicionan las vidas de los cristianos, los musulmanes, los judíos, y todas nuestras muchas religiones, tienen la capacidad, y a mi juicio la responsabilidad, de hacer que nuestras sociedades sean un lugar más tolerante y acogedor para las mujeres. Tienen el poder espiritual y moral necesario para cambiar las cosas.

El cambio debe venir desde arriba a fin de estimular e influenciar a los de abajo. Como ya he dicho varias veces, la violencia sexual es una consecuencia de la jerarquía de los sexos, que sostiene que las vidas de los varones son superiores a las de las mujeres. Debemos reconocer que la religión desempeña un papel en la imposición del dominio de los varones y de la sumisión de las mujeres.

Lo digo como cristiano y como hijo de un pastor. Yo también soy pastor en una pequeña iglesia de Bukavu, en la parroquia de mi padre. Algunos de los que me rodean han perdido la capacidad de creer, pues han llegado a la conclusión de que les resulta imposible conciliar la idea de un Dios caritativo que había asistido impasiblemente a dos décadas de matanzas en el Congo. Sin mi fe, estoy seguro de que nunca habría sido capaz de seguir adelante durante todos estos años.

Mi jornada empieza con una oración centrada en los valores que considero más importantes: el amor, la compasión, la humildad para con Dios y el prójimo, la integridad y la solidaridad. Voy a misa siempre que me parece que las condiciones son lo bastante seguras como para asistir. Mi Biblia es mi compañera de viaje más querida.

Mi relación con Dios es profundamente personal. De hecho, me considero un creyente, pero no necesariamente una persona religiosa. Las religiones son construcciones ideológicas, interpretaciones de los textos fundacionales por parte de personalidades destacadas del pasado. Esas interpretaciones son obra de los hombres, y habitualmente los hombres han utilizado sus posiciones de poder para perpetuar sus privilegios.

Podemos optar por aceptar esas interpretaciones como leyes fijas e inmutables, asentadas tan firmemente como las piedras de los templos de Lalish, del Muro de las Lamentaciones, de La Meca o de nuestras catedrales e iglesias. O bien podemos aceptar que también los dogmas deben evolucionar, de la misma forma que nuestros edificios religiosos a veces han sido reconstruidos, modificados, ampliados, han sufrido la erosión de los elementos o se han visto alterados por la mano del hombre a lo largo del tiempo.

En mis sermones siempre he insistido en que el mejor lugar para reunirnos con Dios es dentro de nosotros mismos, en nuestros pensamientos íntimos y nuestra conciencia. Todo lo que hay fuera de ese sanctasanctórum íntimo es obra de los seres humanos, con todas sus imperfecciones y vicios. Para mí, Dios está al principio y al final de todo, es una fuerza universal que explica lo inexplicable, como por ejemplo la perfección de la naturaleza, la música y el arte, y que nos insta a amarnos los unos a los otros y a cuidarnos mutuamente.

A pesar de haber presenciado tantas muestras de la capacidad de egoísmo y de hacer daño del ser humano, sigo creyendo que somos intrínsecamente virtuosos, que hemos sido creados a ima-

gen de Dios, con algunas excepciones. Solo hay que pararse a observar a los niños pequeños, con su inocencia, su travesura y su
pureza, para creerlo. Su bondad, su santidad, es la auténtica naturaleza humana antes de que la sociedad la transforme, a través de
sus normas, sus códigos y –seamos sinceros– en ocasiones también a través de las prácticas religiosas perniciosas. Únicamente
dentro de nosotros podemos meditar sobre los lazos que nos unen
a nuestras cualidades originales y renovarlas, en diálogo con
Dios.

No he podido encontrar pruebas concluyentes en las escrituras
cristianas de que las mujeres nacieron como seres inferiores a los
hombres, ni de que deberían ser sojuzgadas. Dios creó a Adán y
después a Eva para que el hombre no viviera solo. Fueron creados
como una asociación, en el bien entendido de que ningún animal
sería su igual.

Y no veo motivos para otras prácticas excluyentes y discriminatorias contra las mujeres, como, por ejemplo, impedir que ocu-
pen puestos de responsabilidad. Las Epístolas de san Pablo –y
como es sabido, el versículo de la Primera Epístola a los Corintios
donde dice que las mujeres deberán guardar silencio en las iglesias– se ha utilizado para justificar la prohibición de que las mujeres ejerzan poder en la Iglesia. Teniendo en cuenta que en los primeros tiempos de la Iglesia hubo muchas mujeres líderes, colegas
de Pablo, es casi seguro que esa expresión se ha malinterpretado y
se ha sacado de contexto.

Estoy firmemente convencido de que los líderes religiosos deben procurar fomentar, y no entorpecer, los cambios sociales generalizados en curso, por los que, a lo largo de los últimos cien
años, se ha reevaluado el papel de las mujeres en todo el mundo
para que puedan gozar de más autonomía y poder. La historia
nos ofrece incontables ejemplos de cómo las religiones se han
adaptado a sus tiempos.

El feminismo y la fe son conceptos compatibles. Los guardianes de nuestras sinagogas, iglesias y mezquitas no tienen por qué
sentirse amenazados. Por eso me emocionó tanto la decisión de
Baba Sheik. Tuvo la lucidez y el valor de reconocer la necesidad
de un cambio.

Por desgracia, en 2019 los representantes de la línea dura dentro del Consejo Supremo Espiritual yazidí hicieron público un nuevo comunicado que aclaraba que los hijos nacidos a raíz de la violación de las mujeres yazidíes no debían ser aceptados, lo que obligó a las supervivientes a una elección imposible entre su comunidad y sus vástagos. La ordenanza se transmitió a los ancianos de la comunidad, que son los encargados de hacer cumplir las normas, lo que vino a complicar la vida de cientos de mujeres.

Las formas tradicionales de liderazgo, que a veces son figuras elegidas, pero a menudo son asambleas formadas por varones ancianos, ejercen una enorme influencia sobre las normas de conducta en amplias zonas del mundo. A menudo, esas normas responden a las ideas de los líderes religiosos, pero es importante no pasar por alto el papel que desempeñan a la hora de influir en las actitudes y las conductas, sobre todo en los países que están organizados de una forma más colectiva que los países desarrollados, mucho más individualistas.

Uno de los principales errores que han cometido las organizaciones extranjeras de ayuda en los países en vías de desarrollo ha sido pasar por alto ese nivel esencial de la sociedad, o incluso intentar deliberadamente pasar por encima de él, ya que con frecuencia es sumamente conservador. Por ejemplo, yo he visto organizaciones y activistas de ayuda al desarrollo trabajando en materia de anticonceptivos, intentando concienciar directamente a las mujeres de sus beneficios, sin tener en cuenta el estigma social que conlleva su uso o la imposibilidad de que las mujeres tomen decisiones sin el consentimiento de sus maridos y de la comunidad en sentido amplio.

Las organizaciones que trabajan en la erradicación de la mutilación genital femenina han estado muchos años centrando sus energías en modificar las leyes y en llevar a cabo campañas de información, presuponiendo que un mayor conocimiento de los graves riesgos para la salud que conlleva esa práctica, y la protección jurídica, bastarían para ponerle fin. Yo he trabajado en Guinea, en África occidental, donde sigue sometiéndose a la mutilación a la inmensa mayoría de las mujeres, pese a que está prohibida por la ley.

Hasta que los líderes de las comunidades –normalmente son los ancianos, que actúan como árbitros espirituales y sociales– no se opongan a esa práctica, las mujeres que se encuentran en los niveles más bajos de la jerarquía social prácticamente carecen de la posibilidad de tomar sus propias decisiones. De hecho, muchas de ellas apoyan activamente la mutilación genital, pues lo consideran un rito de mayoría de edad o incluso una práctica que refuerza los lazos entre las mujeres de una familia.

Los problemas son los mismos cuando se trabaja en cualquier ámbito relacionado con el bienestar de las mujeres, desde el matrimonio infantil hasta la poligamia.

Nuestro trabajo de promoción de una «masculinidad positiva» con la tribu de los warega, en la provincia de Kivu del Sur, me demostró que es posible conseguir un cambio en materia de derechos de las mujeres a nivel comunitario mediante un estímulo amable y respetuoso. Y vino a ilustrar lo que puede lograrse por el procedimiento de trabajar a través de las estructuras de poder existentes, no en contra de ellas.

Después de nuestros primeros programas y seminarios de formación, destinados a fomentar un reparto más equitativo de las responsabilidades del hogar en su comunidad, en 2017 los ancianos warega me invitaron a visitar la región. Era una demostración de su gratitud y un reconocimiento de la relación que habíamos ido creando a lo largo de varios años. El propósito de nuestra visita era hablar sobre qué más cosas podíamos hacer por ellos, así como pasar revista a algunos de los cambios sobre el terreno.

Al llegar, fui recibido por los jefes tribales, que son los que aportan el vínculo entre la comunidad warega y el mundo espiritual de sus antepasados. A falta de un sistema judicial que funcione, también se espera de ellos que establezcan las normas, actúen como jueces en las disputas y como guías de la comunidad.

Primero hablé en la iglesia y fui a visitar un colegio que estábamos financiando. Mientras paseábamos por el pueblo, uno de los ancianos se sinceró conmigo sobre un embarazoso problema que habían tenido recientemente con un trabajador extranjero de una organización de ayuda al desarrollo.

Desde hacía varios años, la región se beneficiaba de la financiación y la ayuda de una organización humanitaria occidental que enviaba a algunos cooperantes para que vivieran y trabajaran en el seno de la tribu. El anciano me explicó que en los últimos meses uno de ellos, un alemán, había infringido algunas de sus estrictas normas concebidas para proteger la dignidad de sus mujeres.

Habían sorprendido al joven escondido entre la maleza y haciendo fotos a las mujeres locales en un lugar de un río cercano que estaba reservado como zona de baño para las mujeres. Los hombres tenían terminantemente prohibido acceder a esa zona, a fin de que las mujeres pudieran bañarse con privacidad. No estaba claro si el joven iba buscando emociones voyeristas o si estaba captando imágenes «exóticas» de la vida local para enseñárselas a sus familiares y amigos cuando regresara a su país.

El escándalo llegó a oídos de los ancianos, que convocaron una reunión. Tenían que decidir cómo debía reaccionar la comunidad y si había que castigar al joven alemán.

Los ancianos dictaminaron que el cooperante debía ser expulsado del pueblo y que no volviera nunca más. Sus empleadores lo sacaron de allí apresuradamente.

Cuando, al final de mi visita, nos sentamos todos juntos, decidí utilizar aquella historia como una forma de abrir un debate sobre cómo proteger a las mujeres en la comunidad. Estábamos todos apiñados en un espacio que pertenecía a una asociación que trabajaba contra la violencia sexual. Los jefes estaban sentados hombro con hombro en unos bancos de madera, acompañados por sus esposas.

Empecé afirmando algo en lo que creían sinceramente todos los presentes: que los warega se enorgullecían de proteger a sus mujeres. Su decisión de castigar al cooperante alemán ponía de manifiesto lo muy en serio que se tomaban su responsabilidad de evitar que las mujeres sufrieran cualquier daño. Recordé que sus tradiciones también celebraban el papel de las madres.

Así es como muchos líderes comunitarios –ya sean los de la casta hindú *panchayat* de las zonas rurales de la India, la *jirga* de los grupos pashtunes en Afganistán o Pakistán, las asambleas tribales en África o los clérigos islámicos en Oriente Medio– se ven a sí mismos. Tratarles como a unos misóginos ignorantes impide crear un espacio para la colaboración y el tipo de debates que pueden dar lugar a un cambio.

Les dije que había algo que necesitaba que me explicaran: yo entendía que el cooperante alemán había cometido *muzombo*, un pecado que se consideraba un ultraje contra los antepasados de la tribu. Había sido sancionado por un delito contra las mujeres locales por haberlas mirado cuando estaban desnudas. Pero ¿por qué no existía ese mismo castigo para los hombres que tocaban o penetraban a las mujeres sin permiso?

Yo sabía que muchas veces se apelaba a los ancianos para que resolvieran los casos en que un hombre era acusado de violar a una niña o a una mujer en la región. Con frecuencia, si la víctima había sido una mujer virgen y soltera, los ancianos le ofrecían una solución a su agresor: pagar su dote y casarse con ella. Y así se resolvía el problema, con lo que el «honor» de la familia de la chica –y supuestamente el de ella– quedaba a salvo.

Esos denominados arreglos amistosos son muy habituales. Simplemente se comercia con las chicas: los progenitores traspasan a los violadores la propiedad de sus hijas.

Eso tiene unas consecuencias perversas en los jóvenes de la región. Si la joven con la que desea casarse un hombre rechaza su propuesta de matrimonio, a menudo recurre a la violación, sabiendo que, por afán de proteger el «honor» de la chica, sus progenitores, para quedar bien, le ofrecerán la oportunidad de conseguir por la fuerza lo que fue incapaz de lograr con el cortejo y con su encanto. Se trata de un potente incentivo para la violencia sexual que existe en muchas zonas de África y de todo el mundo.

En otros casos que me han contado, si la mujer violada estaba casada, se obligaba al agresor a pagarle algo al marido, ya fuera en metálico o en ganado, y en muchas ocasiones el caso se zanjaba con la entrega de unas cabras y unas gallinas.

«Ustedes tienen normas que prohíben que los hombres miren a una mujer que no sea su esposa cuando está desnuda –les dije–. Pero ¿no debería tratarse con mayor severidad a alguien que ha violado o abusado sexualmente de otra mujer que a alguien que lo único que ha hecho es mirar? –le pregunté a los ancianos–. Ustedes sancionaron a ese alemán expulsándolo, pero ¿acaso no habría que tratar una violación de la misma forma que un *muzombo*?», añadí.

Varios ancianos me explicaron que se tomaban muy en serio la violencia contra las mujeres, y que lo consideraban un problema. A su juicio, los pagos y los «acuerdos amistosos» estaban concebidos para disuadir a los agresores.

«Pero entonces están castigando a la chica. Es la víctima del delito y la están obligando a casarse con su agresor. Están redoblando su dolor –argumenté–. Lo único que resultaría disuasorio sería considerar *muzombo* una violación. Nadie se atreverá a tocar a una mujer sin permiso si sabe que será expulsado.»

Algunos pusieron objeciones, alegando el problema de que la chica perdía su virginidad y su honor. Si no se casaba con su agresor, le resultaría muy difícil encontrar otro marido. Eso era cierto, y una preocupación legítima.

Sin embargo, yo insistí en que los ancianos podían hacer alarde de su liderazgo. «Si denuncian las violaciones, pueden contribuir a trasladar la vergüenza de la víctima al agresor. Él es quien tendría que sufrir las consecuencias, no ella –les dije–. Y, ante todo, un castigo más severo contribuiría a evitar el delito. Estarían ustedes salvando a otras chicas de correr la misma suerte.»

Si yo hubiera aterrizado allí y hubiera empezado a sermonear a los ancianos acerca de sus costumbres, sé que no habría conseguido nada. Pero yo sabía que estaban actuando de buena fe. Habíamos ido creando una relación de confianza, lo que significaba que no me veían como un médico de la ciudad, educado en una universidad, que los miraba por encima del hombro. Teníamos la suficiente empatía mutua como para crear un espacio de diálogo.

Sentados y apiñados en aquella estancia, todo el mundo daba su opinión en el debate sobre las mujeres y la violencia sexual. Me daba cuenta de que íbamos progresando. Algunos cuestionaban abiertamente sus interpretaciones y eran conscientes de la contradicción que entrañaba castigar de distinta forma el voyerismo y una agresión sexual. Al final, todos estaban dispuestos a reconocer la necesidad de que también una violación se considerara *muzombo*.

Después de que nos marcháramos, los ancianos volvieron a reunirse en asamblea y decidieron que iban a emitir un decreto que debía difundirse por toda la región entre los cientos de miles de personas que vivían en las docenas de aldeas bajo su influencia. A partir de ese momento, la violación era un delito que se castigaba con la expulsión. Ya no iba a haber más «acuerdos amistosos».

Al igual que ocurrió con Baba Sheik en Irak, los ancianos se dieron cuenta de la necesidad de cuestionar las tradiciones heredadas de las generaciones anteriores. Ellos demostraron lo que puede conseguirse a través del diálogo y de una mentalidad progresista. Estuvieron dispuestos a cuestionar sus postulados y a corregir los errores del pasado. Mi país, y más en general el mundo entero, necesitan más líderes como los ancianos warega.

En el otro extremo del espectro, a años luz de mis viajes por las zonas más recónditas del Congo, también he interactuado, durante los últimos quince años, con los líderes mundiales y los representantes de nuestras instituciones internacionales. He sido testigo de cómo hemos progresado colectivamente a la hora de reconocer que la violencia sexual es un problema que merece nuestra atención y requiere tomar medidas.

En 2008, dos años después de mi primera visita, volví a viajar a Nueva York en un momento en que el Consejo de Seguridad de Naciones Unidas estaba debatiendo lo que resultó ser una resolución histórica sobre el uso de la violación durante los conflictos. Me pidieron que informara sobre la cuestión a los diplomáticos de los quince países que componen el Consejo, a saber, los cinco miembros permanentes –Estados Unidos, China, Rusia, Reino Unido y Francia– y los otros diez miembros no permanentes.

«¿Por qué estamos hablando de la violación como problema en el Consejo de Seguridad?», objetó el embajador ruso en un momento del debate. Decía no entender qué relación tenía con la misión de mantener la paz y evitar los conflictos que tiene encomendada el Consejo. Me complace decir que ya no me encuentro con ese tipo de resistencia. Hoy en día todo el mundo admite que las violaciones son una consecuencia de todas las guerras y, a menudo, una táctica deliberada.

La Resolución 1820 de Naciones Unidas, que se aprobó por unanimidad en 2008, a pesar del escepticismo inicial de Rusia, fue un acontecimiento que aumentó las esperanzas de una acción más firme contra los perpetradores de delitos sexuales en lugares como el Congo. La resolución reconocía la jurisprudencia sentada por los tribunales internacionales para los crímenes de guerra en Ruanda y Yugoslavia a los que he aludido en el Capítulo 7, donde se establecía que la violación podía utilizarse como arma de guerra y que podía constituir un crimen de guerra, un crimen contra la humanidad y un acto de genocidio. Determinaba la obligación de los Estados de investigar y perseguir a los perpetradores, y también instaba al despliegue de más mujeres en las misiones internacionales de paz.

El problema, como ocurre con tantas resoluciones de Naciones Unidas, es que las palabras bienintencionadas no han dado lugar a la adopción de medidas. No hay pruebas de que haya disminuido la violencia sexual en las zonas de conflicto a consecuencia de los muchos meses de intensas negociaciones diplomáticas que culminaron en la votación a favor de la Resolución 1820. Las fuerzas armadas o las milicias que cometen violaciones en el Congo, en Sudán, en Myanmar o en Siria siguen gozando de la misma impunidad.

Un año después, el Consejo de Seguridad de Naciones Unidas aprobó otra importante resolución complementaria, la 1888, por la que se creaba la Oficina del Representante Especial del Secretario General sobre la Violencia Sexual en los Conflictos, un grato desarrollo que ha contribuido a centrar la atención sobre el asunto.

En los diez años transcurridos desde entonces, el Consejo de Seguridad de Naciones Unidas no ha dejado de aprobar nuevas resoluciones –siete en total– sobre las mujeres y la seguridad, como, por ejemplo, la Resolución 1960, por la que se establecía un mecanismo de vigilancia y denuncia sobre la violencia sexual en los conflictos, y la Resolución 2106, que volvía a hacer hincapié en la necesidad de rendición de cuentas.

Todo lo anterior ha sido crucial para concienciar sobre el problema, pero Rusia y China siguen mostrándose escépticos respecto a la ampliación de la agenda sobre mujeres y seguridad en Naciones Unidas, mientras que la alianza occidental, que ha sido la fuerza que ha impulsado los avances, fue sometida a una presión sin precedentes a raíz de las medidas adoptadas por la administración de Donald Trump.

En 2019, cuando el Gobierno alemán planteó otra resolución, la número 2467, sobre la violación en zonas de conflicto, la administración de Trump amenazó con vetarla en caso de que incluyera cualquier referencia a la importancia de que las víctimas de una violación tuvieran acceso a los servicios de salud sexual y reproductiva, alegando que eso implicaba el acceso al aborto.

Ese retroceso respecto a las resoluciones anteriores, que reafirmaban la importancia del acceso a servicios sanitarios como las pruebas de VIH, así como a los anticonceptivos de emergencia en caso de que los solicitara una superviviente, era un recordatorio de que no podemos dar nada por sentado. Daba la impresión de que el impulso creado durante los diez años anteriores podía perderse.

Al final, se llegó a una solución de compromiso, una versión descafeinada que eliminaba cualquier referencia a los servicios de salud sexual y reproductiva, así como a la vulnerabilidad de las personas gais, lesbianas y transexuales durante los conflictos. Me causó satisfacción que la resolución mencionara por primera vez la importancia de un enfoque de la atención a las víctimas de agresiones sexuales centrado en las supervivientes, y que además reconociera la necesidad de apoyar a los niños nacidos a raíz de una violación. Estados Unidos votó a favor. China y Rusia se abstuvieron.

A finales de 2020, Rusia volvió a intentar boicotear los avances logrados a lo largo de los últimos veinte años con una nueva resolución que habría debilitado algunos de los compromisos previamente adquiridos. Afortunadamente, la resolución de Rusia, apoyada por China, fue derrotada con facilidad por los demás miembros del Consejo de Seguridad.

Ha habido otros esfuerzos encabezados por los Estados para combatir la violencia sexual. El expresidente estadounidense Barack Obama, el Gobierno británico de David Cameron, el primer ministro canadiense Justin Trudeau, y últimamente el presidente francés Emmanuel Macron, han aportado su parte. Suecia se convirtió en el primer país del mundo que llevó a cabo una política exterior «feminista» con un primer ministro varón, Stefan Löfven, basada en tres principios: derechos, representación y recursos. Además, en 2014, el Gobierno británico organizó la primera Cumbre Global Contra la Violencia Sexual en los Conflictos de la historia. La cumbre, organizada por William Hague, a la sazón ministro de Asuntos Exteriores británico, y por la actriz y activista Angelina Jolie, reunió a los responsables de las políticas, a las supervivientes, a las organizaciones de la sociedad civil y a los expertos. Yo asistí, junto con tres miembros del Gobierno de la República Democrática del Congo, lo que me pareció una señal alentadora.

Como preparativo para el congreso, Hague y Jolie visitaron el Congo, y en concreto la aldea de Minova, que fue el escenario de una violencia ciega por parte de las tropas gubernamentales a finales de 2013. Poco después de perder una batalla contra los rebeldes de la milicia M23, apoyada por Ruanda, las tropas arrasaron la aldea durante dos días de borrachera, violaciones y saqueos. Posteriormente un soldado les dijo a los periodistas que él y veinticinco compañeros suyos se juntaron y decidieron que cada uno tenía que violar a diez mujeres.[3]

El problema de las cumbres es el mismo que el de las resoluciones de Naciones Unidas. Contribuyen a centrar la atención en el problema durante un breve lapso, pero a menudo no dan continuidad a sus ambiciones. Recuerdo una reunión con el primer ministro Cameron en la que él cuestionaba cómo iba a mantener sus esfuerzos el Gobierno británico después de la cumbre, cuya organización había costado 5,2 millones de libras.

Regresé a casa después del evento con la sensación de que no se había llegado a ninguna conclusión sustancial. Se había avanzado muy poco en los asuntos que yo intenté destacar en mi discurso, como la necesidad de aplicar sanciones contra los gobiernos que protegieran o que no persiguieran a los perpetradores de violencia sexual. Yo argumenté que era necesario dar más poderes a las resoluciones de Naciones Unidas. A menos que hubiera consecuencias, los líderes seguirían ignorándolas.

En 2020, un estudio independiente realizado por el organismo de supervisión de los programas de ayuda al desarrollo del Gobierno británico se mostraba sumamente crítico. Afirmaba que el congreso «no había cumplido plenamente sus ambiciones, y corre el riesgo de dejar a las supervivientes en la estacada». El informe hacía hincapié en la falta de liderazgo político una vez que Hague dejó de ser ministro de Asuntos Exteriores, así como en los drásticos recortes en la financiación de la agenda de la cumbre durante los seis años posteriores a su celebración.[4]

Resulta esencial e imprescindible que los líderes promuevan internacionalmente la agenda de los derechos de las mujeres, pero las posibilidades de cambio son limitadas a menos que se hagan cumplir las resoluciones de Naciones Unidas o que se amplíen las competencias y el poder del Tribunal Penal Internacional. Nuestros mecanismos jurídicos supranacionales siguen siendo endebles. Únicamente los dirigentes nacionales tienen la potestad de modificar las leyes discriminatorias, de invertir en los recursos policiales y judiciales requeridos para perseguir a los perpetradores, y de promover un verdadero cambio social a través de sus discursos y su ejemplo personal.

Para conseguir que los gobiernos sean más receptivos necesitamos más mujeres en puestos de poder. Necesitamos más mujeres líderes que sean capaces de romper los techos de cristal que les impiden llegar a las presidencias, a las jefaturas de Gobierno y a las cancillerías, de las que han sido tradicionalmente excluidas.

Cuando asistí a la reunión del G-7, es decir, de las siete democracias más ricas del mundo, en Francia, me llamó la atención que cuando los dirigentes posaron para una foto de grupo la única mujer titular era Angela Merkel, de Alemania. Durante los dieciséis años que ha estado en el poder, a menudo era la única mujer sentada a la mesa durante las reuniones de los 28 estados miembros de la Unión Europea o en las cumbres internacionales del G-20.

Cuando se les otorgan las llaves del poder, las mujeres tienen más posibilidades de aplicar los cambios que necesitamos para que nuestro mundo sea más justo y más seguro. Cuando se les concede una plataforma, las mujeres pueden aprovechar la oportunidad para priorizar las cuestiones importantes para ellas, como los derechos maternos, unos sistemas de pensiones más ecuánimes, la educación o lugares de trabajo más versátiles que tengan en cuenta que las necesidades de las mujeres son distintas de las de los hombres. Y esos cambios no están únicamente al servicio de las mujeres; también ayudan a los hijos, a los maridos y a los padres.

En mi experiencia, siempre he constatado que cuando las mujeres tienen éxito, no lo tienen para ellas solas. Comparten sin problemas su éxito con sus maridos, con sus hijos y con su comunidad. Eso hace que las mujeres estén más dispuestas a sopesar lo colectivo, en vez de lo personal, cuando toman decisiones. A los hombres tienden a motivarles más su interés por su riqueza personal, su éxito y su ambición.

A menudo, las mujeres aportan habilidades que brillan por su ausencia en sus homólogos varones. Resultó llamativo que muchos de los países que en un primer momento cosecharon más elogios de la ciudadanía por la forma en que manejaron la inédita crisis del coronavirus estaban liderados por mujeres, como Alemania, Nueva Zelanda, Dinamarca, Islandia y Noruega.

Sería excesivamente simplista sugerir, únicamente sobre la base de estos hechos, que el género fue un factor importante a la hora de determinar la reacción de los distintos gobiernos. Resulta tentador pensar que la gestión de aquella crisis encajaba mejor con los puntos fuertes tradicionales de las mujeres gestoras, a las que se les suele dar mejor trabajar en equipo y mostrar empatía que a sus homólogos varones. Y, por el contrario, los hombres fuertes machistas y populistas, que se negaron a seguir los consejos de los expertos y a reconocer que sus propios conocimientos eran limitados, fueron quienes peor lo hicieron. En cualquier caso, la crisis fue una importante victoria a favor de un argumento en el que, por desgracia, hay que seguir insistiendo en el siglo XXI: que como líderes políticas, las mujeres son igual de competentes que los hombres, cuando no más, y que se les puede encomendar el poder.

Las últimas estadísticas de ONU Mujeres muestran lo desigual que sigue siendo el liderazgo político a nivel global. Solo hay aproximadamente veinte mujeres jefas de Estado o de Gobierno en todo el mundo entre los 193 países analizados, según los últimos datos.[5] En 2019, un estudio de la OCDE revelaba que solo cuatro de treinta y seis democracias importantes habían alcanzado la paridad de género en sus gobiernos: Canadá, Francia, Suecia y Eslovenia. Como media, entre aquellos treinta y seis países, había una mujer por cada tres hombres en cargos ministeriales.[6]

El *Informe Global sobre la Brecha de Género* que elabora el Foro Económico Mundial tiene en cuenta cuatro indicadores para evaluar las diferencias entre hombres y mujeres en los 153 países que se analizan. Esos indicadores son la igualdad de oportunidades económicas, en educación, en sanidad y en política. A nivel mundial, la brecha más grande es en empoderamiento político.

En la edición de 2020, el informe revelaba que tan solo el 25 por ciento de los 35.127 escaños parlamentarios a nivel mundial estaban ocupados por mujeres. Señalaba que se habían registrado mejoras durante los últimos doce meses. Pero aunque el avance se mantuviera a ese mismo nivel, aún harían falta noventa y cuatro años y medio para acabar con la brecha en materia de representación política.

Cuanto mayor es la presencia de las mujeres en la política, más capaces son de afrontar las tradicionales desigualdades de género. Y cuantos más caminos abran para que otras mujeres sigan su ejemplo, más éxito lograrán a la hora de que la política sea un lugar más seguro y respetuoso. Porque el machismo y los abusos sexuales también están a la orden del día en nuestros parlamentos y ayuntamientos.

En 2016, el primer estudio internacional sobre acoso y violencia sexual contra las parlamentarias, realizado por la Unión Interparlamentaria, revelaba que el 82 por ciento de las parlamentarias encuestadas había experimentado algún tipo de violencia psicológica. El 20 por ciento había sufrido acoso sexual. Un estudio de seguimiento realizado en 2018 centrado en las parlamentarias de los países europeos vino a confirmar los mismos niveles de abuso dentro de la Unión Europea, y por añadidura revelaba que el 40 por ciento de las trabajadoras de los parlamentos que participaron en la encuesta habían sido acosadas sexualmente en el trabajo.

A todos debería preocuparnos una tendencia relativamente nueva, a saber, que las mujeres abandonan sus ambiciones políticas por culpa de los problemas que sufren a la hora de afrontar no solo la cultura machista del mundo de la política, sino también el nivel de insultos misóginos que reciben en las redes sociales por parte de los hombres. En particular, las mujeres que pertenecen a alguna minoría étnica requieren una especial protección.

Los altos escalafones del mundo empresarial están igual de descompensados que nuestros parlamentos. La OCDE recaba estadísticas del número de mujeres que se sientan en los consejos de administración de las mayores empresas que cotizan en bolsa. Las estadísticas revelan que en las treinta y seis principales democracias del todo el mundo, como promedio, las mujeres solo ocupan uno de cada cuatro puestos en dichos consejos. El porcentaje de mujeres directivas era tan solo un poco mayor, pues ocupan aproximadamente uno de cada tres cargos de alta dirección.

La proporción de mujeres miembros de los consejos de administración ha aumentado drásticamente durante los últimos quince años, desde un nivel muy bajo, y en algunos países ha sido a raíz de las presiones legislativas. Noruega se convirtió en el primer país del mundo que obligaba a las empresas a nombrar como mínimo a un 40 por ciento de mujeres en los consejos de administración de las compañías públicas y de titularidad estatal. Desde entonces, Francia, Italia, España y el estado de California han hecho otro tanto, estableciendo cuotas obligatorias. Una alianza de importantes inversores denominada el Club 30% está presionando a favor de esa proporción de mujeres en los consejos de administración de las empresas privadas.

Muchos estudios han destacado los beneficios de la diversidad de género en los consejos de administración, poniendo de manifiesto que las mujeres pueden contribuir a refrenar el exceso de confianza de los directores ejecutivos varones, a impedirles pagar un precio excesivo por las adquisiciones[7] o a mejorar la gobernanza empresarial y la calidad de los debates sobre decisiones estratégicas.[8]

Allí donde las mujeres ascienden, contribuyen a desmontar las normas tradicionalmente masculinas de la mayoría de las organizaciones. En mi experiencia personal, los hombres tienden a comportarse mejor en presencia de mujeres. Refrenan su tendencia a mostrarse arrogantes, beligerantes y prepotentes.

En 2018, un importante estudio de la empresa consultora McKinsey & Company titulado *Delivering Through Diversity* («Cumplir objetivos a través de la diversidad»), que analizaba mil compañías de doce países, concluía que las empresas con una mayor proporción de mujeres en puestos directivos, así como con una composición étnica y cultural mixta, ofrecían una mayor rentabilidad y más valor a largo plazo para sus accionistas.

Hay otro ámbito en el que la participación de las mujeres es crucial, y que me atañe personalmente como ciudadano de un país asolado por la guerra: las mujeres siguen estando dramáticamente infrarrepresentadas en los procesos de paz y, sin embargo, está demostrado que su participación ha afectado positivamente a la probabilidad de que las armas callen para siempre.

En las negociaciones de paz del periodo que va de 1992 a 2019, tan solo el 13 por ciento de los negociadores, el 6 por ciento de los mediadores y el 6 por ciento de los firmantes de los acuerdos de paz eran mujeres, según un estudio del Council of Foreign Relations, un *think tank* estadounidense.[9]

En 2015, otro estudio revelaba que cuando las mujeres participan en los procesos de paz, el acuerdo resultante tiene un 35 por ciento más de probabilidades de durar por lo menos quince años.[10] Además, se constató que la presencia de mujeres como negociadoras de paz aumentaba las probabilidades de que se incluyeran cláusulas específicas para las mujeres, como el reconocimiento de los abusos sexuales y las correspondientes compensaciones.[11]

Ese fue sin duda alguna el caso de Colombia, que en 2016 logró elaborar uno de los acuerdos de paz más sensibles a las consideraciones de género de la historia. Las organizaciones de mujeres de la sociedad civil y las representantes de las distintas partes fueron incluidas desde el principio en las negociaciones de paz entre las Fuerzas Armadas Revolucionarias de Colombia (FARC) y el Gobierno del presidente Juan Manuel Santos. Ellas contribuyeron a garantizar mecanismos de compensación para las víctimas, el compromiso de que no se iban a amnistiar los delitos sexuales, y la garantía de que el tribunal especial encargado de juzgar los crímenes de guerra estaría compuesto por el mismo número de hombres que de mujeres.

Además, las mujeres han presionado a favor de la creación de un centro para las supervivientes, donde se les ofrecerá ayuda médica, psicológica y socioeconómica, a imitación del enfoque «holístico» que hemos adoptado en el Hospital de Panzi; y han logrado asegurar un reconocimiento público a las más de quince mil mujeres que sufrieron agresiones sexuales a lo largo de un conflicto que duró cincuenta años.

Fragmentos, una nueva instalación artística en Bogotá, incluye un suelo creado con las treinta y siete toneladas de fusiles entregados por las FARC como parte del acuerdo de paz. La artista Doris Salcedo fundió las armas e invitó a las supervivientes de las violaciones a que la ayudaran a convertir el metal en losas a martillazos. El efecto es asombroso –me produjo una inmensa sensación de empoderamiento poder caminar sobre armas destruidas, como era la intención de Salcedo– al tiempo que aparentemente el proceso de producción también fue catártico: mientras trabajaban, las mujeres tenían la sensación de estar liberándose de sus traumas a martillazo limpio.

Admiro la creatividad, la consideración y el compromiso que implica haber incluido a las mujeres en el proceso de paz de Colombia. Ojalá en el Congo pudiéramos contar con esa clarividente forma de pensar. Para concluir este capítulo, me gustaría volver a hablar de las dificultades a las que he tenido que enfrentarme con mi propio Gobierno.

Ya he contado anteriormente las amenazas directas y las intimidaciones que he sufrido. Me gustaría describir la única visita que el presidente Kabila hizo a mi hospital, lo que ayuda a explicar por qué se ha hecho tan poco para reconocer, atender y proteger a las mujeres del Congo durante los últimos veinte años.

La visita de Kabila fue en 2010, su noveno año en el poder. Su presencia en aquel momento no obedecía al escándalo de la constante llegada de mujeres y niñas heridas, sino a un accidente en el que se vio envuelto un camión cisterna de gasolina en la localidad de Sange, a unos setenta kilómetros al sur de Bukavu. El camión había volcado, y una multitud acudió en tropel para recoger el combustible en botellas de plástico. Poco después explotó, matando a 269 personas e hiriendo a más de 200. Muchos de los casos más complicados y las víctimas de quemaduras graves fueron trasladados al Hospital de Panzi.

Kabila decretó un día de luto nacional, y su gabinete se puso en contacto conmigo para decirme que el presidente tenía intención de hacer un viaje oficial a la región para visitar a los supervivientes. Yo le comuniqué a todo el personal que por fin íbamos a recibir una visita presidencial largamente esperada.

El reluciente vehículo 4 × 4 negro del presidente se detuvo en el aparcamiento. Yo estaba esperándolo para recibirlo, con el personal del hospital detrás. Le abrieron la puerta y Kabila salió del coche. Nos dimos la mano.

«Bienvenido, excelencia, y gracias por venir», le dije. Examiné su rostro en busca de alguna señal de emoción. Solo encontré dureza, mientras él exploraba en silencio la escena que tenía ante sí.

«Gracias... ¿Usted sabe por qué estoy aquí, no?», dijo mientras nos encaminábamos al hospital.

«Sí, excelencia, por supuesto.»

«Y bien, ¿por qué he venido?», prosiguió, hablándome como lo haría el director de un colegio con un alumno.

«Ha venido a visitar a los pacientes quemados. Mi personal ha estado trabajando a toda máquina», le contesté.

«Sí, exacto. No estoy aquí para ver a sus mujeres.»

Sus mujeres. Tuve que concentrarme a fondo para mantener la compostura. La insensibilidad de sus palabras, la forma en que había menospreciado a las supervivientes ingresadas en el hospital, la forma condescendiente con la que me había hecho la pregunta: Kabila parecía exudar desprecio. Yo sabía que en ese momento había muchas mujeres esperando en el pabellón de supervivientes. Querían tener la oportunidad de hablar con él, de llamar su atención sobre el precio que se estaba cobrando el conflicto en sus vidas y en sus comunidades.

Lo llevé a la sala donde estaban ingresados algunos pacientes quemados, aparatosamente vendados en sus camas. Saludó a muchos de ellos y les ofreció sus condolencias. Se oía un traqueteo de cámaras. Un grupo de fotógrafos de prensa captaba el momento en que Kabila se inclinaba con empatía sobre las camas de los ingresados.

«¿Recibió usted los suministros para los heridos que pedí que enviaran desde Kinsasa?», preguntó, volviendo a prestarme atención cuando nos detuvimos en medio de la sala. Hubo una nueva ráfaga de chasquidos. El presidente me informó de que se habían enviado cajas de apósitos y tratamientos para las quemaduras a todos los hospitales de la región que atendían a los heridos.

«Recibimos una caja —le expliqué—. Pero me temo que no servía para nada.»

«¿Por qué?», me contestó secamente.

Hice una breve pausa. Sabía que la respuesta iba a resultarle embarazosa. «La caja contenía paracetamol, preservativos y medicamentos contra las lombrices intestinales», le contesté.

«¿Cómo es posible?», dijo bruscamente. Se dio la vuelta y lanzó una mirada iracunda a su séquito, que parecía circunspecto y atónito. Uno de sus acompañantes garabateó una nota.

No hacía falta que se lo explicara. Todos sabíamos lo que había ocurrido. Es la historia del Congo actual, la gangrena que explica por qué nuestro Ejército y nuestra Policía carecen de vehículos, de uniformes y de munición para sus armas. Es la razón de que las carreteras y los edificios públicos estén a medio construir y de que los maestros no cobren su salario. Es la causa de que nuestras aerolíneas tengan un atroz historial de seguridad y de que nuestros bancos quiebren, tragándose los ahorros de toda una vida de sus clientes.

Probablemente Kabila había destinado algo de dinero a la compra de medicinas y había ordenado que se enviara a los hospitales. Pero seguramente la primera persona que recibió el encargo se quedó con una parte del dinero, después la segunda y la tercera, y quién sabe si así hasta la última persona que empaquetó el material en una caja. En algún momento, alguien robó la pequeña cantidad de suministros médicos que se adquirió originalmente y la vendió en el mercado negro. Pero había que mandar algo. Era preciso guardar las apariencias. De modo que empaquetaron paracetamol y preservativos en vez de apósitos para las quemaduras.

Cuando Kabila terminó su recorrido por la sala de quemados, yo hice caso omiso de sus comentarios iniciales junto al coche y le sugerí de todas formas que visitara el pabellón de víctimas de violencia sexual. Su humor pareció empeorar. Volvió a recordarme de manera cortante por qué estaba allí.

Mientras caminábamos de vuelta a su coche, yo iba sintiéndome cada vez más frustrado. Cuando estaba a punto de entrar en su vehículo, le hice una última petición.

«Excelencia, es una pena que haya venido hasta aquí y no visite a estas mujeres que han sufrido tanto –le dije mirándole firmemente a los ojos–. Por favor, tómese la molestia, aunque solo sea para saludarlas rápidamente.»

Kabila entrecerró los ojos, frunció el ceño y su rostro se puso rígido. «No me interesa. Ese problema se zanjará dentro de seis meses. Este hospital ya no estará aquí», me espetó, haciendo un leve gesto con la cabeza en dirección a los edificios que teníamos detrás.

¿Cómo debía tomarme aquellas siniestras palabras? Yo esperaba que se metiera en su coche de inmediato y diera un portazo. Una vez más, yo no sabía qué decir. Pero, para mi sorpresa, hizo una pausa y se fijó en lo que teníamos detrás.

«¿Y allí qué hay? –me preguntó, mirando hacia un edificio exento donde atendemos a los niños malnutridos–. Voy a echarle un vistazo.»

Accedí a acompañarlo en una visita rápida. Había hileras de camas de niños ingresados, con sus angustiadas madres a su lado, en unas instalaciones que habíamos creado poco después de inaugurar el hospital. Siempre están llenas, a pesar de que el Congo tiene un suelo que es de los más fértiles de África.

Al final, en un último gesto amable de lo que había sido una experiencia profundamente desalentadora y perturbadora, Kabila me prometió algo de dinero para aquellos niños. Al día siguiente se presentó el gobernador de la región, con un séquito de periodistas y fotógrafos, para entregarme 50.000 dólares en efectivo envueltos en una bolsa de papel marrón. No me pidió que firmara ningún recibo ni dejó instrucciones de cómo había que gastar aquel dinero.

Kabila consiguió cierta cobertura positiva por parte de los medios, tanto de ámbito local como nacional, con fotos de él en el pabellón. También informaron debidamente de su donativo en metálico.

Pero ¿por qué esa resistencia a visitar a las mujeres? ¿Fue por instinto de supervivencia? ¿Acaso creía que reconocer la violación masiva de mujeres en el Congo era algo personalmente peligroso para él, teniendo en cuenta la responsabilidad del Estado y el hecho de que los delitos sexuales pueden ser perseguidos como crimen de guerra en virtud del derecho internacional?

Puede ser. Pero es más probable que Kabila simplemente recurriera al deseo instintivo de encubrir algo que él consideraba vergonzoso y embarazoso. Optó por no tener nada que ver con ello. Él prefería que tanto las mujeres como yo guardáramos silencio, aunque eso significara cerrar el hospital, el único centro médico especializado para las víctimas de violencia sexual de la región. Era una abdicación total del liderazgo.

Después de la visita de Kabila, con el paso de los años yo he ido haciéndome oír cada vez más, no menos. Nunca cerraron el hospital. No hubo ningún intento de hacerlo en los seis meses siguientes.

Una y otra vez, a lo largo de todos los años de mal gobierno de Kabila, yo nunca fui capaz de entender por qué la comunidad internacional no hacía más por presionarlo a fin de que tomara las medidas necesarias para reformar las fuerzas de seguridad congoleñas, afrontar la corrupción y mejorar los servicios públicos, lo que habría podido poner fin a la inestabilidad en el país.

El contrabando de minerales con el que se financian los combates ha proseguido, junto con el lavado de dinero por parte de los políticos congoleños y sus compinches a través de empresas tapadera extranjeras y de la adquisición de inmuebles en ciudades europeas. Las injerencias extranjeras y la financiación de las milicias en territorio congoleño siguen siendo un problema.

Yo fui testigo de lo que puede lograrse con la suficiente voluntad política en 2012. Por primera vez, Ruanda tuvo que hacer frente a fuertes presiones internacionales por su apoyo al grupo rebelde M23, de etnia tutsi, que era responsable de violaciones masivas, ejecuciones, reclutamiento de niños soldados y del éxodo de cientos de miles de desplazados en el Congo oriental.

Tras la publicación de un informe de Naciones Unidas que concluía que los rebeldes estaban bajo el control del Gobierno ruandés, el presidente Obama conminó al presidente Kagame a cortar el apoyo logístico y político a la milicia M23. Estados Unidos, el Reino Unido, Países Bajos, Suecia y la Unión Europea congelaron o amenazaron con suspender su ayuda militar y presupuestaria a Ruanda. El efecto fue casi instantáneo: el M23 fue liquidado. Su jefe, Bosco Ntaganda, acabó ante el Tribunal Penal Internacional y ahora está entre rejas.

En lo que respecta a Kabila, la Unión Europea y Estados Unidos no impusieron por primera vez la congelación de activos y la prohibición de viajar a las personas que lo rodeaban hasta que concluyó su mandato como presidente, cuando intentó hacer caso omiso de la Constitución en un intento de aferrarse al poder a partir de 2016. Si la comunidad internacional hubiera asumido antes una actitud más valiente y enérgica, los resultados no habrían tardado en llegar.

Los errores del pasado no pueden revocarse, pero pueden enmendarse.

A finales de 2018, se celebraron elecciones presidenciales en el Congo, unas elecciones que se habían pospuesto y que estaban contaminadas por el fraude. Un político de la oposición, Félix Tshisekedi, hijo del veterano activista por la democracia Étienne Tshisekedi, fue elegido nuestro nuevo líder. Pero en unas reñidas elecciones generales que se celebraron al mismo tiempo, el partido de Kabila consiguió una mayoría parlamentaria y mantuvo el control del poder, entre acusaciones generalizadas de fraude electoral, lo que ha dado lugar a una situación de reparto del poder incómoda y potencialmente desestabilizadora.

Los dirigentes extranjeros deben apoyar los esfuerzos para que se imponga la justicia y la rendición de cuentas en el Congo. La anarquía y los más de cinco millones de muertos y desaparecidos constituyen uno de los conflictos que más se pasan por alto, sobre los que menos se informa, y uno de los asuntos más ignorados de la era moderna. Gran parte de la violencia y del saqueo económico ya ha sido documentada.

Cada año de violencia en el Congo, cada pueblo saqueado, cada ingreso de un cuerpo destrozado en mi hospital vienen a agravar la tragedia que está teniendo lugar en mi país. El Congo está enfermo. Necesita curarse. Los médicos como yo llevamos demasiado tiempo recogiendo los pedazos, escayolando huesos y suturando heridas sangrantes.

Y lo que es cierto para el Congo también lo es para la causa de los derechos de las mujeres: si usted ocupa un cargo de poder e influencia, puede ayudar. Y si no está trabajando para encontrar una solución, forma parte del problema.

Conclusión

Todos afrontamos momentos en que dudamos de nosotros mismos, en que cuestionamos nuestras decisiones y sentimos ganas de darnos por vencidos. A veces puede parecernos que los costes son demasiado altos o que el esfuerzo no vale la pena. Yo lo he experimentado en muchas ocasiones a lo largo de los años, a menudo después de periodos de trabajo particularmente desgarradores o durante mis largas noches en vela. A finales de 2012 me encontré ante una encrucijada.

Fue a raíz de lo que ocurrió en mi casa una fresca tarde de octubre cuando dos mujeres llamaron a mi puerta, justo cuando se estaba poniendo el sol, a eso de las seis. En aquel momento vivíamos en un bungaló situado no lejos del lago Kivu, separado de la calle polvorienta y sin asfaltar que está justo delante por una alta tapia de hormigón coronada por alambre de espino. Nos habíamos mudado allí porque era la zona más segura de Bukavu. El cuartel general de la fuerza de pacificación de Naciones Unidas estaba en esa misma calle, a poca distancia.

Yo me había acostumbrado a recibir pacientes en mi casa. Muchas de ellas sabían dónde vivíamos y a veces, cuando no podían acudir al hospital, que está a ocho kilómetros, llamaban a mi puerta preguntando por mí. Los guardias tenían instrucciones de dejarlas pasar si yo estaba en casa.

Eran una madre y una hija. La madre tenía un pie hinchado e infectado. Cuando terminé de reconocerla, me preguntó si podía llevarla a una zona de la ciudad donde pudieran encontrar un taxi, una de las furgonetas Toyota destartaladas, con la carrocería oxidada y abollada, que prestan servicio en Bukavu como sistema de transporte público.

Yo estaba hecho polvo, acababa de volver de un viaje a Europa. Tenía los nervios de punta y, de nuevo, tenía insomnio. Había vuelto a recibir algunas llamadas telefónicas y mensajes amenazantes, algo que al parecer siempre sucedía cada vez que viajaba al extranjero para concienciar al mundo del conflicto.

Sin embargo, la infección del pie de la mujer hacía que caminar le resultara visiblemente incómodo. Accedí a llevarlas, y saqué nuestro coche marcha atrás por la entrada. Dejé en casa a mis dos hijas pequeñas, que entonces tenían quince y diecisiete años, y a una prima suya.

Después de un trayecto de ida y vuelta de no más de veinte o treinta minutos, volví a mi hogar. Di dos breves toques de bocina delante de la casa, mi señal habitual para indicar que he llegado. Entonces advertí el primer indicio de que probablemente algo no iba bien.

Un joven al que nunca había visto abrió la puerta del recinto y sacó la cabeza para echarle un vistazo a mi coche. Era algo insólito, pero no necesariamente un motivo de alarma: a veces los guardias invitaban a sus amigos, y se quedaban pasando el rato en la garita charlando o jugando a las cartas. A lo mejor los guardias habían enviado a un amigo suyo a comprobar que era yo.

Se descorrió el portón de metal, haciendo chirriar sus ruedas y vibrando, dejando ver el patio vacío. Para entonces ya era de noche. El haz de los faros iluminó la pared de la casa, justo enfrente de mí. Entonces se produjo un movimiento repentino.

Vi las siluetas de cinco hombres y sus sombras alargadas corriendo hacia mí. Antes de que me diera tiempo a reaccionar, habían rodeado mi vehículo. Abrieron las puertas bruscamente. Uno saltó al asiento delantero, y cuatro a los traseros. El que estaba a mi lado me presionó con la punta de una metralleta en la barriga. Uno de los que estaban detrás —no pude darme la vuelta para verle la cara— me puso una pistola en la sien.

Lo primero que me vino a la cabeza, un pensamiento que me invadió al mismo tiempo que sentí cómo me subía la adrenalina, fue un catedrático universitario de Bukavu que había sido asesinado unos meses antes de esa misma forma, por unos hombres que habían irrumpido en su casa. Se trataba del enésimo crimen sin resolver, como la mayoría de los asesinatos.

¿Iba yo a morir como él? Tal vez. ¿O por el contrario se trataba de un secuestro en coche, o de un atraco, lo que significaba que tenía alguna posibilidad de sobrevivir? ¿O eran unos pistoleros que iban a cumplir una de las amenazas de muerte contra mí? En mi mente se sucedían los pensamientos a toda velocidad, y cada uno de ellos me planteaba una nueva pregunta. ¿Podía escapar? Probablemente no. Si no podía escapar e iban a asesinarme, ¿podía yo matar a alguno de ellos antes de que empezaran a disparar?

La pared de hormigón de la casa estaba a unos nueve metros de distancia del coche. Tomé una decisión en una fracción de segundo. Si aceleraba de golpe y estrellaba el coche contra la pared, me imaginaba que, sin cinturón de seguridad, mis atacantes saldrían despedidos violentamente contra el parabrisas. Podía causarles heridas graves.

Pisé el acelerador. Pero mientras el coche arrancaba de golpe, sentí un segundo impulso contradictorio. Me acordé de un pastor amigo mío, que había sido secuestrado en Goma, en el otro extremo del lago Kivu, hacía pocas semanas. Le ataron las manos a la espalda, estuvieron dando vueltas con él en su coche durante tres horas, y al final lo dejaron en un cementerio, traumatizado pero ileso. Había sido una advertencia, no un atentado contra su vida.

Pisé el freno. El coche dio una fuerte sacudida; todos salimos despedidos hacia delante por la inercia. Cuando nos detuvimos estábamos a menos de un metro de la pared de la casa. «¿No irás a matarnos, no?», dijo en suajili el hombre que llevaba la metralleta. Fue la única vez que le oí hablar.

Alargó el brazo y sacó la llave de contacto. El hombre que empuñaba la pistola en el asiento de atrás me ordenó salir del coche. Ya solo quedaba un corto trecho hasta la puerta de casa. Si conseguía salir del coche y echar a correr, tal vez podría ponerme a salvo. La salvación parecía estar a mi alcance.

Abrí la puerta del coche, basculé las piernas y estuve a punto de echar a correr. Pero el hombre que llevaba el Kalashnikov en el asiento delantero ya había rodeado el coche y se me puso delante, cortándome el paso, con el dedo en el gatillo. Así pues, pensé, lo que les interesaba no era mi coche. Se trataba de un atentado. Vi cómo preparaba su arma.

Se notaba por la mirada glacial que vi en sus ojos. Y aquellos hombres me parecían demasiado disciplinados, demasiado organizados, para ser una banda de ladrones. Allí de pie, indefenso, pensé en Madeleine, en que se había marchado a primera hora de la tarde para asistir a la boda de una amiga suya sin mí. Sentí un arrebato de pánico que me provocó náuseas mientras pensaba en mis hijas, que estaban dentro.

Pensé en las muchas veces que había escapado a la muerte en el pasado, en las ocasiones en las que salí huyendo justo a tiempo, o en que me habían avisado para que me pusiera a salvo. Pero ahí se había acabado mi suerte; mi intuición para el peligro me había abandonado. ¿Cuántas personas habían muerto así en el Congo, bajo la mirada indiferente de un joven cruel con un arma en la mano?

Justo en el momento que me preparaba para que me pegaran un tiro, oí un grito.

Apareció un hombre corriendo desde el otro lado del edificio, gritando y haciendo aspavientos con los brazos. Era Joseph, uno de nuestros empleados domésticos. Los pistoleros le habían atado, pero él había logrado desatarse y lo había observado todo entre las sombras. Cuando echó a correr hacia nosotros en un intento desesperado de protegerme, debía de saber que se enfrentaba a una muerte casi segura.

Todavía puedo oírle gritar: «¡Papá! ¡Te van a matar!», y el tableteo de los tiros que le alcanzaron a quemarropa mientras se me acercaba. No sé lo que ocurrió después. Me desmayé. Joseph cayó desplomado, entre el coche y la puerta de la casa. Nuestros cuerpos debieron de caer al suelo casi simultáneamente. Su sangre formó un charco en el camino de entrada de coches y me empapó la ropa.

Después de abrir fuego, los pistoleros huyeron en mi coche. Probablemente suponían que los tiros habían alertado a la policía y a los cascos azules, que estaban muy cerca. No tenían por qué preocuparse. No acudió nadie hasta el día siguiente.

Lo siguiente que recuerdo fue que entré en casa a trompicones, aturdido. Los pistoleros habían retenido a mis hijas dentro a punta de pistola. Uno de ellos había estado vigilándolas, y no dijo nada más que «Si queréis seguir con vida, guardad silencio». Ellas le habían ofrecido dinero y joyas para que se marchara, pero él los rechazó sacudiendo la cabeza.

Mis hijas habían permanecido en silencio, aguardando mi regreso con la espalda contra la pared que hay frente a la entrada de coches, aterradas por lo que me esperaba. Si hubiera estrellado el coche contra la casa, como pensaba hacer en un primer momento, probablemente las habría matado.

«¡Papá, agáchate!», me gritaron cuando entré tambaleándome en casa, temblando y en estado de *shock*.

He repasado mil veces los sucesos de aquella tarde y todavía no tengo claro cómo sobreviví. ¿Pensaron los pistoleros que me habían dado a mí cuando me desplomé al lado de Joseph? ¿Confundieron su sangre con la mía? Nunca lo sabremos.

Tampoco sabremos nunca quién los envió. ¿Alguien de la vecina Ruanda? ¿Un caudillo del Congo oriental? ¿Un mandamás del Ejército o algún otro gerifalte del Estado congoleño? ¿Tenía relación con mi reciente comparecencia pública en Naciones Unidas?

El año anterior, en el hotel Waldorf Astoria de Nueva York, el entonces ministro de Sanidad me había amenazado, advirtiéndome de que corría peligro si me empeñaba en pronunciar el discurso ante Naciones Unidas, como estaba previsto. Como he contado en el Capítulo 6, decidí dar marcha atrás y cancelar mi intervención, con la sensación de que me habían silenciado, igual que a tantas víctimas de la violencia sexual.

En 2012, tan solo un mes antes del atentado en mi domicilio, yo había asumido un riesgo calculado: volvieron a invitarme a pronunciar un discurso sobre la violencia sexual ante un comité de Naciones Unidas durante las sesiones de la Asamblea General. En aquella ocasión había aceptado y hablé.

No hubo ningún intento serio de encontrar a mis atacantes. Poco después llegaron varios policías. Echaron un vistazo con desgana, hicieron unas cuantas fotos, pero ninguno de ellos tomó declaración a los testigos, ni siquiera apuntaron la descripción de los cinco hombres, que no habían hecho el más mínimo intento de taparse la cara. No vino a verme ningún fiscal. Joseph fue enterrado sin que nadie le hiciera una autopsia. Unos días después encontraron mi coche abandonado.

Pasados unos meses vi en un reportaje que en la comisaría central de Bukavu los investigadores tenían un expediente en una carpeta de cartón en la que se leía «Caso Dr. Mukwege» garabateado en rotulador de color rosa. Un oficial de la policía le enseñó con gran orgullo la carpeta a los periodistas, e incluso las notas manuscritas que contenía, donde se detallaban las «hipótesis» de los investigadores. Nunca han detenido a nadie.

Dos días después del ataque me dirigía con Madeleine y mis hijas al aeropuerto en silencio. Una vez más tenía que huir de Bukavu, en busca de una vida incierta en el extranjero. Aquello era la gota que colmaba el vaso. Estaba seguro de que si permanecíamos allí corríamos un grave peligro. Me sentía completamente desprotegido.

Las fuerzas locales de Naciones Unidas habían accedido a escoltarnos hasta el aeropuerto. Sus vehículos blindados –uno por delante, tres por detrás– nos daban la sensación de que se trataba de una evacuación. Yo sentía que aquello era el final. Llevaba trece años, desde 1999, trabajando en la crisis de las violaciones en el Congo oriental y nunca había perdido mi determinación de mantener el hospital en funcionamiento, de seguir operando un día tras otro y de denunciar la situación.

Aquellos pistoleros modificaron mis cálculos. Sentía el enorme peso de mi responsabilidad como padre y como marido eclipsando mi sentido del deber para con la comunidad y las pacientes a las que atendía. ¿Y de qué utilidad sería yo para nadie acribillado a balazos, dentro de una tumba? Como Joseph. Mi querido y buen Joseph.

Volamos a Bruselas y de ahí a Suecia, donde gozamos de la compañía de nuestros amigos y colegas. Yo no hacía más que pensar qué iba a ser de nuestra vida. ¿Iba a poder trabajar a distancia y a seguir con mi campaña?

Durante nuestra primera semana en Europa, una organización con la que había colaborado en el pasado, Physicians for Human

Rights, vino a socorrernos. Se ofrecieron a llevarnos a Madeleine, a mis dos hijas pequeñas, Denise y Lina, y a mí a Boston, donde nos proporcionaban una vivienda. Sigo estando inmensamente agradecido por su ayuda.

Nuestro alojamiento en Estados Unidos nos brindaba un nuevo nivel de comodidad. La cocina era enorme y moderna. Había una bonita escalera de madera que subía desde el salón hasta el pasillo de la planta superior, donde había cinco puertas que daban a otros tantos dormitorios, todos contiguos. En aquella casa no necesitábamos ni guardias de seguridad ni alambre de espino.

Llegamos en medio de un invierno muy frío, después de una nevada. Yo esbocé en mi fuero interno un plan de seis meses: si queríamos que nuestra vida en Estados Unidos fuera un éxito, lo primero que teníamos que hacer era aprender inglés. Matriculamos a las niñas en un colegio, y Madeleine y yo nos apuntamos a clases intensivas de inglés desde por la mañana hasta última hora de la tarde.

Al cabo de aproximadamente tres semanas, el dormitorio extra resultó muy útil. Nuestro querido amigo Jean Lebel, un pastor de Bukavu que había sido una constante fuente de apoyo y aliento durante muchos años, vino a visitarme. Verlo fue para mí una conexión instantánea con todo lo que habíamos dejado atrás. Su amable rostro me resultaba familiar y cordial. Y traía unas noticias que me llenaron de orgullo y de alegría.

Un grupo de mujeres de la isla de Idjwi, en el lago Kivu, a pocas horas de travesía en barco desde Bukavu, le había escrito una carta al presidente Kabila. En ella le exigían que el Gobierno me llevara de vuelta y me ofreciera medidas de seguridad para que pudiera seguir adelante con mi trabajo. En la maleta Jean me traía una copia de la carta, con cientos de firmas en un documento adjunto.

Yo apenas conocía la isla de Idjwi, aunque había tratado a muchas mujeres que provenían de allí. Sonreí y después solté una carcajada de asombro. El presidente Kabila no tenía el más mínimo interés por mi trabajo con las mujeres del Congo, como él mismo me había dicho de forma tan memorable durante su visita al hospital. Era imposible que aquella carta sirviera de algo.

Sin embargo, dos semanas después, cuando Jean ya se había marchado, recibí una llamada del hospital de Bukavu. Las mujeres habían vuelto a escribir, esta vez al secretario general de Naciones Unidas. Y unas semanas después, las mujeres acudieron en persona al hospital.

«Se han presentado hoy y nos han dicho que es absolutamente imprescindible que usted regrese», me informó mi colega Magambo por teléfono.

«Es increíble, pero ¿cree usted que lo dicen en serio?», le pregunté.

«Han dicho que están dispuestas a pagar los billetes de avión para usted y su familia si accede a volver. Incluso han prometido montar guardia delante del hospital. Dicen que habrá veinticinco de ellas en la puerta en todo momento y que nadie podrá tocarlo.»

«Eso es... ridículo –le contesté–. Usted no se lo cree, ¿no?»

La mayoría de aquellas mujeres vivían con menos de un dólar al día, a duras penas eran capaces de mantener a sus propias familias, por no hablar de pagar cuatro billetes de avión desde la costa nororiental de Estados Unidos hasta África central.

«Han dicho que están dispuestas a venir hasta aquí todos los viernes hasta que usted regrese –prosiguió Magambo–. Y que van a vender comida delante del hospital para reunir el dinero.»

Y el viernes siguiente cumplieron su palabra. Se montaron en el ferri con sus cestos de frutas y verduras, se presentaron a la puerta del hospital, montaron sus puestos a lo largo de la calle y se pusieron a vender piñas, maracuyás, huevos, maíz y mandioca.

A menudo me he preguntado por qué fueron precisamente las mujeres de Idjwi. No había ningún motivo especial, ni teníamos con ellas un vínculo más fuerte que con cualquiera de las demás comunidades de la región a las que atendíamos. Pero todo movimiento social tiene que empezar en alguna parte, y ellas decidieron tomar cartas en el asunto.

Aquello fue demasiado para mí. Durante las semanas siguientes, las mujeres de todos los rincones de Kivu del Sur se unieron a la campaña. Algunas tenían que atravesar territorio rebelde, desde Bunyakiri, donde los combatientes de la milicia Mai-Mai seguían aterrorizando las aldeas, y también desde el Parque Nacional de Kahuzi-Biega o desde Kavumu.

La balanza empezó a inclinarse a su favor. Yo empecé a sopesar por un lado las necesidades de las miles de mujeres de la región y mi trabajo en el hospital, y por otro la obligación que sentía de proteger a mi familia. Una tarde, pocos días después de Navidad, con la nieve amontonándose en el jardín, les conté a mi esposa y a mis hijas durante la cena lo que estaba pensando hacer.

«Creo que yo debería regresar al Congo, pero que vosotras deberíais quedaros aquí, en Boston –les anuncié. Las tres levantaron la mirada del plato en silencio–. Allí no estaréis seguras, pero yo puedo volver a Boston durante largos periodos y en mis vacaciones. Podemos arreglarlo de alguna forma», añadí.

La idea provocó pavor en mis hijas, cuyo deseo era protegerme. La pequeña, Denise, de quince años, era la más reacia.

«Cuando vinieron a casa, a quien buscaban era a ti, no a nosotras –me dijo–. Si hay alguien que tiene que quedarse en Boston, eres tú. De ninguna manera vas a volver tú solo. Si te vas, nos vamos todos.»

Lo dijo de una forma tan categórica, tan decidida, que me resultó difícil discutírselo. Yo me había pasado la vida admirando la fuerza de las mujeres de mi región. Ahora mi propia hija estaba creciendo delante de mis ojos, y tenía esa misma determinación.

Estuvimos hablándolo un buen rato. Seguí defendiendo que debía volver yo solo, pero no sirvió de nada. A partir de ese momento, nuestro regreso parecía inevitable.

Tarde o temprano, todos los activistas que trabajan en alguna región peligrosa del mundo tienen que enfrentarse a un momento como ese, en el que no tienen más remedio que preguntarse si están dispuestos a morir por su causa. Tras el atentado de octubre en mi casa, yo no lo estaba: el miedo había sido más fuerte que yo. Pero cuando pensaba en el mercado que habían organizado espontáneamente las mujeres de Idjwi me di cuenta de que estaba dispuesto a renunciar a todo por ellas. Mi muerte carecería de sentido. Pero también una vida con todas las comodidades de Boston.

A mediados de enero, tres meses después de marcharnos de nuestro país, regresamos al Congo.

En la última etapa del viaje volamos desde Buyumbura, en Burundi, hasta Bukavu. Yo iba sentado junto a una ventanilla de la avioneta monomotor Cessna, que ascendía y viraba hacia el norte, siguiendo la ruta del río Ruzizi hacia Bukavu. Madeleine iba sentada a mi lado, nuestras hijas detrás.

Nuestra vida entera se había desarrollado en esa región de África, en una sucesión de lugares de la atormentada tierra que teníamos debajo. Yo había cursado mis primeros estudios de Medicina en Buyumbura. Madeleine y yo habíamos vivido allí cuando éramos una pareja de recién casados y allí tuvimos a nuestro primer hijo.

Sobrevolamos las colinas de los alrededores del Hospital de Lemera, donde descubrí por primera vez el sufrimiento de las madres que no tenían acceso a la atención sanitaria, pasando por encima de los bosques por los que yo iba de excursión a pie y de la carretera que tomé pocos días antes del estallido de la Primera Guerra del Congo en un viaje aterrador que me salvó la vida. Más o menos a mitad del vuelo sobrevolamos el hospital y la fosa común donde estaban enterradas mis pacientes asesinadas.

El precio que se había cobrado el conflicto desde el ataque al Hospital de Lemera en 1996 era claramente visible sobre el terreno. Al este del río se encontraban Burundi y Ruanda. Yo podía divisar a los campesinos trabajando en sus parcelas. En la orilla occidental, en el lado congoleño, donde antiguamente hubo plantaciones de fruta, algodonales y arrozales, ahora la tierra estaba sin cultivar.

Me encontraba sumido en estos melancólicos pensamientos sobre el desperdicio y el potencial del Congo cuando divisamos Bukavu. La atmósfera en el avión había sido tensa desde que despegamos; daba la sensación de que todos nos estábamos preparando. Yo podía percibir el nerviosismo de Madeleine. Estábamos cambiando la libertad de Estados Unidos por una vida en el Congo que nos arriesgábamos a que fuera aún más incierta y claustrofóbica que nunca.

Nos tomamos de la mano. Yo necesitaba a Madeleine igual que la he necesitado a cada paso en nuestros más de cuarenta años de matrimonio. Somos como dos árboles que se sostienen mutuamente apoyándose uno en el otro, con las ramas entremezcladas.

«Todo va a salir bien», le dije. Era un tímido intento de tranquilizarla. Los dos sabíamos a lo que regresábamos. Lo único con lo que verdaderamente podía contar era con su amor y su apoyo. Eso me había bastado para superar los momentos más duros del pasado. El avión descendió. Mientras dábamos tumbos por la pista, vislumbré el primer atisbo de lo que nos esperaba. Al bajar del avión vi un cordón de cascos azules de Naciones Unidas conteniendo a cientos de personas que habían acudido a transmitirnos sus buenos deseos. Conseguí saludar a mi madre y a unos pocos familiares antes de que la multitud se nos echara encima.

La carretera que va del aeropuerto a Bukavu, que nos pareció tan desolada cuando la recorrimos en dirección contraria unos meses antes, ahora estaba bordeada de personas que nos saludaban con la mano y celebraban nuestro regreso. Cuando llegamos al hospital, estaba abarrotado. El personal había organizado una ceremonia de bienvenida. Tuvimos que abrirnos paso a empujones hasta un escenario que habían montado en uno de los patios.

Lo habían engalanado con tela blanca y azul, y había tres filas de sillas cuidadosamente alineadas. Detrás del micrófono, en la parte delantera del escenario, había un asiento para mí y otro para el gobernador de la provincia, Marcellin Cishambo, al que conocía desde niño. Allí sentado, mirando a la multitud que teníamos ante nosotros –trabajadores del hospital, pacientes, hombres, mujeres y niños– me resultaba difícil olvidar que Cishambo había brillado por su ausencia cuando más le necesitaba, tras el atentado del mes de octubre.

A mi derecha, en un extremo de la segunda fila de asientos del escenario, estaba el jefe de la policía regional, con su inmaculado uniforme azul marino y la mandíbula firmemente apretada. Su gesto de apoyo no resultaba precisamente tranquilizador. Mientras yo no supiera quién me quería muerto, me sería imposible sentirme seguro.

La ceremonia tenía un aire formal y falso hasta que las madres y las abuelas de Idjwi irrumpieron en la fiesta.

Llegaron dando gritos y aullidos. La gente volvió la cabeza, los carteles y pancartas que había entre la multitud se agitaron; una parte de los asistentes se movió y después se separó en dos. Un grupo de unas pocas docenas de mujeres, algunas llevando a sus hijos a la espalda, se abrió paso por delante de las sillas y subió al escenario. Las mujeres de Idjwi querían el micrófono, y fueron pasándoselo unas a otras.

No reconocí a ninguna de ellas. Hablaron una tras otra. Todas ellas denunciaron al Gobierno y a la Policía por no impedir la delincuencia y por su incapacidad de evitar que las bandas y las milicias vivieran a costa de las comunidades de la provincia.

«¡Si ustedes no van a proteger al doctor, lo haremos nosotras!», dijo una mujer que subió al escenario en una silla de ruedas, haciendo un gesto hacia el gobernador y el jefe de policía. «¡Esta noche habrá veinticinco de nosotras vigilando el hospital, y si alguien quiere matar al doctor, primero tendrá que matar a veinticinco madres indefensas!»

Entre un discurso y otro, cantaban y daban palmas. «¡Doctor Mukwege, Doctor, póngase en pie! Doctor Mukwege, ¿le habéis visto de pie? –coreaban–. ¡No intentéis tocarle, porque os tumbaremos a palos!»

Mientras tanto iban llegando mujeres que vaciaban sus cestos y sus ollas al pie del escenario. Traían cebollas, piñas y también calabazas para mí. Una de ellas había traído un pavo. Cada una dejó un regalo de bienvenida.

A mí se me iba haciendo un nudo en la garganta, que me hacía difícil tragar e imposible hablar. Tenía los ojos llorosos. Sabía en cada fibra de mi cuerpo que estaba de vuelta en el lugar que me correspondía: entre toda aquella gente.

Logré serenarme y me levanté para hablar y poner fin a la ceremonia. Alguien me trajo mi bata blanca de médico, que cambié por mi traje de chaqueta. Justo cuando estaba terminando, estalló una tormenta y unas gotas gigantescas empezaron a tamborilear sobre los tejados de los edificios del hospital y a salpicar las hojas de los árboles de las inmediaciones. Todo el mundo corrió para ponerse a cubierto.

Aquel momento con las mujeres de Idjwi fue un punto de inflexión en mi vida. Fue un momento de profunda comunión con mis pacientes. Había dedicado mi vida profesional a trabajar para las mujeres del Congo oriental, y justamente en el momento en que me sentía más decaído y más vulnerable, ellas habían acudido a mi lado.

Sentí que comprendía sus experiencias mejor que nunca, aunque yo solo había sufrido una pequeña parte de lo que ellas habían tenido que soportar. Había sentido la indefensión y el miedo a verme dominado. Me habían privado de mi libertad, me habían obligado a someterme, y me habían humillado. Y conocí la quemazón de la injusticia después de ser víctima de un crimen violento que nadie estaba interesado en investigar ni resolver.

Esa es la triste suerte que corren todas las mujeres que sufren violencia sexual. La diferencia es que yo salí con mi cuerpo intacto. Mi prueba de fuego solo duró unos minutos. No abusaron de mí ni me penetraron. No tengo cicatrices físicas que me recuerden aquella espantosa tarde en mi hogar.

Las mujeres de Idjwi me trataron instintivamente como deberíamos tratar a todas las víctimas de un crimen, pero especialmente a las víctimas de la violencia sexual. Me enviaron un mensaje, la carta que escribieron, para tranquilizarme y decirme que no estaba solo, que ellas me cubrían las espaldas, que comprendían mi dolor. Para mí fue como un abrazo o un brazo tranquilizador que alguien te pone encima del hombro.

Como personas y como sociedad, necesitamos mostrar ese tipo de empatía y de generosidad con todas las supervivientes. Desgraciadamente, en vez de hacer eso tendemos a hacer lo contrario. Agravamos su dolor al tratarlas con desconfianza, o peor aún, tratándolas como parias. La vergüenza y los costes de una agresión casi siempre recaen en las mujeres, no en sus agresores. Ellas se merecen empatía, apoyo y protección.

Estoy seguro de que usted, lector o lectora, conoce a alguien de su familia, o de su círculo personal o profesional, que en algún momento ha necesitado que le pusieran un brazo sobre el hombro. O puede que usted haya leído u oído hablar de alguien cuya historia le ha conmovido. Tiéndale siempre la mano. Una pequeña cantidad de su tiempo puede suponer una gran diferencia. La empatía tiene el potencial de transformar nuestro mundo.

Las mujeres de Idjwi también demostraron la fuerza de lo colectivo. Como individuo, me habían asustado e intimidado. Sin embargo, ellas sacaron fuerza unas de otras. Se sintieron envalentonadas porque se cogieron del brazo.

Solo colectivamente podemos romper los tabúes que rodean la violencia sexual, para asegurarnos de que se debate y se aborda abiertamente, para que no sea algo que se esconde debajo de la alfombra como un secreto vergonzante. Por eso las campañas de estos últimos años –desde SlutWalk y #BringBackOurGirls hasta #MeToo– deben ser aplaudidas y alentadas.

Pero las campañas de concienciación por sí solas no bastan. Son magníficas para generar publicidad. Pueden poner bajo los focos un problema o a una persona. Pero no pueden ayudar a una mujer que necesita asesoramiento para presentar una denuncia en comisaría. No pueden denunciar a un investigador negligente o insensible. No pueden ofrecer ayuda psicológica ni un lugar de acogida a una víctima de su pareja o de un familiar maltratador.

A menudo esas tareas las realizan las organizaciones feministas de base, que necesitan apoyo. Las mujeres de Idjwi formaron un colectivo que hizo algo más que escribir cartas. Se movilizaron. Convirtieron sus emociones en acción. Usted también puede desempeñar un papel, apoyando u ofreciendo su tiempo a las organizaciones locales que ayudan a las víctimas de la violencia doméstica o sexual.

Por último, para que se produzca un verdadero cambio en todo el mundo, necesitamos que las personas que estaban sentadas a mi lado en el escenario durante la ceremonia del hospital –el jefe de policía y el gobernador, personas con responsabilidades y poder– escuchen y asuman los mensajes que les dirigen. Y también necesitamos más jefas de policía y más gobernadoras.

Cada vez más mujeres están alzando sus voces en todo el mundo para exigir respeto y seguridad, igual que lo hicieron las mujeres de Idjwi cuando exigieron un micrófono. Las mentalidades deben cambiar. La lucha contra la violencia sexual debería ser una prioridad de las políticas públicas. Nuestros sistemas de justicia penal tienen que mejorar. Es preciso penalizar la violación en el mundo real, no solo sobre el papel.

Usted puede desempeñar un papel de muchas formas para contribuir a que el mundo sea más seguro para las mujeres. Apoye a los demás. Alce su voz. Intégrese en un colectivo, o dele su apoyo. Presione a sus representantes elegidos y a las fuerzas y cuerpos de seguridad. Y actúe como un educador utilizando sus conocimientos.

Todos somos educadores para la gente que nos rodea: para los niños, amigos y familiares, para nuestros colegas o los miembros de nuestro equipo. Denuncie el sexismo. Condene e informe sobre las conductas depredadoras. Rechace la culpabilización de las víctimas. Explique las consecuencias de los estigmas y los traumas. Asegúrese de que las oportunidades en su familia o en su lugar de trabajo se repartan equitativamente entre hombres y mujeres, entre niñas y niños.

Y no olvide enseñar a los niños que tiene a su alrededor a ser respetuosos, para que no tengamos que proteger a nuestras hijas. Si tiene usted un papel de educador comunitario –como periodista, historiador, maestro o catedrático– su potencial para actuar como una fuerza a favor de un cambio positivo es mayor que el de la mayoría. Y si usted es un político, o un líder religioso o comunitario, recuerde que sus palabras y sus actos –así como sus silencios y su inacción– tienen la capacidad de hacer daño o de curar.

Nunca me he arrepentido de volver a Bukavu en 2013. Decidí seguir trabajando en el lugar donde me siento más útil y más realizado. Todos somos más útiles y nos realizamos más cuando miramos más allá de nosotros mismos y nos preguntamos qué podemos hacer por los menos afortunados, los oprimidos, los ignorados.

Las mujeres, y en particular las víctimas de la violencia sexual, han sido oprimidas e ignoradas durante casi toda la historia de la humanidad. Cada uno de nosotros puede colaborar para corregir esta injusticia, movido no por un deseo de venganza contra los hombres, sino por un deseo de empoderamiento y seguridad para todos.

Después de la ceremonia en el hospital, nos fuimos a vivir a un nuevo hogar. A Madeleine y a mí no nos parecía seguro regresar a nuestro bungaló del centro de Bukavu donde me atacaron. Nos mudamos a uno de los edificios originales del complejo del Hospital de Panzi, uno de los chalés de la era colonial que habíamos rehabilitado hacía quince años para convertirlo en un quirófano. Volvimos a transformarlo en una vivienda.

Ahí es donde vivo ahora, con una guardia armada permanente. Tengo a una docena de cascos azules de Naciones Unidas estacionados a la entrada las veinticuatro horas del día. Actúan como mi escolta armada cada vez que salgo del hospital, aunque raramente me aventuro a hacerlo. Cada día les doy las gracias por estar ahí cuando recorro los doscientos metros que hay entre la puerta de mi casa y el resto del complejo hospitalario.

Estoy completamente seguro de que sin su protección ya estaría muerto. Tan solo mis viajes al extranjero palian mi sensación de ser un prisionero en mi propio hogar, y el Premio Nobel de la Paz de 2018 no ha sido el punto de inflexión que tal vez usted imagina. Me ha otorgado un perfil público más destacado, pero la anarquía en el Congo oriental, las variadas y difusas amenazas contra mí, y los recientes cambios políticos siguen causándome una constante sensación de vulnerabilidad.

Sin embargo, yo no cejaré en mi campaña para amplificar las voces de las mujeres de todo el mundo. En todo momento intento canalizar la franqueza y el impacto de la niña que puso de rodillas a un general del Ejército delante de mis ojos. Lo que me anima a seguir es la amargura que siento cuando me acuerdo de Wakubenga, que fue violada en dos momentos distintos y contrajo el SIDA, o de la mujer cuya hija y nieta nacieron a raíz de sendas violaciones. Me siento constantemente inspirado y alentado por la resiliencia de mis antiguas pacientes Bernadette, Jeanne, Alphonsine y Tatiana, entre muchas otras.

También pienso seguir difundiendo las competencias y conocimientos en el tratamiento de las víctimas de violación en las zonas en conflicto que hemos acumulado en Bukavu. En numerosas regiones del mundo las supervivientes se encuentran abandonadas, como pude comprobar cuando visité el campo de refugiados de las familias yazidíes del norte de Irak hace unos años. Podemos ayudar a la prestación de atención médica especializada, de asistencia psicológica y de apoyo social y económico.

En el Congo, gracias al trabajo de su personal y al apoyo de sus generosos donantes, el Hospital y la Fundación Panzi siguen expandiéndose y encontrando nuevas maneras de ayudar a las supervivientes. Nuestras iniciativas de microfinanciación están aumentando. Tenemos una nueva clínica y una casa de acogida en la capital, Kinsasa. Incluso hemos puesto en marcha en Bukavu una empresa de zumos frescos, donde exprimimos los maracuyás, las piñas y las naranjas que cultivamos en nuestra explotación agrícola, gestionada por las supervivientes.

Mi máxima esperanza es que algún día nuestros pabellones y nuestras casas de acogida para mujeres violadas se queden vacíos, que nuestros servicios de apoyo psicológico y nuestros bufetes de abogados sean cosa del pasado. Espero que mis trabajadores y yo podamos dedicar una parte mucho mayor de nuestros esfuerzos a la tarea que me inspiró originalmente cuando era estudiante de Medicina en la década de 1980: el milagro del alumbramiento y la atención materna.

Mis momentos más felices siguen siendo en nuestra maternidad, al ver las hileras de madres exhaustas pero sonrientes, y al escuchar los débiles llantos de los recién nacidos. Cuando me paro a mirar a un recién nacido, todo parece detenerse por un instante, lo que nos obliga a reflexionar en qué tipo de mundo queremos que crezcan.

Rezo todos los días por un futuro de paz y prosperidad para mi país y mi región. Contamos con una riqueza increíble en recursos naturales y materias primas, pero la codicia y la explotación nos han convertido en uno de los lugares más pobres del planeta. Aún hoy en día se siguen incendiando aldeas enteras y cometiendo masacres cada semana, sin que eso provoque más que una mínima oleada de indignación dentro y fuera del Congo. Necesitamos justicia y rendición de cuentas.

Sueño con una sociedad en la que se reconozca a nuestras madres como las heroínas que son, en la que el nacimiento de una niña en nuestra maternidad se celebre tanto como el de un niño, y en la que las mujeres puedan crecer sin temor a la violencia.

Tengo esperanza en un mundo donde las mujeres disfruten de las mismas oportunidades de ascenso profesional y de alegría y autorrealización personal que los hombres, y donde el poder político se reparta equitativamente. Estoy deseando que llegue el día en que nuestras empresas y nuestras instituciones públicas reflejen la diversidad de las sociedades en que vivimos. También imagino un futuro en el que las agresiones sexuales se consideren un atavismo de una era anterior, más brutal.

Estoy convencido de que todo esto es deseable y a la vez posible. Creo que todos podemos aportar algo como individuos y como colectivo para hacerlo realidad. Creo en la fuerza de las mujeres.

Agradecimientos

Supongo que a nadie le sorprenderá que, al considerar a quién he de dar las gracias por este libro, piense inmediatamente en las pacientes y en las mujeres increíbles de las que he hablado en estas páginas. Ellas se merecen mis mayores elogios y mi gratitud más sincera.

No obstante, decidir a quién mencionar, qué historias contar, fue un proceso difícil. Solo he podido presentar a una pequeña parte de los cientos de supervivientes que me han dejado su marca durante mis conversaciones en la sala de consultas o en los pabellones del hospital. Quisiera darles las gracias a todas y cada una de ellas por su confianza.

También tengo que agradecer el trabajo duro y el compromiso increíble del personal del Hospital de Panzi y de la Fundación Panzi. Su dedicación a atender a nuestra comunidad salva vidas, cura heridas y consigue que las personas vuelvan a ponerse en pie todos los días. Y lo hacen al tiempo que se enfrentan a las penalidades cotidianas de la vida en Bukavu. Christine Amisi, directora de la Fundación, y Christine Schuler Deschryver, directora de la Ciudad de la Alegría, se merecen un elogio especial por su inagotable energía.

Tineke Ceelen fue la primera mujer con la que comenté la idea de este libro, y siempre le estaré agradecido por su compromiso inquebrantable con las víctimas de la violencia sexual.

Me gustaría dar las gracias a mi agente literaria, Susanna Lea, que contribuyó a que este libro fuera realidad. Creyó en él desde nuestra primera reunión, y desde entonces lo ha defendido en todo momento.

Gracias a Oprah Winfrey, a Bob Miller, y a Bryn Clark, mi editora de Flatiron Books, por su entusiasmo y su ayuda a la hora de hacer llegar este libro al público estadounidense.

Gracias a Adam Plowright. Sin su comprensión, su paciencia y su cualificación, nunca habría podido escribir este libro.

Y, por último, gracias a mi esposa, Madeleine, y a mis hijos por ser la luz de mi vida.

Notas

1. Coraje materno

1. Van Reybrouck, David, *Congo: The Epic History of a People*, Nueva York, HarperCollins, 2014, p. 47.

2. Una crisis sanitaria entre las mujeres

1. United Nations International Children's Emergency Fund, *State of the World's Children 2014 in Numbers: Every Child Counts*, Nueva York, UNICEF, 2014; https://data.unicef.org/resources/state-worlds-children-2014-numbers-every-child-counts/.
2. UN Inter-agency Group for Child Mortality Estimation, «Stillbirth and Child Mortality Estimates», Nueva York, IGME, 2021; https://childmortality.org/.
3. Los datos de atención obstétrica son de UNICEF; https://data.unicef.org/topic/maternal-health/delivery-care/.
4. GBD 2015 Maternal Mortality Collaborators, «Global, Regional, and National Levels of Maternal Mortality, 1990–2015: A Systematic Analysis for the Global Burden of Disease Study 2015», *The Lancet* 388, n.º 10053 (octubre de 2016), pp. 1775-1812; https://www.thelancet.com/journals/lancet/article/PIIS0140-6736(16)31470-2/fulltext.
5. Ibíd.
6. Centers for Disease Control and Prevention, «Pregnancy Mortality Surveillance System», https://www.cdc.gov/reproductivehealth/maternal-mortality/pregnancy-mortality-surveillance-system.htm.
7. Pregnancy-Associated Mortality Review Project Team, *Pregnancy-Associated Mortality, New York City, 2006–2010*, Nueva York, New

York City Department of Health and Mental Hygiene, Bureau of Maternal, Infant and Reproductive Health, s.f., https://www1.nyc.gov/as sets/doh/downloads/pdf/ms/pregnancy-associated-mortality-report. pdf.

8. OCDE, *SIGI 2019 Global Report: Transforming Challenges into Opportunities. Social Institutions and Gender Index*, París, OECD Publishing, 2019; https://www.oecd-ilibrary.org/development/sigi-2019-global-report_bc56d212-en. Véase también: International Labor Organization, *Maternity and Paternity at Work: Law and Practice Across the World*, Ginebra, ILO, 2014; https://www.ilo.org/global/to pics/equality-and-discrimination/maternity-protection/publications/ maternity-paternity-at-work-2014/lang--en/index.htm.

9. US Department of Labor, *National Compensation Survey: Employee Benefits in the United States, March 2019*, Washington, US Bureau of Labor Statistics, 2019; https://www.bls.gov/ncs/ebs/benefits/2019/em ployee-benefits-in-the-united-states-march-2019.pdf.

10. Chzhen, Yekaterina, Anna Gromada y Gwyther Rees, *Are the World's Richest Countries Family Friendly? Policy in the OECD and EU*, Florencia, UNICEF Office of Research, 2019; https://www.unicef-irc.org/ family-friendly.

11. OCDE, «Parental Leave: Where Are the Fathers?», París, OECD Publishing, marzo de 2016; https://www.oecd.org/policy-briefs/parental-leave-where-are-the-fathers.pdf.

12. Stearns, Jason, *Dancing in the Glory of Monsters: The Collapse of the Congo and the Great War of Africa*, Nueva York, PublicAffairs, 2011, p. 116.

13. Rapaport, Lisa, «U.S. Relies Heavily on Foreign-Born Healthcare Workers», Reuters, 4 de diciembre de 2018; https://www.reuters.com/ article/us-health-professions-us-noncitizens/u-s-relies-heavily-on-foreign-born-healthcare-workers-idUSKBN1O32FR. Patel, Yash M., Dan P. Ly, Tanner Hicks y Anupam B. Jenna, «Proportion of Non–US-Born and Noncitizen Health Care Professionals in the United States in 2016», *Journal of the American Medical Association* 320, n.º 21 (2018), pp. 2265–2267; https://jamanetwork.com/journals/jama/arti cle-abstract/2717463.

3. Crisis y resiliencia

1. La Comunidad de Iglesias Pentecostales de África Central fue fundada por protestantes suecos.
2. Peterman, Amber, Tia Palermo y Caryn Bredenkamp, «Estimates and Determinants of Sexual Violence Against Women in the Democratic Republic of Congo», *American Journal of Public Health* 101, n.º 6 (junio de 2011), pp. 1060-1067; https://ajph.aphapublications.org/doi/10.2105/AJPH.2010.300070.

4. El dolor y la fuerza

1. «The Congo Literacy Project (the Democratic Republic of Congo)», Hamburgo, UNESCO Institute for Lifelong Learning, febrero de 2020; https://uil.unesco.org/case-study/effective-practices-database-litbase-o/congo-literacy-project-democratic-republic-congo#:~:text=Programme%20Overview,women%20in%20the%20Mennonite%20community.
2. *Democratic Republic of the Congo, 1993–2003, UN Mapping Report*, Ginebra, UN Office of the High Commissioner for Human Rights, agosto de 2010, p. 99; https://www.ohchr.org/Documents/Countries/CD/DRC_MAPPING_REPORT_FINAL_EN.pdf.
3. Las cifras de los historiales de las pacientes del Hospital de Panzi revelan que en aquel momento el 4,5 por ciento de las pacientes eran diagnosticadas de SIDA.

5. En sus propias palabras

1. Learning on Gender & Conflict in Africa (LOGiCA), *Sexual and Gender-Based Violence in the Kivu Provinces of the Democratic Republic of Congo: Insights from Former Combatants*, Washington, World Bank, septiembre de 2013. http://documents1.worldbank.org/curated/en/795261468258873034/pdf/860550WP0Box380LOGiCA0SGBV0DRCoKivu.pdf.
2. Cifra basada en informes del personal diplomático y reproducida por Watchlist on Children and Armed Conflicts, una ONG.

3. Puede encontrarse una crónica completa de la vida dentro de un campamento de tropas rebeldes de la Alianza de Fuerzas Democráticas para la Liberación del Congo próximo a Lemera en Stearns, cit., pp. 145-150.

4. Ibíd., p. 152.

5. Beevor, Antony, *Berlin: The Downfall 1945*, Nueva York, Viking, 2002 [*Berlín: la caída, 1945*, Barcelona, Crítica, 2015].

6. Sentencia del Tribunal Penal Militar Internacional para el Lejano Oriente.

7. *Report of the Panel of Experts on the Illegal Exploitation of Natural Resources and Other Forms of Wealth of DR Congo*, Nueva York, Consejo de Seguridad de Naciones Unidas, 6 de abril de 2001; https://www.securitycouncilreport.org/atf/cf/%7B65BFCF9B-6D27-4E9C-8CD3-CF6E4FF96FF9%7D/DRC%20S%202002%201146.pdf; https://reliefweb.int/report/democratic-republic-congo/report-panel-experts-illegal-exploitation-natural-resources-and.

8. Zounmenou, David, Nelson Alusala, Jane Lewis, Virginie Monchy y Bart Vanthomme, *Final Report of the Group of Experts on the Democratic Republic of the Congo*, Nueva York, Consejo de Seguridad de Naciones Unidas, junio de 2019, p. 36; https://www.securitycouncilreport.org/atf/cf/%7B65BFCF9B-6D27-4E9C-8CD3-CF6E4FF96FF9%7D/S_2019_469.pdf.

9. El autor menciona unas pérdidas totales de diez millones de personas, incluidos los niños no nacidos por culpa del terror. Tres estimaciones diferentes llegaron aproximadamente a la misma cifra: una comisión del Gobierno belga en 1919, un alto funcionario del Estado congoleño y un estudio del antropólogo Jan Vansina, de la Universidad de Wisconsin. Más detalles en Adam Hochschild, *King Leopold's Ghost: A Study of Greed, Terror, and Heroism in Colonial Africa*, Londres, Macmillan, 1999, p. 253 [*El fantasma del rey Leopoldo*, Barcelona, Península, 2020].

10. Thornton, William y Lydia Voigt, «Disaster Rape: Vulnerability of Women to Sexual Assaults During Hurricane Katrina», *Journal of Public Management and Social Policy* 13, n.º 2 (2007), pp. 23-49. Disponible en http://www.jpmsp.com/volume-13/vol13-iss2.

11. Smith, Sharon G., Xinjian Zhang, Kathleen C. Basile, Melissa T. Merrick, Jing Wang, Marcie-jo Kresnow y Jieru Chen, *National Intimate*

Partner and Sexual Violence Survey: 2015 Data Brief, Atlanta, Centers for Disease Control and Prevention; https://www.cdc.gov/violencepre vention/datasources/nisvs/2015NISVSdatabrief.html.

12. Crime Survey for England and Wales, 2017; https://www.ons.gov.uk/ peoplepopulationandcommunity/crimeandjustice/bulletins/crimei nenglandandwales/yearendingmar2017#:~:text=Excluding%20 fraud%20and%20computer%20misuse%20offences%2C%20the re%20were%20an%20estimated,the%20year%20ending%20March% 202017.

13. «Personal Safety, Australia: Statistics for Family, Domestic, Sexual Violence, Physical Assault, Partner Emotional Abuse, Child Abuse, Sexual Harassment, Stalking and Safety», Canberra, ABS, 2017; https:// www.abs.gov.au/statistics/people/crime-and-justice/personal-safety-australia/latest-release.

14. Debauche, Alice, Amandine Lebugle, Elizabeth Brown, Tania Lejbowicz, Magali Mazuy, Amélie Charruault, Justine Dupuis, Sylvie Cromer y Christelle Hamel, *Violence and Gender Relations (Virage) Study*, París, Institut National d'Études Démographiques, 2015; https://www.ined.fr/en/publications/editions/document-travail/enque te-virage-premiers-resultats-violences-sexuelles/.

15. World Health Organization Department of Reproductive Health and Research, London School of Hygiene and Tropical Medicine, y South African Medical Research Council, *Global and Regional Estimates of Violence Against Women: Prevalence and Health Effects of Intimate Partner Violence and Non-Partner Sexual Violence*. Ginebra, Organización Mundial de la Salud, 2013; https://www.who.int/publications/i/ item/9789241564625.

16. El informe, titulado *Report on Sexual Assault in the Military* se elabora desde 2006; https://www.sapr.mil/reports; https://www.sapr.mil/si tes/default/files/public/docs/reports/MSA/DOD_Annual_Report_on_ Sexual_Harassment_and_Violence_at_MSAs_APY19-20.pdf.

17. Pérez-Peña, Richard, «1 in 4 Women Experience Sex Assault on Campus», *The New York Times*, 21 de septiembre de 2015, https://www. nytimes.com/2015/09/22/us/a-third-of-college-women-experience-unwanted-sexual-contact-study-finds.html.

6. Hablar sin rodeos

1. Bartels, Susan, Jennifer Scott, Denis Mukwege, Robert Lipton, Michael VanRooyen y Jennifer Leaning, «Patterns of Sexual Violence in Eastern Democratic Republic of Congo: Reports from Survivors Presenting to Panzi Hospital», *Conflict and Health* 4, n.º 1 (mayo de 2010), pp. 9-18; https://conflictandhealth.biomedcentral.com/articles/10.1186/1752-1505-4-9.

2. Harris, Elizabeth A., «Despite #MeToo Glare, Efforts to Ban Secret Settlements Stop Short», *The New York Times*, 14 de junio de 2019; https://www.nytimes.com/2019/06/14/arts/metoo-movement-nda.html#:~:text=the%20main%20story-Despite%20%23MeToo%20Glare%2C%20Efforts%20to%20Ban%20Secret%20Settlements%20Stop%20Shortonly%20one%20effectively%20neutralizes%20them.&text=Such%20agreements%20have%20been%20a court%20settlement%20for%20sexual%20misconduct.

3. En África, aproximadamente tres de cada 100.000 mujeres fueron asesinadas por sus parejas o por un familiar, mientras que en Estados Unidos corrieron la misma suerte 1,6 de cada 100.000, y 0,9 en Asia. En particular, las cifras de Asia presentan grandes diferencias: las mujeres corren un peligro sustancialmente mayor en países como Afganistán, Pakistán y la India. United Nations Office on Drugs and Crime, *Global Study on Homicide 2019*, Viena, UNODC, 2019; https://www.unodc.org/unodc/en/data-and-analysis/global-study-on-homicide.html.

7. Luchando por la justicia

1. https://www.asil.org/insights/volume/14/issue/38/un-mapping-report-documenting-serious-crimes-democratic-republic-congo.

2. Rape, Abuse & Incest National Network, «The Criminal Justice System: Statistics», Washington, RAINN, 2021; https://www.rainn.org/statistics/criminal-justice-system.

3. https://fra.europa.eu/sites/default/files/fra-2014-vaw-survey-at-a-glance-oct14_en.pdf.

4. Research and Statistics Division, «JustFacts», Ottawa, Department of

Justice, Government of Canada, abril de 2019; https://www.justice.
gc.ca/eng/rp-pr/jr/jf-pf/2019/apr01.html.

5. Levy, Ro'ee y Martin Mattsson, «The Effects of Social Movements:
Evidence from #MeToo», SSRN, marzo de 2020; https://conference.
nber.org/conf_papers/f138191.pdf.

6. Barr, Caelainn, Alexandra Topping y Owen Bowcott, «Rape Prosecu-
tions in England and Wales at Lowest Level in a Decade», *The Guardian*, 12 de septiembre de 2019; https://www.theguardian.com/
law/2019/sep/12/prosecutions-in-england-and-wales-at-lowest-level-
in-a-decade.

7. Franceinfo, «Les condamnations pour viol ont chuté de 40% en dix
ans», France Télévisions, 14 de septiembre de 2018; https://www.fran
cetvinfo.fr/societe/harcelement-sexuel/les-condamnations-pour-viol-ont-
chute-de-40-en-dix-ans2940491.html.

8. Kelly, Liz, Jo Lovitt y Linda Regan, «Gap or a Chasm? Attrition in
Reported Rape Cases», Londres, Great Britain Home Office Research
Development and Statistics Directorate, febrero de 2005; https://we-
barchive.nationalarchives.gov.uk/20110218141141/http://rds.home
office.gov.uk/rds/pdfs05/hors293.pdf.

9. Kennedy, Pagan, «The Rape Kit's Secret History», *The New York Times*, 17 de junio de 2020; https://www.nytimes.com/interacti-
ve/2020/06/17/opinion/rape-kit-history.html.

10. Brand-Williams, Oralandar y Kim Kozlowski, «10 Years In, Detroit
Rape Kit Crisis Vanquished», *Detroit News*, 15 de diciembre de 2019;
https://o38-www.detroitnews.com/story/news/local/wayne-county/
2019/08/13/detroit-touts-success-rape-kits-crisis/3770362002/.

11. Rape, Abuse & Incest National Network, «Understanding Statutes of
Limitations for Sex Crimes», Washington, RAINN, s.f.; https://www.
rainn.org/articles/statutes-limitations-sex-crimes.

8. Reconocimiento y recuerdo

1. Ungar-Sargon, Batya, «Can We Talk About Rape in the Holocaust
Yet?», *Forward magazine*, 25 de abril de 2018; https://forward.com/
opinion/399538/can-we-talk-about-rape-in-the-holocaust-yet/.

2. Ibíd.

3. Tanaka, Yuki, «War, Rape and Patriarchy: The Japanese Experience», *Asia-Pacific Journal* 18, n.º 1 (diciembre de 2019), pp. 1-14. Véase también el extracto en Tanaka, *Hidden Horrors: Japanese War Crimes in World War II*, Oxford, Routledge, 2018, pp. 105-110.

9. Los hombres y la masculinidad

1. *Population Prospects: The 2017 Revision, Key Findings and Advance Tables*, Working Paper No. ESA/P/WP/248, Nueva York, United Nations, Department of Economic and Social Affairs, Population Division, 2017; https://population.un.org/wpp/Publications/Files/WPP2017_KeyFindings.pdf.

2. OCDE, «Gender Wage Gap», París, OECD, 2021; https://data.oecd.org/earnwage/gender-wage-gap.htm.

3. *Global Gender Gap Report 2020*, Ginebra, Foro Económico Mundial, 2019; https://www.weforum.org/reports/gender-gap-2020-report-100-years-pay-equality.

4. El Feki, S., B. Heilman y G. Barker, eds. *Understanding Masculinities: Results from the International Men and Gender Equality Survey (IMAGES) – MiddleEast and North Africa*, El Cairo y Washington, ONU Mujeres y Promundo, 2017; https://promundoglobal.org/wp-content/uploads/2017/05/IMAGES-MENA-Multi-Country-Report-EN-16May2017-web.pdf.

5. Todas las cifras proceden de la base de datos «Violence Against Women» de la OCDE; https://data.oecd.org/inequality/violence-against-women.htm.

6. Estados Unidos no tiene una legislación a nivel federal que prohíba los castigos corporales, que están permitidos en los colegios públicos y privados de diecinueve estados de la Unión. En los últimos años se ha planteado reiteradamente una legislación federal, pero sin éxito, según la organización End Corporal Punishment. Para más información véase https://endcorporalpunishment.org/reports-on-every-state-and-territory/usa/.

7. Capraro, Valerio y Hélène Barcelo, «The Effect of Messaging and Gender on Intentions to Wear a Face Covering to Slow Down COVID-19 Transmission», PsyArXiv, 11 de mayo de 2020; https://doi.org/10.31234/osf.io/tg7vz.

8. Sim, Shin Wei, Kirm Seng Peter Moey y Ngiap Chuan Tan, «The Use of Facemasks to Prevent Respiratory Infection: A Literature Review in the Context of the Health Belief Model», *Singapore Medical Journal* 55, n.º 3 (marzo de 2014), pp. 160-167; https://www.ncbi.nlm.nih. gov/pmc/articles/PMC4293989/.

9. Planned Parenthood, «PPFA Consent Survey Results Summary», Nueva York, Planned Parenthood, 2016; https://www.plannedparenthood. org/files/1414/6117/4323/Consent_Survey.pdf.

10. Shammas, Brittany, «Judge Awards $13 Million to Women Who Say They Were Tricked into Pornography», *The Washington Post*, 3 de enero de 2020; https://www.washingtonpost.com/business/2020/01/03/judge-awards-million-women-who-say-they-were-tricked-into-pornography/.

11. Wright, Paul J., Robert S. Tokunaga y Ashley Kraus, «A Meta-Analysis of Pornography Consumption and Actual Acts of Sexual Aggression in General Population Studies», *Journal of Communication* 66, n.º 1 (febrero de 2016), pp. 183-205; https://academic.oup.com/joc/article-abstract/66/1/183/4082427?redirectedFrom=fulltext.

12. Rostad, Whitney L., Daniel Gittins-Stone, Charlie Huntington, Christie J. Rizzo, Deborah Pearlman y Lindsay Orchowski, «The Association Between Exposure to Violent Pornography and Teen Dating Violence in Grade 10 High School Students», *Archives of Sexual Behavior* 48, n.º 7 (julio de 2019), pp. 2137-2147.

10. Liderazgo

1. Esta era la cifra que daba en 2018 el Ministerio de Asuntos Religiosos del Gobierno regional de Kurdistán, en el norte de Irak. Se sabía que aproximadamente la mitad de esas mujeres habían huido o habían sido rescatadas, mientras que el resto estaba en paradero desconocido.

2. Baba Sheik, cuyo verdadero nombre era Khurto Hajji Ismail, falleció en 2020 a la edad de ochenta y siete años. Su título honorífico ha pasado a su sucesor.

3. Jones, Pete, «Congo: We Did Whatever We Wanted, Says Soldier Who Raped 53 Women», *The Guardian*, 11 de abril de 2013.

4. Informe de la Independent Commission for Aid Impact, publicado en enero de 2020; https://icai.independent.gov.uk/psvi/.

5. «Women in Politics: 2020», ONU Mujeres y Unión Interparlamentaria, enero de 2020; https://www.unwomen.org/en/digital-library/publications/2020/03/women-in-politics-map-2020.

6. OCDE, *SIGI 2019 Global Report: Transforming Challenges into Opportunities. Social Institutions and Gender Index*, París, OECD Publishing, 2019; https://www.oecd-ilibrary.org/development/sigi-2019-global-report_bc56d212-en.

7. Chen, Jie, Woon Sau Leung, Wei Song y Marc Goergen, «When Women Are on Boards, Male CEOs Are Less Overconfident», *Harvard Business Review*, 12 de septiembre de 2019; https://hbr.org/2019/09/research-when-women-are-on-boards-male-ceos-are-less-overconfident.

8. Gul, Ferdinand, Bin Srinidhib y Anthony Ng, «Does Board Gender Diversity Improve the Informativeness of Stock Prices?», *Journal of Accounting and Economics* 51, n.º 3 (abril de 2011), pp. 314-338; https://www.sciencedirect.com/science/article/abs/pii/S0165410111000176?via%3Dihub.

9. Bigio, Jamille, Rachel Vogelstein, Alexandra Bro y Anne Connell, «Women's Participation in Peace Processes», Nueva York, Council on Foreign Relations, s. f., https://www.cfr.org/womens-participation-in-peace-processes/.

10. O'Reilly, Marie, Andrea O Suilleabhain y Thania Paffenholf, «Reimagining Peacemaking: Women's Roles in Peace Processes», Nueva York, International Peace Institute, junio de 2015; https://www.ipinst.org/wp-content/uploads/2015/06/IPI-E-pub-Reimagining-Peacemaking.pdf.

11. True, Jacqui y Yolanda Riveros-Morales, «Towards Inclusive Peace: Analysing Gender-Sensitive Peace Agreements 2000-2016», *International Political Science Review* 40, n.º 1 (2019), pp. 23-40; https://journals.sagepub.com/doi/pdf/10.1177/0192512118808608.

Índice analítico